BEITRÄGE ZUR PSYCHODIAGNOSTIK DES KINDES

Herausgegeben von Marta Kos und Gerd Biermann

BAND 3

Ada Abraham

Der Mensch-Test

Zeichentest von Machover

Ernst Reinhardt Verlag München Basel

Titel der Originalausgabe
Le dessin d'une personne

Ada Abraham, Doktorin der Psychologie, Chefpsychologe
der psycho-pädagogischen Zentren von Israel

Übersetzung aus dem Französischen von
Dipl.-Psych. Bernd Kratz

CIP-Kurztitelaufnahme der Deutschen Bibliothek
Abraham, Ada:
Der Mensch-Test: Zeichentest von Machover. – München, Basel: E. Reinhardt, 1978
(Beiträge zur Psychodiagnostik des Kindes: Bd. 3)
Einheitssacht.: Le dessin d'une personne (dt.).

ISBN: 3-497-00862-1

Fotosatz und Offsetdruck:
Mittelbayerische Druckerei- und Verlags-GmbH, Regensburg
Buchbinderei: R. Oldenbourg, München
Printed in Germany

Vorwort zur deutschen Übersetzung

Seit der Urzeit ist der Mensch, sein Antlitz, sein Körper, seine Tätigkeit das bevorzugte Thema spontaner graphischer Darstellungen. Bereits der knapp Dreijährige beginnt aus unsicher gekritzelten Kreisen eine menschliche Form zu entwickeln: den Kopffüßler. Der kleine Zeichner bezeichnet seine Darstellung als sein Selbstbild oder das Bild eines seiner Angehörigen. Unwillkürlich phantasiert er seine Gefühle und Einstellungen in seine Produktion hinein. So legt auch der Künstler seine Persönlichkeit und den Stil seiner Zeit in das von ihm dargestellte Werk.

Viele Generationen von Pädagogen und Psychologen haben die Menschdarstellung der Kinder aller Altersstufen, Nationalitäten und aller sozialen Schichten untersucht und studiert. Von Anfang an konnte man zwei Richtungen der psychologischen Deutung der Menschzeichnung beobachten. Die eine Methode ist als formalistisch-additiv zu bezeichnen. Ihre erste Repräsentantin war Florence *Goodenough* mit ihrem »Draw a man-test« (1926). Die andere Methode, durch die Psychoanalyse beeinflußt, ist eine verstehende und interpretierende. Ihre bedeutendste Repräsentantin ist Karen *Machover* mit ihrem »Draw a person-test« (1941). Die eine Methode quantifiziert so sehr, daß wohl der Intelligenzquotient, aber nicht das Einmalige, das Individuelle der Testperson erfaßt wird. Die andere Methode wiederum verläßt sich bloß auf die reine Intuition ohne die formelle Seite in Betracht zu ziehen. Deshalb fehlt den Ergebnissen die mathematische Erhärtung.

Trotz dieser Mängel sind beide Richtungen gerechtfertigt, denn wie *Ada Abraham* sagt, kommt es bei der Forschung auf die Wahl der »Linse« an, daß heißt auf die Wahl des psychologischen Konzeptes des Untersuchers an. Diese »Linse« beeinflußt dann nicht nur das, was gesucht, sondern auch das, was entdeckt wird. Demnach je mehr Richtungen, je mehr »Linsen«, desto sicherer die Ergebnisse.

Zahlreiche Forscher haben sich kritisch mit den beiden Richtungen auseinandergesetzt und sie perfektioniert. So haben *Harris* (1963) und *Koppitz* (1968) den »Draw a man-test« weiterentwickelt und weitergeführt. Es ist das Verdienst *Ada Abrahams*, den »Draw a person-test« neu konzipiert und ihn auf eine andere Ebene der Analyse verlagert zu haben — »hin zu einem Verständnis der komplexen Handlung einer Zeichnung und einer Aufdeckung der Persönlichkeit des Zeichners«. Sie betrachtet den Mensch-Test als »ein Instrument, das der Erforschung der Gesamtpersönlichkeit des Kindes dient und das annäherungsweise eine Einschätzung des Intelligenzniveaus und seiner Wechselwirkungen mit anderen Verhaltensebenen des Kindes ermöglicht«. Bei ihren Untersuchungen geht sie vom Körperbild und von der Ausdrucksfähigkeit aus.

Im Begriff des Körperbildes versucht *Ada Abraham* eine theoretische Basis zu finden, von der aus die Menschzeichnung erklärt werden könnte, obwohl sie weiß, daß zwischen dem Körperbild und der Zeichnung keine vollständige Wechselseitigkeit besteht. Das Körperbild ist nicht von Haus aus gegeben, sondern es entwickelt sich und reift in gleicher Weise wie die Libido. In jeder Phase der Libidoentwicklung besteht ein charakteristisches Körperbild und seine zeichnerische Projektion. Sie faßt das Körperbild als »eine psychologische Erfahrung des Körpers, die sich nach den Gefühlen des Individuums gegenüber seinem eigenen Körper und nach der Art, wie es dies subjektiv organisiert, richtet«.

Der Ausdrucksaspekt wird dem Handeln der ganzen Person zugeschrieben. *Ada Abraham* bezeichnet das Ausdrucksverhalten als nonverbale Sprache, Sprache des ganzen Körpers, welche aus tiefliegenden Persönlichkeitsschichten gelenkt wird. Das Kind übernimmt die kulturellen Normen des Ausdrucks durch die Sozialisierung. Für das Studium des Mensch-Tests wählt *Ada Abraham* folgende Ausdrucksaspekte aus: den Arbeitsstil, den Gefühlsausdruck und die unwillkürlichen motorischen Phänomene.

Die Auffassungen der Autorin über das Körperbild und den Ausdrucksaspekt sind neu und doch wissenschaftlich fundiert. Sie bedeuten einen wesentlichen Beitrag zum Verständnis der Kinderzeichnung überhaupt. Aber nicht nur die Ausführungen der Autorin über das Körperbild und den Ausdrucksaspekt machen das vorliegende Buch so lesenswert.

Im ersten Teil erfahren wir vieles über die einschlägige anglo-amerikanische Literatur, was bisher in Zeitschriften verstreut und daher dem deutschen Leser schwer zugänglich war. *Ada Abraham* ordnet das Schrifttum kritisch und übersichtlich. Verdienstvoll erscheint ihr Vergleichen des Mensch-Tests mit dem Rorschachversuch und mit dem TAT. Sie betont, daß jedes projektive Verfahren besondere Aspekte der Persönlichkeit herausstellt: der TAT unterstreicht den verbalen Reichtum und die Phantasie, der Mensch-Test informiert über das Körperbild und den motorischen Ausdruck, der Rorschachversuch bringt Hinweise auf das Denkvermögen und Wahrnehmungsprozesse der Testperson.

Im zweiten Teil des Buches demonstriert *Ada Abraham* eine praktische Anwendung des Mensch-Tests bei der Untersuchung des Einflusses sozio-kultureller Faktoren für die Persönlichkeitsentwicklung israelischer Buben und Mädchen. Sie ist der Überzeugung, daß »der Mensch eine Einheit darstellt, eine dynamische und unteilbare Ganzheit, die sich als solche in der Mensch-Zeichnung zuverläßlich widerspiegelt«. Diese Überzeugung beseelt das ganze Werk.

Wien, im September 1978 *Marta Kos, Psychologin*

Inhaltsverzeichnis

Einleitung

Nach mehrjähriger Arbeit mit dem Mensch-Test sind wir zur Überzeugung gelangt, daß der Psychologe in diesem Verfahren eine sichere und aufschlußreiche Hilfe finden kann. Immer wieder waren wir überrascht und betroffen von den tiefgreifenden Einsichten, die uns Kinder oder Erwachsene vermittels dieses Tests ermöglichten. Es kam auch vor, daß der Sinn einer solchen Mitteilung sich erst nach beschwerlicher Analyse und vielen Vergleichen eröffnete. In anderen Fällen wiederum blieben wir schließlich im Zweifel, ob sich irgend etwas aus unseren Protokollen entnehmen ließ. Gerade hier liegen die Motive für unsere Suche nach Mitteln, unsere Arbeit zu verbessern.

Wir ließen uns einerseits von dem Bedürfnis leiten, herauszufinden, welche Gestaltungsweisen typisch waren für die Kinder, mit denen wir arbeiteten. Mit anderen Worten, wir suchten den Bezugsrahmen für die untersuchten Fälle. Zu diesem Zweck legten wir den Test einer repräsentativen Stichprobe von Kindern im Alter von 5 bis 17 Jahren vor. Der zweite Teil dieses Buches stellt gewissermaßen den ersten Schritt dar, den wir in dieser Richtung unternommen haben.

Auf der anderen Seite wollten wir mehr darüber erfahren, was die Autoren, die sich mit dem gleichen Thema beschäftigten, bereits herausgefunden haben. Deshalb bemühten wir uns, die betreffende Literatur kennenzulernen, und wir hofften dabei ein wenig auf *die* wunderbare Entdeckung. Aber eine solche gab es natürlich nicht. Wir versuchten dann, die Ergebnisse aus dem gesammelten Material zusammenzufassen und in einer Überschau auf die verschiedenen Probleme, die sich aus unserer Arbeit ergeben hatten, zu antworten.

Im ersten Teil dieses Buches werden wir den Versuch einer Synthese der vorliegenden Erfahrungen machen. Gleichzeitig sollen die Ideen und theoretischen Leitfäden herausgearbeitet werden, die unserer Ansicht nach die in diesem Test gegebenen Informationen erklären können. Schließlich haben wir alles aufgenommen, was die Forschung in diesem Bereich an Ergebnissen erbracht hat. Das Ziel unserer Arbeit ist vor allem ein praktisches: den gegenwärtigen Stand des Tests zu präzisieren; zu überprüfen, was bisher getan wurde, um das von uns verwendete Instrument zu verbessern und zu verfeinern; die Besonderheiten, die Vorteile, die Grenzen und schließlich die Qualität des Verfahrens nach 10jähriger Existenz zu bestimmen.

Die Arbeit des Psychologen mit dem Menschtest ist klinischer Natur. Man will mit seiner Hilfe zur Beschreibung und zum Verständnis einer spezifischen Persönlichkeit gelangen; einer Person, die in ihren Motiven, Konflikten und in ihrer Lebensweise einmalig ist. Dennoch sind wir an die Aufgabe, die wir uns mit der Erarbeitung dieses Buches gestellt haben, ohne irgendeine Voreingenommenheit herangegangen. Wir waren bereit, jeder Bemühung und jedem Resultat, ganz gleich mit welcher Methode es erhoben wurde, ihren Wert zuzuerkennen. Wir waren der Meinung, daß alles gut ist, was uns bei unserer Aufgabe dient, das Instrument flexibler zu machen und seine Erforschung voranzutreiben. Wir glauben überdies, daß zwischen der klinischen und der experimentellen Psychologie kein Konflikt besteht. Die eine lernt von der anderen und die eine stützt sich auf die andere. Der größte Teil der Materialien, die wir in der Literatur vorfanden, entstammt der experimentellen Methode, wie sie heute selbst für die projektive Testpsychologie charakteristisch ist. Seit ihrer Entstehung hat sich die Testpsychologie zur empirischen Wissenschaft emporgearbeitet. Uns erscheint dies als ein unnützer Stolz. Jede Wissenschaft, sei es im Bereich der Naturwissenschaften oder im Bereich der Humanwissenschaften, muß von theoretischen Prämissen ausgehen; der Empirismus der Testpsychologie verdeckt lediglich eine Art normativer Klassifizierung. Sicherlich ist jede Wissenschaft durch dieses Primärstadium hindurchgegangen; das Stadium, in dem die größte Häufigkeit besonderen Wert hat: zum Beispiel ist das Fehlen der Extremitäten bei Mensch-Zeichnungen ein Anzeichen für Schizophrenie, weil dieses Merkmal sich bei der Mehrzahl der Schizophrenen und sehr selten bei Normalen findet. Den klinischen Psychologen, der sich vornimmt, die realen Personen so umfassend und konkret wie möglich zu verstehen, erstaunt eine solche Haltung. Er fragt sich, wie er ein allgemeines Häufigkeitsgesetz auf bestimmte Fälle anwenden kann. Der Abstand zwischen der Position des Klinikers und derjenigen des Forschers wird sich verringern, wenn die Testpsychologie sich stärker mit den theoretischen Problemen, die sich aus den Tests ergeben, auseinandersetzt. Sie müßte die Produktionen weniger unter dem Gesichtspunkt der Häufigkeit von Zeichen analysieren und statt dessen stärker auf die Dynamik oder die Kausalität der letzteren eingehen (z. B. müßte sie untersuchen, warum jemand einen gliederlosen Körper zeichnet). Dies ist aber nur auf der Grundlage einer Theorie möglich. An die Stelle der Methode des Zählens und Kategorisierens müßte eine Forschung treten, die von einer inspirierenden und richtungsweisenden Theorie ausgeht und sowohl Gesetzmäßigkeiten als auch den individuellen Fall berücksichtigt. Dies ist wesentlich für den Fortschritt der projektiven Testpsychologie, ähnlich wie es die Atomtheorie oder die Evolutionstheorie in der Physik bzw. in der Biologie gewesen sind. Unter dieser Perspektive suchten wir nach möglichen theoretischen Grundlagen einer Interpretation der Mensch-Zeichnung.

Es erschien uns als dringend notwendig, für die Weiterentwicklung des Tests die theoretischen Hypothesen über die Mensch-Zeichnung zu untersuchen, vor allem in bezug auf das Körperbild und die Ausdrucksfähigkeit. Wir wollten versuchen, die gesammelten Informationen unter diesem Gesichtspunkt zu betrachten.

Im Gegensatz zu der Spezialisierungstendenz und der sogenannten Unabhängigkeit der unterschiedlichen Domänen der Psychologie und im Gegensatz zu der speziellen und einseitigen Forschung, die über diesen Test bisher getrieben wurde, besteht unser Ziel gerade darin, diesen Bereich nicht zu isolieren, sondern Verbindungslinien zu anderen Sektoren psychologischer Forschung zu schaffen. Deshalb haben wir den Versuch unternommen, theoretische Hypothesen zu formulieren, das bereits Erforschte zu bewerten und vor allem die Probleme ins Auge zu fassen, die uns als noch unlösbar erschienen. Unsere Hoffnung war es, daß gerade dieses Infragestellen eine zukünftige fruchtbare Arbeit in Gang bringen würde.

Die im Anhang abgebildeten Zeichnungen sind unserem Material entnommen. Sie sollen nicht als Beispiele für die Anwendung des Tests dienen, sondern als Illustration verschiedener Gedanken oder auch der Problematik des Tests selbst. Sie sind daher notwendigerweise unvollständig und fragmentarisch. Der Test, mit dem wir uns befassen, ist der »Mensch-Test« (Draw-A-Person-Test oder D.A.P.). In der Literatur erscheint er auch unter dem Namen *»Machover*-Test« oder »Mensch-Zeichen-Test«. Die Mensch-Zeichnung ist darüberhinaus Bestandteil des Haus-Baum-Mensch-Tests (House-Tree-Person-Test oder H.T.P. oder Test von *Buck).*

Kurt Lewin hat zu wiederholten Malen die Ansicht geäußert, daß es zu Beginn jeder Forschung notwendig ist, ausdrücklich darzustellen, welche eigene Tendenz, Grundposition, subjektive und tiefgreifende Überzeugung man auf dem untersuchten Gebiet hat. Abgesehen von dem, was wir im Verlauf unserer Untersuchung entdeckt haben – ob es unsere Gedanken bestätigte oder ihnen widersprach –, müssen wir feststellen, daß wir fest an die dringende Notwendigkeit glauben, zu einem besseren Verständnis des menschlichen Geistes zu gelangen: die Forschung im Bereich künstlerischer Schöpfung ist einer der besten Wege, um dieses Ziel zu erreichen. Erst seit kurzer Zeit hat der Psychologe begonnen, in dieser Richtung zu arbeiten; dennoch muß er sich der Tatsache bewußt sein, daß die Untersuchung einer Persönlichkeit immer unvollständig sein wird. Schließlich sind wir der Überzeugung, daß der Mensch eine Einheit darstellt, eine dynamische und unteilbare Ganzheit, die sich als solche in der Mensch-Zeichnung zuverlässig widerspiegelt.

Erster Teil

Ein Beitrag zur Erforschung des Tests von Machover

I. Der Mensch-Test als Intelligenz-Messung

Seit Beginn unseres Jahrhunderts hat sich eine breite psycho-pädagogische Bewegung entfaltet, deren Ziel das Verständnis der Kindheit ist. Zu der Vielzahl von Interessen, die diese Bewegung vorangetrieben haben, zählt die lebendige Neugierde gegenüber den gestalterischen Produkten des Kindes. Unter diesen wiederum nimmt die Zeichnung eine privilegierte Stellung ein. Die Aufmerksamkeit richtete sich dabei weniger auf die gestalterischen Produkte als solche, als auf die Verbindung zwischen dem Kind und seinen psychologischen Äußerungen, insbesondere unter dem Aspekt der Entwicklung. Groß angelegte Projekte wurden auf internationaler Ebene durchgeführt, und man verfolgte mit größter Genauigkeit die Zeichnungen ein und desselben Kindes über mehrere Jahre hinweg. Solche Beobachtungen ermöglichten die Bestimmung genügend abgegrenzter Phasen in der zeichnerischen Entwicklung. Läßt man die individuelle zeichnerische Begabung und kulturelle Eigentümlichkeiten unberücksichtigt, so findet sich eine Entwicklung der Kinder-Zeichnung, die in funktioneller Beziehung zum Alter steht. Die Zeichnung folgt der Entfaltung der psychologischen Kapazitäten.

Man wollte die Stadien der zeichnerischen Entwicklung verstehen und erfassen und darüberhinaus die in diesem Bereich gültigen Gesetze entdecken, entsprechend dem bereits vorhandenen Wissen über die Gesetzmäßigkeiten der allgemeinen Entwicklung des Kindes, seiner Sprache und seiner Intelligenz. Es erschien jedenfalls als einleuchtend, daß es möglich sein müsse, nach einer Zeichnung zu bestimmen, ob z. B. ein siebenjähriges Kind das gleiche Niveau erreicht habe wie seine Altersgenossen, ob es hinter ihnen zurück blieb oder einen Vorsprung habe. Der Gedanke, die Zeichnung zur Abschätzung eines Entwicklungsvorsprunges oder eines Rückstandes von Kindern zu benutzen, ergab sich logisch aus der Entwicklung bestimmter Phasen in ihrer zeichnerischen Entwicklung.

Die zweite wichtige Entdeckung ergab sich aus dem Interesse für den Inhalt der Zeichnungen. Man wurde sich sehr schnell bewußt, daß Kinder besonders gerne die Objekte ihrer Umgebung zeichnen: die Tiere, die Blumen, die heimatliche Landschaft und die Angehörigen bei ihren gewohnten und bekannten Beschäftigungen. Die Vorliebe der Kinder gilt schon früh dem Menschen. Das Haus, obgleich wohlvertraut, erscheint bei achtjährigen und älteren Kindern nur noch selten. Autos werden vor allem von Knaben gewählt. Bei Kindern aus dem hohen Norden findet sich verständlicherweise häufig das Rentier. Jedoch ist die menschliche Gestalt das vorherrschende Objekt in Zeichnungen von Kindern aller Altersstufen und nahezu aller Länder. Aus der Untersuchung von *Anastasi* (1936) geht hervor, daß in 71 % der spontanen Zeichnungen einiger hundert Kinder aus 41 verschiedenen Ländern Menschen dargestellt wurden.

Diese Vorliebe verwundert nicht. Von Geburt an stellen die Menschen der Umgebung für das Kind das Milieu par excellence dar. In viel stärkerem Maße als die physische Umwelt spielen die das Kind umgebenden Menschen die zentrale und entscheidende Rolle in seiner Welt. Es selbst ist ein menschliches Wesen; welches andere Objekt als sein eigenes Bild und das der anderen könnte ihm vertrauter und wichtiger sein bei seinen Zeichnungen?

Spätere Untersuchungen haben diese Feststellung bekräftigt, nachdem sich herausgestellt hatte, daß geistig weit zurückgebliebene und schwer gestörte Kinder die Darstellung des Menschen zugunsten verschiedener Gegenstände und Motive vernachlässigen. Die Häufigkeit der menschlichen Gestalt in der kindlichen Zeichnung ließ diese somit für einen Vergleich der kindlichen Gestaltungen und für eine Erstellung von Entwicklungskurven geeignet erscheinen. Hieraus erklärt sich der Umstand, daß innerhalb kurzer Zeit eine Vielzahl von methodischen Versuchen angestellt wurde, aus der Mensch-Zeichnung Indizien für die geistige Entwicklung des Kindes zu entnehmen.

Die Anwendung der Mensch-Zeichnung als Intelligenz-Test wurde vor allem bekannt in der Form des D.A.M. (»Draw-A-Man-« oder »Mann-Zeichen-Test«). Die Auswertungsskala in IQ-Werten wurde 1926 von *Goodenough* (1957) ausgearbeitet. Dabei handelt es sich um folgendes: Man bittet das Kind, einen Mann zu zeichnen. Gleichzeitig wird es durch Anweisung und die gesamte Untersuchungsatmosphäre angespornt, sein Bestes zu geben. Bei der Bewertung werden die Punkte im wesentlichen nach dem Vorhandensein verschiedener Details in der Zeichnung zuerteilt (z. B. Kopf, Hals, Beine, Bekleidung usw.) und weniger nach der Genauigkeit der Proportionen oder der motorischen Koordinierung.

Diese Bewertungsweise ist aus vielfältigen Versuchen hervorgegangen. Der künstlerische Wert wurde hierbei außer Acht gelassen, und man befaßte sich ausschließlich mit dem regelmäßigen, von Altersstufe zu Altersstufe rasch anwachsenden Anteil von Kindern, die zur Darstellung dieses oder jenes Details gelangt waren. Ebenso berücksichtigte man die Unterschiede, die sich zwischen den Ergebnissen von Kindern gleichen Alters, aber unterschiedlicher Schulbildung ergaben (»im Rückstand« oder »im Vorsprung«).

Die Beliebtheit der Verwendung des Tests findet ihre Erklärung in dessen Vorzügen: ausreichende Korrelation mit anderen Intelligenz-Prüfungen ($r = .763$ mit dem Standford-Binet-Terman), einfache Durchführung, positiver Aufforderungscharakter für Kinder und schließlich seine Nützlichkeit in den Fällen, bei denen die Verwendung eines verbalen Tests von vorneherein ausgeschlossen ist.

Diese Verbreitung mußte neue Probleme aufwerfen und zu zahlreichen Untersuchungen führen, die das zugrundeliegende Postulat einer unmittelbaren Beziehung zwischen dem eingeführten Bewertungssystem und dem Niveau der intellektuellen Entwicklung einer Person ins Wanken brachte. So kam man zu beziehungsreichen und zuweilen unerwarteten Ergebnissen.

Eine der ersten war *L. Bender* (1940), die den Mensch-Test Kindern vorlegte, die an chronischer Enzephalitis litten. Es zeigte sich, daß diese Kinder im Mensch-Test weniger gute Resultate erzielten als in anderen Intelligenz-Tests. Dies war nach Meinung der Autorin nicht einer Wahrnehmungsschwäche zuzuschreiben, sondern einer Störung des Bildes vom eigenen Körper, bei dessen Ausbildung die Bewegung eine wichtige Rolle spielt.

Brill (1937) untersuchte zwei Gruppen debiler Knaben, wobei Paare gebildet wurden, vergleichbar bezüglich Lebensalter, Intelligenz-Alter, Nationalität, Hautfarbe und körperlicher Gesundheit. Diese Kinder aus einer Anstalt wurden in zwei Gruppen geteilt, entsprechend ihrer affektiven und sozialen Anpassung. Die Gruppe der Unangepaßten erreichte geringere Werte im Mensch-Test, obwohl sie der anderen Gruppe bezüglich des Intelligenz-Alters nicht unterlegen waren. Darüberhinaus erlaubten viele Charakteristika eine signifikante Differenzierung der beiden Gruppen:

14 a. Motorische Koordination, Linien vom Typ A;
10 c. Korrekte Ausführung von Details der Finger;
14 f. Motorische Koordination, Umrisse des Gesichts;
9 a. Vorhandensein von Kleidungsstücken.

Im Rahmen einer sehr gründlichen Untersuchung verglich *Hinrichs* (1935) die Mensch-Zeichnungen von zwei Gruppen delinquenter und nicht-delinquenter Knaben im Alter von 9 bis 18 Jahren und die Zeichnungen von Kontrollgruppen, um den Einfluß des sozioökonomischen Status, der Intelligenz und der schulischen Anpassung abzuschätzen. Man prüfte die Kinder mit allgemeinen Intelligenztests und beurteilte sie mit der Reifeskala von *Furfey* und dem nonverbalen Test von *Pinther:* »Mit einiger Sicherheit können wir schließen«, schreibt der Autor, »daß die Zeichnung uns durchaus als eine Methode zur Erforschung der individuellen Entwicklung dienen kann und daß diese Methode in nichts identisch ist mit den übrigen allgemeinen Intelligenztests« (*Hinrichs* 1935, S. 72). Es finden sich positive Korrelationen zwischen dem Mensch-Test und der Reifeskala von *Furfey.* Zwei weitere wichtige Ergebnisse gehen gleichfalls aus dieser Untersuchung hervor:

a) Das in einer Zeichnung erreichte Niveau ist in stärkerem Maße abhängig vom familiären Kontext als von Unterschieden bezüglich Schulbildung oder Intelligenz.
b) Die delinquenten Kinder der Untersuchungsstichprobe weisen schwächere Resultate im Mensch-Test auf, und dieses Ergebnis bleibt bestehen, wenn die Gruppen nach Lebensalter und Intelligenzalter miteinander vermischt werden.

Alle Ergebnisse führen zu einer Bekräftigung und Übereinstimmung mit der Schlußfolgerung: Die Skala von *Goodenough* ist gegenüber der allgemeinen Reife nicht weniger empfindlich als gegenüber der Intelligenz. Dies gilt insbesondere unter der Annahme, daß Delinquente, abgesehen von ihrem geistigen Niveau, auf eine infantile Weise fühlen, denken und handeln. Verbessern sich die familiären Beziehungen eines solchen Kindes und erreicht es einen höheren Grad der Reife, so lassen die Ergebnisse erwarten, daß sich diese Änderung auch in den Werten des *Goodenough*-Tests widerspiegeln.

Tatsächlich kommt *Ochs* (1950) bei einer Gruppe von 124 Kindern (zu zwei Dritteln Jungen und ein Drittel Mädchen), die an Charakterstörungen leiden, zu der Feststellung, daß eine Verbesserung der sozialen Anpassung von einer Erhöhung des geistigen Niveaus begleitet ist, gemessen mit Hilfe des Mensch-Tests. Bei der wiederholten Durchführung des Mensch-Tests nach einigen Monaten Behandlung stellt er eine statistisch signifikante Differenz fest zwischen der

Gruppe der in der Behandlung deutlich gebesserten Kinder und der Gruppe von weiterhin unangepaßten Kindern. (Bei der Auswertung wurden die festgestellten Unterschiede zwischen den Ergebnissen in der Menschzeichnung und im Binet-Test zu Beginn der Behandlung berücksichtigt.) Die Resultate weisen auf eine ansteigende Tendenz des IQ im *Goodenough*-Test hin, parallel mit einer verbesserten sozialen Anpassung, und auf eine absteigende Tendenz desselben IQ bei Fällen von fortdauernder Unangepaßtheit.

Die Ergebnisse aus anderen Untersuchungen gehen in die gleiche Richtung (und dem entspricht auch unsere persönliche Erfahrung). Dennoch wäre es bei einer solchen Untersuchung notwendig gewesen, zu prüfen, ob der Binet-IQ nicht ebenfalls angestiegen ist (denn eine Besserung der sozialen Anpassung führt zuweilen zu einem realen Fortschritt in der geistigen Entwicklung). Erst dann hätte man den folgenden Schluß, der allerdings berechtigt ist, ziehen sollen: »Die Skala der Mensch-Zeichnung mißt Faktoren, die in Beziehung zur Sozialisation der Kinder stehen« (*Ochs,* 1950). Die Sensibilität des *Goodenough*-Tests gegenüber affektiven Faktoren sowie die Auswirkung der Gefühlsbeziehungen des Kindes zu anderen Menschen auf das Testergebnis sind in der Tat für die Psychologen, die den Mensch-Test verwenden, geläufige Feststellungen.

Hanvik (1953) hat dies bei 25 Kindern (von 5 bis 12 Jahren, 18 Jungen und 7 Mädchen) gezeigt, die einer psychiatrischen Behandlung in einer »Child Guidance Clinic« unterzogen wurden, indem er einen deutlichen Unterschied zwischen den IQs im *Goodenough*-Test und denjenigen im *Wechsler*-Test findet. Der mittlere IQ im Mensch-Test beträgt 94, während es im Wechsler 107 IQ-Punkte sind (eine statistisch signifikante Differenz). Noch wichtiger ist, daß nur 16% der Kinder im Mensch-Test einen gleichen oder höheren IQ als im Wechsler-Test erreichen. Die Korrelation zwischen dem *Goodenough*-Test und dem *Wechsler*-Test ist nicht signifikant.

Diese beiden Kriterien, der Abstand zwischen den Resultaten im Mensch-Test und denjenigen in anderen Intelligenz-Tests sowie die nichtsignifikante Korrelation zwischen beiden Testverfahren bei Kindern, die an psychischen Störungen leiden, fordern vom Psychologen große Vorsicht bei der Verwendung des Mensch-Tests. Er darf nicht vergessen, daß psychisch Kranke in diesem Test deutlich unter ihrem tatsächlichen Niveau liegende Werte erreichen und daß hierin eine wichtige Fehlerquelle bei der Abschätzung ihrer Fähigkeiten liegt. Er wird dann auch immer daran denken, daß es notwendig ist, eine Beurteilung des geistigen Niveaus mit Hilfe von Intelligenz-Verfahren mit größerer Gültigkeit vorzunehmen.

Gunzburg (1955) bekräftigt diesen Standpunkt und unterstreicht die Tatsache, daß die Werte im Mensch-Test nur dann eine Auskunft über das geistige Niveau geben, wenn die mentalen Funktionen nicht durch neurotische oder psychotische Faktoren beeinträchtigt sind. Der Autor vergleicht die im Mensch-Test erreichten Werte einer Gruppe von 40 erkrankten Debilen (mit Anzeichen zerebraler Schäden, organischer Psychosen oder schwerer Anpassungsstörung) mit einer Gruppe von einfach geistig Behinderten. Die Ergebnisse sind den bisher berichteten vergleichbar: Der mittlere IQ im *Goodenough*-Test beträgt 65 für die pathologische Gruppe und 74 für die andere (eine statistisch sehr signifikante Differenz). Darüberhinaus bestehen zwischen den Zeichnungen beider Gruppen Unterschiede bezüglich bestimmter normaler Charakteristiken, die weiter unten beschrieben werden. Indem *Gunzburg* diese Charakteristiken als Kriterien nennt, unterteilt er die Zeichnungen der Debilen in drei Kategorien. Die Korrelationen zwischen den Werten der Versuchspersonen in diesen Kategorien und ihren Werten im *Wechsler*-Test variieren: sie beträgt .73 beim Fehlen pathologischer Zeichen, dagegen .36, wenn solche Zeichen vorhanden sind, und .43 bei den zweifelhaften Fällen.

Auf der Grundlage einer sehr reichen Erfahrung mit dem Mensch-Test und seiner Anwendung vor allem bei Debilen vertritt *Gunzburg* die Ansicht, daß dieses Verfahren bestimmte strukturelle Aspekte der Persönlichkeit hervorhebt. Demnach bringt der Mensch-Test das Vorhandensein neurotischer Züge und charakteristischer Spannungsbereiche der Person zum Ausdruck und ermöglicht somit das Auffinden pathologischer Fälle. Darüberhinaus müssen die feststellbaren Unterschiede zwischen der Zeichnung – sei sie pathologisch oder nicht – und anderen Tests die Aufmerksamkeit auf bestimmte Charakterstörungen wie Instabilität aufgrund fehlender affektiver Reife lenken.

Auch bei gesunden und affektiv ausgeglichenen Menschen läßt sich zuweilen beobachten, wie die persönliche Eigenart in Auslassungen, ungleichen Details, Übertreibungen von Schatten usw. zur Darstellung kommt. Geht man zu einer vertieften Untersuchung des Kindes über, so enthüllen diese Zeichen Blockierungen und spezifische Konflikte seiner Persönlichkeit. In diesen Fällen ergibt die Bewertung der Mensch-Zeichnung ebenfalls eine falsche Einschätzung des IQ. Dies bestätigt sich vor allem bei Kindern unter 5 Jahren und bei solchen, die älter als 10 Jahre sind.

Die Skala von *Goodenough* weist eine weitere Eigentümlichkeit auf: die Abnahme des mittleren IQ von 10 Lebensjahren an bis zu einem Wert von 84 im Alter von 12 Jahren, die *Goodenough* selbst in der von ihr untersuchten Stichprobe gefunden hat. Dieses Ergebnis steht im Widerspruch zu den Befunden, die sich aus der Verwendung anderer Intelligenz-Tests ergeben. Diese zeigen nämlich ein kontinuierliches Wachstum der Kurve der geistigen Entwicklung, vor allem in den verbalen Tests. Alle Autoren stimmen in der Ansicht überein, daß die Skala von *Goodenough* über das Alter von 12 Jahren hinaus keine Gültigkeit mehr hat; einige setzen die Grenze bereits bei 10 Jahren fest.

Nachdem *Goodenough* in streng kontrollierten Experimenten die Unabhängigkeit ihrer Skala von einer künstlerischen Begabung nachgewiesen hat, kann eine solche Annahme nicht mehr zur Erklärung des fraglichen Phänomens herangezogen werden.

Muß nun die Ursache darin gesehen werden, daß bestimmte Kinder sich zu zeichnen weigern, ganz besonders in gewissen Stadien ihrer Entwicklung? Die Untersucher sind sich nicht einig über das Alter, in welchem die Kinder nicht mehr spontan zeichnen wollen und die Tendenz zeigen, die von Erwachsenen vorgeschlagenen Zeichnungen abzulehnen. Die Gründe für diese Haltung können in sehr unterschiedlichen Prozessen gesucht werden. Läßt man die pathologischen Weigerungen und die aus einem starken Oppositionsbedürfnis hervorgehenden Ablehnungen außer acht, so findet man von 10 Jahren an und sehr häufig ab 12 Jahren eine andere Art von Verweigern. Eine Anzahl Untersucher sind auf diese Weigerung gestoßen, die subtiler ist und eine emotionale Hemmung erkennen läßt. Sie wird selten in unmittelbarer Weise ausgedrückt und häufiger in die Form der Selbstkritik gekleidet (»ich kann nicht zeichnen«); die Ablehnung bringt eine Angst zum Ausdruck vor dem, was man aus diesem Test schließen kann; zuweilen auch ein Mißtrauen gegenüber dem Untersucher: »Was werden Sie mit dieser Zeichnung machen? Wozu dient sie?...«

Manchmal entzieht sich das Kind der bedrängenden Lage, indem es auf die Anweisung hin nur den Kopf oder den Oberkörper zeichnet. *Hinrichs* (1935) schreibt: „Wahrscheinlich ist die emotionale Reaktion eines Knaben, wenn er dem Test unterzogen wird, das Nebenprodukt von etwas für das Gelingen einer Zeichnung noch Grundlegenderem – von etwas, das man nicht klar genug definiert hat."

Spoerl (1940) stößt bei Debilen im gleichen Alter auf dasselbe Phänomen und beschreibt die charakteristischen Schwankungen und Regressionen. Vor allem sind es Jugendliche, die diese Charakteristiken aufweisen, und scheinbar muß dies insbesondere einer Änderung der Haltung gegenüber der Testanweisung zugeschrieben werden. Zur Zeit der Pubertät führen die körperlichen Veränderungen, die emotionalen Konflikte und die Anpassungsprobleme zu einem neuen Ungleichgewicht und zu entscheidenden Veränderungen des Körperbildes. Es hat den Anschein, als ob sich in diesen Veränderungen die Ursache für die Weigerung zu zeichnen findet. Wenn der Jugendliche einen Mensch zeichnet, versucht er zumindest, die spannungs- und konfliktgeladenen Zonen zu vermeiden (er zeichnet nur den Oberkörper usw.); die Aufgabe, einen menschlichen Körper zu zeichnen, kann für ihn sehr unangenehm werden. Lehnt er es ab, so entzieht er sich seinen Problemen, der emotionalen Spannung, die mit dem Ausdruck seiner Probleme vor jemand anderem verbunden ist, und auch dem Bewußtmachen derselben. Es ist dies das Alter, in dem man sich auf die beruhigende Zeichnung geometrischer Formen, die den Ausdruck seiner selbst besser verschleiern, zurückzieht.

So kommt es, daß die Charakteristiken der Zeichnungen von Jugendlichen, wie Auslassungen, schlecht proportionierte Teile und die Armut an Details, die Bewertungen im Mensch-Test in starkem Maße beeinträchtigen, während andere Intelligenztests, vor allem die verbal ausgerichteten, weiterhin ein ununterbrochenes Anwachsen der Intelligenzfähigkeiten aufzeigen.

Die relative affektive Stabilität des Kindes zwischen 5 und 12 Jahren erklärt, daß sich in diesem Altersbereich eine befriedigende Korrelation zwischen dem *Goodenough*-Test und den übrigen Intelligenztests findet, was allerdings auch nur für Gruppen normaler Kinder gilt. Die für das Latenzalter kennzeichnende emotionale Beruhigung läßt dem zeichnenden Kind alle Freiheit, seine intellektuelle Kenntnis vom Menschen zum Ausdruck zu bringen.

»Es ist zu befürchten«, schreibt *Boutonnier* (1953), »daß die fortschreitende Entwicklung der Mensch-Zeichnung von 3 bis 12 Jahren vor allem die fortschreitende Unterwerfung des Kindes unter die in seinem Lebensmilieu üblichen und anerkannten Darstellungsweisen zum Ausdruck bringt«.

In der Tat ist die Skala von *Goodenough* so konstruiert, daß sie vom Kind nichts als eine mehr oder weniger stereotype Darstellung einer Person verlangt. Mit dem für diese Entwicklungsphase so charakteristischen Bedürfnis, sich seiner Umgebung anzupassen und die Realität so genau wie möglich zu erfassen und zu kopieren, erbringt das Kind im *Goodenough*-Test eine Leistung, die so gut ausfällt, wie sein Intelligenzgrad und seine affektive Reife es eben erlauben.

Ohne Zweifel mißt die Skala von *Goodenough* der vorhandenen Anzahl an Details eine zu große Bedeutung bei. Das Kind, das eine hohe Bewertung erhält, muß eher »eine ausgeprägte Beobachtungsgabe verbunden mit einem sehr guten Detailgedächtnis« als Abstraktionsfähigkeit oder andere intellektuelle Begabungen, wie sie in den übrigen allgemeinen Intelligenztests erforderlich sind, unter Beweis stellen. Von zwei Kindern gleichen Intelligenzniveaus wird es das ängstlichere sein, das seine Aufgabe gewissenhaft ausführt, indem es auf die Details achtet und deshalb auch die besseren Resultate im Mensch-Test erzielen wird. Ein weiteres Mal sehen wir, daß der Test sich eher auf Charakterzüge bezieht als auf die Intelligenz. Und gerade das häufige Fehlen dieser Züge ist für die Adoleszenten charakteristisch, was natürlich ihre Zeichnungen beeinträchtigt. Während im gleichen Sinne affektive Störungen das Niveau von geistig Behinderten noch vermindern können, stellen Zwangsneurotiker aufgrund ihrer betonten Beobachtung von Details eine Ausnahme dar. Die »Polyvalenz« des *Goodenough*-Tests als Intelligenz-Maß findet eine zusätzliche Bestätigung in widersprüchlichen Ergebnissen, die sich bei geistig Behinderten fanden. Zuweilen übertreffen ihre Werte im Mensch-Test ihre Leistungen in anderen Intelligenz-Verfahren, und manchmal trifft auch das Gegenteil zu.

Spoerl (1940) findet bei geistig Behinderten von 7 bis 14 Jahren und mit einem IQ von 42 bis 98, daß die Differenziertheit von Zeichnungen, darunter der Mensch-Test, im Mittel über dem festgestellten Intelligenzalter liegt. Die Autorin vergleicht sechs normale Kinder mit sechs geistig behinderten im gleichen Alter. Die Bewertungen der letzteren im Mensch-Test liegen höher (mittleres Intelligenzalter: 7;1 Jahre) als diejenigen der normalen Kinder (mittleres Intelligenzalter: 6;2 Jahre). Das jeweils erreichte Intelligenz-Alter nach dem *Terman-Binet*-Test war vergleichbar: 6;2 Jahre gegenüber 6;1 Jahren.

Die Resultate von *Brill* (1937) ergeben das gleiche Bild: Das Intelligenzalter von 70 % der zur Gruppe der gut angepaßten geistig Behinderten gehörenden Kinder liegt nach den Ergebnissen des Mensch-Tests über demjenigen des Binet-Tests. *Israelite* (1936) gelangt zu entgegengesetzten Resultaten: Bei einer Stichprobe von 256 geistig behinderten Jungen und Mädchen liegt das Intelligenz-Alter nach dem Mensch-Test unter demjenigen nach dem Stanford-Binet-Test. Gleichfalls findet *McElwer* (1934) schwächere Werte bei geistig Behinderten als bei Normalen im Mensch-Test und ein gleiches Intelligenz-Niveau im Stanford-Binet.

Diese widersprüchlichen Ergebnisse sind nur verständlich, wenn man die Annahme macht, die uns bei unserer Arbeit mit dem Mensch-Test als einleuchtend erschien: Ebenso wie alle anderen Kinder können geistig Behinderte, selbst bei gleichbleibendem geistigen Niveau, sich hinsichtlich ihrer allgemeinen Reife sehr stark unterscheiden. Die retardierten Kinder, deren affektive und soziale Entwicklung ungestört ist, sind durchaus in der Lage, ein vollständiges und befriedigendes Bild vom Menschen zu entwickeln, auszuarbeiten und somit auch zu zeichnen. Ihr affektives Gleichgewicht und ihr relatives Wohlbefinden ermöglicht es ihnen, im Mensch-Test höhere Werte zu erzielen, als es entsprechend ihren Abstraktions- und Einsichtsfähigkeiten zu erwarten wäre. Dabei spielen die für Details angewandte Mühe, ihr Ehrgeiz, die Seltenheit von Auslassungen und zuweilen sogar der normale Charakter der Proportionen ihrer Zeichnungen eine wichtige Rolle. Lediglich aus gleichfalls vorhandenen subtilen Anzeichen, wie Stereotypien und dem Fehlen einer gewissen Originalität, wie sie für die autonome Persönlichkeit des normalen Kindes charakteristisch sind, kann ein Hinweis auf die Besonderheiten ihrer Umweltanpassung entnommen werden.

Dennoch leidet die Mehrzahl der geistig Behinderten unter dem Fehlen von befriedigenden menschlichen Beziehungen, weil sie aufgrund ihrer geistigen Schwäche nicht akzeptiert werden. Sehr deutlich bringen sie in den Zeichnungen ihr persönliches Drama zum Ausdruck, und ihre Ergebnisse liegen noch unter ihrem geistigen Niveau. Hierfür sind die von *Brill* (1937) gefundenen Unterschiede zwischen der Gruppe der gut angepaßten und der Gruppe der übrigen geistig Behinderten ein beredtes Beispiel. Die Tatsache, daß die Unterschiede zwischen den IQs aus unterschiedlichen Tests mit Widersprüchen in den qualitativen Charakteristiken (Überfülle an Details oder Fehlen wesentlicher Details usw.) der Zeichnungen geistig behinderter Kinder einhergehen, ist nicht weniger bedeutungsvoll.

So stellt *McElwer* (1934) die Zeichen für Unreife in den Zeichnungen geistig behinderter Kinder zusammen: Fehlen der Körper, Verbindung der Arme und Beine mit dem Hals, Andeutung der Kleidung lediglich durch eine Reihe von Knöpfen, Disproportion der verschiedenen Körperteile ... Alle diese Züge haben eine niedrige Bewertung ihrer Mensch-Zeichnung zur Folge.

Wintsch (1935) bringt eine Aufzählung der übereinstimmenden Charakteristiken aus einer Analyse der Mensch-Zeichnung von acht retardierten Kindern und ordnet sie in drei Kategorien:

1. Globale Betrachtungsweise: sie drückt sich in Schematismus und in Armut an Details aus (Kopffüßler ...);
2. Synkretismus: ausgedrückt durch unstimmige Proportionen;
3. Miniatur-Zeichnungen.

Spoerl stellt dagegen bei ihren retardierten Versuchspersonen, die im Mensch-Test einen höheren IQ erzielten als im *Binet*, als wesentliches Charakteristikum eine übergenaue Ausführung und eine übertriebene Sorgfalt bei der Darstellung von Details fest. Gleichzeitig findet die Autorin in den Zeichnungen der geistig Behinderten:

1. Eine Disproportion der Arme (sie sind zu kurz) im Verhältnis zur übrigen Zeichnung,
2. eine Vielzahl von Stereotypien und Klischees,
3. Automatismus (in der Zeichenbewegung),
4. eine Disproportion zwischen den verschiedenen Körperteilen sowie eine starke Asymmetrie.

Zum wiederholten Male zeigt sich die Komplexität des Mensch-Tests anhand der unterschiedlichen Resultate – selbst unter qualitativem Aspekt – bei geistig behinderten Kindern. Die Unterschiede können nur so erklärt werden, daß die *Goodenough*-Skala sich auf Charakteristiken bezieht, die sich von intellektuellen

Fähigkeiten deutlich unterscheiden. Es hat daher den Anschein, daß die Leistungen der geistig behinderten Kinder durch ihre affektiven Möglichkeiten bedingt sind und daß sie sich vorwiegend aus dem Vorhandensein von Details und, in geringerem Ausmaß, aus der Beachtung der Proportionen und dem allgemeinen qualitativen Charakter der Zeichnungen ergeben. Wir wollen ein weiteres Kennzeichen des Mensch-Tests anführen: Die Mädchen erzielen etwas bessere Leistungen als Jungen; sie erreichen auf allen Altersstufen, ausgenommen das Alter von 12 Jahren (Pubertät), ein höheres Niveau. Diese zuerst von *Goodenough* festgestellte Tatsache wurde nicht nur für amerikanische Mädchen bestätigt (*Britton*, 1954; *Havighurst* u. a., 1944), sondern gilt auch für deutsche (Ziler, 1959).

Die Resultate anderer Intelligenz-Tests bestätigen eine solche Überlegenheit der Mädchen nicht. *Goodenough* ist nicht der Ansicht, daß eine frühzeitige Entwicklung der ästhetischen Fähigkeiten die Ursache ist. Die Arbeiten von *Herschensteiner*, *Ivanoff* und *Burt* widersprechen einer solchen Hypothese. Darüber hinaus wurde bei der Erstellung der Skala darauf geachtet, daß die zeichnerische Begabung keine Rolle spielt.

Nach *Goodenough* finden die höheren Mittelwerte der Mädchen im Mensch-Test ihre Erklärung in deren größerer Lernbereitschaft und ihrem Wunsch, Schwierigkeiten zu überwinden und auf Details zu achten. Diese Eigenschaften liegen gleichfalls den größeren schulischen Fortschritten der Mädchen zugrunde, und man muß berücksichtigen, daß gerade das schulische Leistungsniveau und das chronologische Alter als Kriterien bei der Standardisierung des Tests benutzt wurden, wodurch die Mädchen im Vorteil sein können.

Dennoch befriedigen diese Erklärungsmöglichkeiten nicht ganz: Warum treten diese Unterschiede in anderen sprachfreien Intelligenz-Tests nicht auf? (Im Labyrinth-Test nach *Porteus*, vor allem aber im *Bender*-Gestalt-Test, der gleichartige Anforderungen stellt, indem neun geometrische Figuren abgezeichnet werden müssen.)

Es ist das Objekt der Zeichnung, der Mensch, das bei den Mädchen besonderes Interesse und Aufmerksamkeit weckt. Sie erzielen hier bessere Leistungen als die Jungen, weil für sie das zu zeichnende Objekt eine größere emotionale Bedeutung hat. Um es genauer auszudrücken, müßte man vielleicht nicht nur »bedeutender«, sondern »außerordentlich bedeutend« sagen; denn die Ergebnisse auf der Skala sind abhängig vom Ausdruck dieser »Bedeutung«, die bei Jungen – lediglich auf eine unterschiedliche Weise – ebenfalls vorhanden ist.

Wir können sagen, daß in unserer Kultur der Schönheit des Körpers, und insbesondere des Gesichts, vor allem von den Frauen große Bedeutung beigemessen wird. Darin kommt »ein sekundärer Narzißmus zum Ausdruck, der sich auf den Körper in seiner Gesamtheit bezieht« (*H. Deutsch*, 1949). Dieser Zuwachs an Narzißmus bei der Frau kann als eine Kompensation des Fehlens des männlichen Organs betrachtet werden (*Harnik*, 1924) oder als Abwehr des Masochismus (*H. Deutsch*, 1949).

Wir wollen hier nicht versuchen, dieses Phänomen vollständig zu erklären, sondern es soll noch einmal auf die Bedeutung tiefgreifender Persönlichkeitsfaktoren bei der Anwendung der *Goodenough*-Skala hingewiesen werden, auch wenn sie auf den ersten Blick als sehr schematisch und auf eine rein logische Analyse der Mensch-Zeichnung beschränkt zu sein scheint.

Das Problem des Einflusses anderer Faktoren – wie etwa kultureller Bedingungen – auf den *Goodenough*-Test wurde in verschiedenen Untersuchungen hervorgehoben. Dieser Bereich ist aber noch ungenügend erforscht. Die Mehrzahl dieser Untersuchungen hat in einer allgemeinen Weise dazu beigetragen, auf der Grundlage vorgegebener Kategorien festzustellen, ob die bei irgendeiner Population vorgefundenen Charakteristiken der Zeichnung in anderen Populationen wieder angetroffen werden.

Die Schlußfolgerungen gehen nicht weiter als die folgende: »Der Kopffüßler findet sich in den ersten Lebensjahren bei allen Kindern; der optische Realismus löst den intellektuellen Realismus ab«; usw. In diesen Untersuchungen fehlen im wesentlichen Angaben über die spezifischen Umweltbedingungen und ihren Einfluß auf die Entwicklung des Kindes. So bleibt der Test ein unabhängiges Kriterium für alle übrigen Aspekte des Lebens; was man hätte erforschen und untersuchen müssen, bleibt weiterhin verborgen.

Auf jeden Fall aber scheint geklärt zu sein, daß die Ergebnisse dieses Tests in IQ-Werten nicht mit anderen Intelligenz-Tests übereinstimmen. Die letzteren ergeben im allgemeinen einen niedrigeren IQ bei farbigen Kindern im Vergleich zu weißen Kindern. Die gleichen Tests verzeichnen eine Überlegenheit der höheren Schichten zugehörigen Kinder, wenn man den Einfluß des sozio-ökonomischen Status ein und derselben Gruppe untersucht.

Der Mensch-Test weist diese Tendenz nicht auf. Im Gegenteil erzielen Indianer-Kinder einen höheren Mittelwert im Mensch-Test als die weißen Kinder gleichen Alters. Diese Überlegenheit zeigt sich dagegen in anderen Intelligenz-Tests nicht. Ein weiteres Kennzeichen: Die indianischen Jungen schneiden im Mensch-Test besser ab als die Mädchen. *Havighurst* (1946) ermittelte diese Ergebnisse bei 325, unterschiedlichen Stämmen zugehörigen indianischen Kindern im Alter von 6 bis 11 Jahren. *Havighurst* erklärt diese Überlegenheit der indianischen Kinder und insbesondere die der Knaben mit deren Erziehungsbedingungen: »Die indianischen Kinder, vor allem die Knaben, werden dazu angespornt, sich für die natürliche Umwelt zu interessieren, und sie haben mehr Möglichkeiten, sich Konzepte der Naturobjekte einschließlich des menschlichen Körpers auf der Basis ihrer eigenen Beobachtung zu erarbeiten und zum Ausdruck zu bringen« (1946).

Die gleiche Divergenz zwischen den Resultaten im *Goodenough*-Test und anderen Intelligenz-Verfahren tritt zutage, wenn die auf das soziale Milieu zurückgehenden Unterschiede in einer bestimmten Population erforscht werden. Entsprechend stützt die Korrelation zwischen dem sozio-ökonomischen Status von 232 Kindern im Alter von 3 bis 11 Jahren und ihren Werten in vier Intelligenztests den Einfluß der sozio-ökonomischen Faktoren: je höher der Status, um so höher das mittlere Intelligenzniveau. Allerdings gilt dies nicht für die Ergebnisse im Mensch-Test (*Britton*, 1954). Diese beiden Beispiele verdeutlichen, daß der Mensch-Test kein Intelligenztest im üblichen Sinne ist. Vielmehr besitzt er eine Sensibilität gegenüber Faktoren, die abhängig sind von Erziehungsstilen, der sozialen Anpassung und Reife des jeweiligen Milieus. Je bedeutsamer die Unterschiede in diesen Bereichen sind (siehe die indianischen und die weißen Kinder), um so eher treten sie im Test zutage. Sind die Unterschiede weniger markant, wie etwa diejenigen zwischen den verschiedenen Klassen einer bestimmten

Gesellschaft, so kann die Überschneidung der vielfältigen, in Wechselbeziehung stehenden Persönlichkeitsfaktoren den Ergebnissen jede signifikante Aussagekraft nehmen. In diesem Fall müssen feinere Mittel als der einfache und globale IQ zur Unterscheidung herangezogen werden.

Die Unzulänglichkeiten des *Goodenough*-Tests als Intelligenzverfahren, vor allem über das 10. Lebensjahr hinaus, haben zu einer gewissen Anzahl von Revisions- und Modifikationsversuchen der Skala geführt. Dabei suchte man den Test auch über das Alter von 12 Jahren hinaus verwendbar zu machen, indem dem spezifischen Charakter der Zeichnungen älterer Kinder Rechnung getragen wurde. Die Ergebnisse sind ebensowenig überzeugend wie die von *Oakley* (1931), der drei unterschiedliche Bewertungsskalen für drei Altersgruppen vorschlägt: von 2 bis 7 Jahren; von 7 bis 10 Jahren und von 10 bis 15 Jahren. Diese Vorgehensweise ähnelt derjenigen von *Wechsler*, der das einzelne Kind nur mit Kindern der gleichen Altersgruppe vergleicht. Dadurch wird eine Verbesserung der Bewertung der Zeichnung als Intelligenzmaß erreicht. Dennoch ist das Problem einer Lösung nicht nähergebracht, vor allem nicht über das Alter von 10 Jahren hinaus.

Oakley stimmt damit überein, daß die Regression spezifisch ist für die dritte Gruppe und schlägt vor, einen »Regressionskoeffizienten« bei der Untersuchung Jugendlicher zu verwenden. Wir müssen hier feststellen, daß die vorgeschlagene Lösung nichts anderes ist als die Anerkennung der Notwendigkeit, diesen Test nicht als einen Intelligenztest im engeren Sinne zu verwenden. Andererseits zeigt sich erneut die Schwierigkeit, die verschiedenen Faktoren, die bei der Ausführung der Zeichnung eine Rolle spielen, voneinander zu unterscheiden. Die Regressionen der Jugendlichen in der Mensch-Zeichnung können nicht als Regressionen im Bereich der Intelligenz verstanden werden. Außerdem ist die Bezeichnung Regression die Folge der willkürlich von Erwachsenen gewählten Kriterien, die sich an den Zeichnungen von Kindern der Latenzperiode orientieren.

Um zu einer sinnvollen Erörterung des Intelligenz-Problems bei Jugendlichen zu gelangen, sollte von zwei Prinzipien ausgegangen werden:

1. Die Zeichnungen sollten ohne äußere Kriterien untersucht werden; ausdrücklich sollte das Kriterium einer konventionellen und realistischen Mensch-Darstellung aufgegeben werden (ein Kriterium, das die meisten Autoren als das höchste erreichbare Niveau ansehen). Als Ausgangspunkt wäre ein Vergleich mit den spezifischen Elementen dieser Entwicklungsphase zu wählen. Wenn die Subjektivität, das Ungleichgewicht der intra- und interpersonellen Kräfte und vor allem das Bedürfnis, sich selbst zu bestimmen, die Charakteristiken dieses Alters sind, so ist es auch angebracht, sie zu verwenden und ihnen bei der Bewertung der Zeichnung die ganze Bedeutung zu verleihen, die sie im übrigen Leben des Jugendlichen besitzen. Diese Elemente sind weder weniger notwendig noch weniger bedeutsam als das Konventionelle der vorausgegangenen Phase, obwohl der Jugendliche diese nicht so leicht eingesteht.
2. Es sollte die Tatsache anerkannt werden, daß die Zeichnung unstreitig die Persönlichkeit des Kindes widerspiegelt, einschließlich seiner Intelligenz.

Von diesen Gesichtspunkten aus nähert sich dieser Test dem *Rorschach*-Verfahren, das gleichzeitig eine dynamische Beschreibung der Persönlichkeit und der Intelligenz ermöglicht.

Es scheint, daß *Buck* (1948) in diesem Sinne eine Bewertung der Intelligenz Erwachsener (älter als 15 Jahre) versuchte, und zwar mit Hilfe des Haus-Baum-Mensch-Tests (H.T.P.): Die Menschzeichnung ist ein Bestandteil der weiter gefaßten Anweisung, aber das eigentliche Prinzip dieser Bewertung könnte auch auf den *Goodenough*-Test angewendet und bei verschiedenen Altersstufen erprobt werden. Für *Buck* soll der H.T.P.-Test dem Kliniker helfen, »eine Information zu erhalten über die Sensibilität, die Reife, die Flexibilität, die Leistungsfähigkeit und den Grad der Integration der Persönlichkeit eines Menschen und zudem über die Interaktion dieser Persönlichkeit und seiner Umwelt, sei sie spezifischer oder genereller Art« (1948).

Demnach ist der Test nicht als Intelligenztest an sich angelegt, sondern er ermöglicht eine gute Darstellung des Niveaus der intellektuellen Funktionen eines Menschen, vor allem aber der Art und Weise, wie dieses Niveau aufgrund nonintellektueller Persönlichkeitsfaktoren erhöht oder erniedrigt wird.

Bei jeder Bewertung des Haus-Baum-Mensch-Tests muß der Untersucher folgende Punkte berücksichtigen:

1. Die primitive nonverbale Ausdrucksform, die eine Zeichnung darstellt,
2. die Tatsache, daß die vorgegebenen Reize fast strukturlos und dazu geeignet sind (vermittels der im Untersuchten hervorgerufenen Assoziationen), emotionale Faktoren anzusprechen, welche ihrerseits die Tendenz haben, die intellektuellen Funktionen zu beeinflussen.

Anhand einer Stichprobe von 140 normalen Erwachsenen ohne Persönlichkeitsstörungen erstellte der Autor Bewertungsskalen. Es ergaben sich 7 Intelligenzzonen: von den Debilen bis zu den extrem Hochbegabten. Nach den Ergebnissen eigneten sich die folgenden Kategorien am besten für eine Differenzierung zwischen den verschiedenen Niveaus:

1. Details,
2. Proportionen,
3. Perspektive.

Die dadurch ermöglichten multiplen Vergleiche ergeben ein lebendiges Bild des Intelligenzniveaus einer untersuchten Person, ihrer grundlegenden Begabungen und des Einflusses affektiver und organischer Faktoren.

Das Interesse des Psychologen am Mensch-Test mag geringer sein als an dem oben genannten Verfahren oder an anderen Intelligenztests, da das Testmaterial lediglich aus einer einzigen Zeichnung besteht. Wenn eine Versuchsperson jedoch z. B. ihren ersten Versuch selbst verwirft, ist es zuweilen sehr interessant, die Unterschiede zur zweiten Zeichnung zu betrachten. Die Anwendung des Mensch-Tests in der Form, daß man das Kind beide Geschlechter zeichnen läßt, erbringt zuweilen recht bedeutsame Unterschiede zwischen den beiden Zeichnungen. So schreibt *Boutonnier* (1953): »Wenn dasselbe Kind, je nachdem ob es einen Jungen oder ein Mädchen zeichnet, zwei Zeichnungen von sehr unterschiedlichem Niveau zustande bringt, mit welchem Recht hält man sich dann eher an die eine als an die andere, um das tatsächliche geistige Niveau einzuschätzen? Wäre es nicht notwendig zu untersuchen, ob das Kind in einem bestimmten Alter etwa lieber eine Frau als einen Mann oder lieber einen Jungen als ein Mädchen zeichnet? Besteht aber eine solche Differenz zwischen den beiden Zeichnungen, läßt sich dann nicht eine zumindest ebenso bedeutsame Spannung im Gefühlsbereich finden, wie sie aus einer übermäßigen Schwankung der Ergebnisse in anderen Intelligenztests hervorgeht?«

Würde man demnach eine Zeichnung von jedem Geschlecht anfertigen lassen und sie entsprechend gewisser, aus der *Buck*'schen Technik abgeleiteter Prinzipien getrennt bewerten, so wäre es möglich, zu Werten zu gelangen, die sowohl das aktuelle Intelligenzniveau des Kindes bestimmen als auch sein potentielles intellektuelles Niveau, welches durch andere Persönlichkeitsfaktoren verfälscht wird.

Ausgehend von den Unzulänglichkeiten, die bei der Anwendung der *Goodenough*-Skala festgestellt wurden, gelangte man zu neuen Forschungsrichtungen, die eine nützlichere und angemessenere Verwendung dieses so wenig strukturierten Intelligenztestes erlauben sollten.

Wir können sagen, daß es angebracht ist, die Gegebenheiten in Umkehrung der historischen Entwicklung des Tests zu betrachten und den Mensch-Test als ein Instrument anzusehen, das der Erforschung der Gesamtpersönlichkeit des Kindes dient, und außerdem global und annäherungsweise eine Einschätzung des Intelligenzniveaus und seiner Wechselwirkungen mit anderen Verhaltensebenen des Kindes ermöglicht.

Eine der interessantesten und wiederholt geäußerten Feststellungen bei zahlreichen und unterschiedlichen Anwendungen des Mensch-Tests ist die folgende: Kinder mit gleichem IQ zeichnen sehr unterschiedliche Menschen; d. h., daß die Skala nur einen geringen Teil des Materials berücksichtigt. In zunehmender Weise wurde man sich der wertvollen Informationsquellen bewußt, die man bisher vernachlässigt hatte. So kam man zu der Gewohnheit, abgesehen von der Skalen-Bewertung, die unterschiedlichen Charakteristiken und die qualitativen Züge der Zeichnung aufzuzeichnen.

Die Anwendung des Mensch-Tests bei Erwachsenen hat ebenfalls dazu beigetragen, die Aufmerksamkeit auf die Komplexität der Faktoren zu lenken, welche durch den Test mit ins Spiel kommen. In der Tat unterscheiden sich die Zeichnungen geistig behinderter Erwachsener sehr stark von denjenigen der Kinder mit gleichem Intelligenzalter.

Earl (1933) untersuchte die Mensch-Zeichnungen von 420 geistig behinderten Erwachsenen und fand, daß sie sich durch die Darstellung von Details (Haaren, Ohren, Nasen) auszeichneten; dennoch kam ihre Störung in den Proportionen und der räumlichen Orientierung zum Ausdruck. Außerdem zeigte sich die mangelnde Integration vor allem in Disproportionen und einer schlechten Anordnung der Elemente.

Bei affektiven Störungen finden sich gleichfalls Asymmetrie, Auflösungserscheinungen und ein Gemisch von primitiven Charakteristiken und Reifezeichen in ein und derselben Zeichnung und in auffälligen Details.

Geistig stark behinderte Erwachsene zeichnen dicke Köpfe und kurze Arme. In dieser Hinsicht ähneln ihre Zeichnungen meist denjenigen normaler Mädchen. Diese Ergebnisse bestätigt *Martino* (1954). In den Mensch-Zeichnungen einer Gruppe von 100 debilen Erwachsenen fanden sich bei 91 % zu große Köpfe, bei 97 % andere schlecht proportionierte Körperteile, bei 76 % ein geöffneter Mund, bei 53 % waren die Augen lediglich durch einen Punkt markiert; der Hals wurde nur in 33 % der Fälle dargestellt; usw.

Man untersuchte ebenfalls das Auftreten charakteristischer qualitativer Züge bei verschiedenen Kranken. So findet *Earl* bei 34 Versuchspersonen, die eindeutig als Psychotiker diagnostiziert worden waren:

- Perseveration oder Automatismus der einfachen Formen (wenn die Augen durch Kreise dargestellt wurden, so wurden diese auch bei anderen Organen verwendet);
- Wiederholung der Zeichnung, zuweilen auf der gesamten Blattfläche;
- Ideenflucht (Haare nur auf einer Seite des Kopfes . . .);
- Details und geschriebene Elemente, die unverständlich sind;
- Betonung des sexuellen Symbolismus, Darstellung von Geschlechtsorgangen und Umkehrung des Geschlechts in den Zeichnungen.

Fingert, Kogan und Schilder (1939 legten den Mensch-Test erwachsenen Schizophrenen vor, um zu einem besseren Verständnis ihres geistigen Zustandes während der Behandlung zu gelangen. Als allgemeine Charakteristiken ihrer Kranken verzeichnen die Autoren: Perseverations-Tendenz, unvollständige Zeichnungen, Verzerrungen, Disproportion der verschiedenen Körperteile, Stereotypie, Hinzufügung zerstückelter Formen und primitiver Elemente, z. B. Ausstreichungen, spiralförmige Linien und bizarre Hintergründe.

Gunzburg (1952) glaubt, daß bestimmte qualitative Charakteristiken der Mensch-Zeichnungen auf Störungen hinweisen können (angefangen bei mangelnder Anpassung bis zur Psychose oder organischen Schädigungen). Der Autor konnte bei einer hinreichend homogenen Gruppe von Erwachsenen von 16 bis 26 Jahren (IQ zwischen 48 und 74) 7 pathologische Kennzeichen unterscheiden:

1. Durchsichtigkeit (typische Kinderfehler wie der durch den Hut hindurch sichtbare Kopf bleiben unberücksichtigt).
2. Stilisierung (der Begriff bezieht sich nicht auf eine Stilisierung oder einen primitiven Charakter dieser oder jener Partie der Zeichnung, sondern auf eine insgesamt stilisierte oder groteske Auffassung des menschlichen Körpers, etwa einem »Südsee-Idol« ähnelnd).
3. Fehlende motorische Kontrolle (vor allem die Unfähigkeit, Linienzüge abzuschließen, das Vorhandensein weiter Zick-Zack-Linien usw., alles Anzeichen für eine fehlende Kontrolle der Hand).
4. Auslassungen oder Desorganisation (dieser Begriff bezieht sich auf a) falsche Stellung der verschiedenen Körperteile: Arme am Kopf befestigt bei gleichzeitig vorhandenem Rumpf; b) Auslassung wichtiger Teile wie der Arme oder des Munds usw.; c) Ideenflucht: Ohr nur auf einer Seite usw.).
5. Schattierungen, die zumindest ein Viertel der Zeichnungen bedecken, wobei eine besondere Aufmerksamkeit auf ihre Qualität zu richten ist. Leichte und regelmäßige Schatten, meist zur Darstellung von Kleidungsstücken verwendet, kommen bei Normalen häufig vor.

6. Plumpe sexuelle Charakteristiken (die zeichnerische Darstellung sowohl männlicher als auch weiblicher Geschlechtsorgane ist dem Autor zufolge ein pathologisches Zeichen).
7. Unzutreffende Farben, in deutlichem Gegensatz zu den natürlichen Farben.

Nach *Gunzburg* wird durch das Vorhandensein von zweien dieser Zeichen eine Erkrankung nahegelegt. Bei nur einem Zeichen ist das Individuum in die Kategorie der zweifelhaften Fälle einzuordnen. Jedoch gibt das Fehlen pathologischer Züge keinen ebenso sicheren Hinweis auf das Fehlen einer Erkrankung. Der Autor macht darauf aufmerksam, daß diese Zeichen bei einer sehr homogenen Gruppe ermittelt wurden und daß sie deshalb nicht ohne weiteres für andere Gruppen gelten.

Erinnern wir uns an die von *Bender* gegebene Beschreibung von Kindern, die an chronischer Enzephalitis erkrankt sind: wenig Details, ungenügende motorische Leistungen, Bewußtsein der eigenen Unfähigkeit, Ausdruck der Unzulänglichkeit der Resultate ohne die Möglichkeit, sie zu verbessern.

Andere Untersuchungen haben diese Charakteristiken bestätigt, so daß eine frühzeitige Erkennung dieser Erkrankung — die durch eine neurologische Untersuchung bestätigt werden muß — mit Hilfe des Mensch-Tests möglich ist.

Für *Hinrichs* ist es vor allem das Fehlen von Harmonie und innerem Zusammenhang der Zeichnung, welche die delinquenten Kinder charakterisiert: in seiner Untersuchung findet er diese Charakteristiken doppelt so häufig in der Gruppe der delinquenten Kinder als in derjenigen der normalen (von 9 bis 18 Jahren). Er unterscheidet zwei Arten von fehlendem inneren Zusammenhang: Die erste besteht in der Unfähigkeit, zu vollenden, was man begonnen hat, und kann als Zeichen für Aufmerksamkeitsstörungen gelten. So läßt sich etwa folgendes finden:

1. Details, die nur auf einer Seite vorhanden sind;
2. Details, die auf einer Seite sehr sorgfältig und genau ausgeführt wurden und auf der anderen Seite nur sehr grob und unförmig;
3. Details, die auf der einen Seite eine Reife des Beobachtungsniveaus anzeigen und auf der anderen Seite infantil sind.

Die zweite Art fehlenden inneren Zusammenhangs besteht in Reife-Unterschieden zwischen den unterschiedlichen Teilen der Zeichnung: differenziertes Gesicht und grober Körper, oder gelungene Zeichnung des Körpers, jedoch fehlen die Arme usw.

Die Art des gezeichneten »Menschen« ist für den Autor ebenfalls von Bedeutung. Er ist der Ansicht, daß eine direkte Beziehung zwischen dem gezeichneten »Mensch«-Typ und dem Alter des Kindes besteht. Die älteren und normalen Kinder zeichnen häufig einen ganz bestimmten und spezifischen »Menschen«: Soldat, Cowboy usw.; jüngere Kinder zeichnen eher einen stereotypen »Menschen« ohne eigentliche Individualität; Delinquente bringen unter diesem Gesichtspunkt ebenfalls ihre geringe Reife zum Ausdruck und zeichnen bevorzugt stereotypisierte »Menschen«.

Wir werden hier nicht die Validität dieser unterschiedlichen Charakteristiken diskutieren und uns deshalb auf mögliche Interpretationen beschränken; sie überschneiden sich sehr häufig bei geistigen Störungen. Indessen erscheint uns wichtig, den Akzent auf die Erweiterung der Perspektive zu setzen, die uns diese Beobachtungen ermöglichten. Sie lassen nämlich die Verbindung zwischen der Zeichnung und der Persönlichkeit des Zeichners noch deutlicher hervortreten.

So gelangte man von einem Intelligenztest zur Entdeckung der Möglichkeit, unter Verwendung dieses Tests das Individuum und seine psychodynamischen Motivationen kennenzulernen und zu beobachten. Damit wurde das Wesen des Mensch-Tests auf eine andere Ebene der Analyse verlagert – hin zum Verständnis der komplexen Handlung einer Zeichnung und Aufdeckung der Persönlichkeit des Zeichners.

Die erweiterte Bedeutung des Tests impliziert, daß die Zeichnung des Kindes ein komplexes Verfahren darstellt, welches sich auf verschiedene Ebenen des Verhaltens bezieht. Diese stehen sowohl zur kindlichen Intelligenz in Beziehung als auch zu seiner motorischen oder affektiven Reife, seiner emotionalen und sozialen Anpassung und seiner Art, sein Leben zu leben. Diese Tendenz, im Mensch-Test einen Persönlichkeitstest im weitesten Sinne des Wortes zu sehen, trifft gleichfalls auf andere Testverfahren zu, welche ursprünglich als Intelligenztests betrachtet wurden. So war der Test von *Bender* ursprünglich dazu bestimmt, den Wahrnehmungs-Modus auf der Grundlage der Prinzipien der Gestaltpsychologie *Wertheimers* zu untersuchen. Es zeigte sich, daß jede Kopie der vorgegebenen Zeichnungen dieses Tests in ihrer Art einen besonderen Charakter besitzt, entsprechend der einmaligen Persönlichkeit, und daß die Zeichnung nur in Verbindung mit den dynamischen Aspekten dieser Persönlichkeit verständlich ist. Ähnliches gilt für die Auswertung von Kopien der komplexen Figur von *Rey* (1946).

Wir können nun das Wesentliche aller Zeichentests, nicht nur des Mensch-Tests, herausstellen. Nicht allein die Intelligenz und die Wahrnehmungsfunktionen des Individuums ermöglichen schließlich die Ausführung einer Instruktion, sondern die gesamte Persönlichkeit ist daran beteiligt und sie verwendet dabei die verschiedenen Möglichkeiten, über die sie verfügt.

II. Der Mensch-Test als projektives Verfahren

Bei der tagtäglichen Anwendung des Mensch-Tests zum Zwecke der Intelligenzmessung entdeckte *Machover*, daß der Test ein reiches klinisches Material liefert unabhängig vom intellektuellen Niveau der betreffenden Personen. »Kinder, die dasselbe Intelligenzalter im Test erreichen, fertigen häufig Zeichnungen an, die sich auf eine erstaunliche Weise voneinander unterscheiden und ihre persönliche Note tragen«, schreibt die Autorin in Zusammenfassung ihrer Erfahrungen (1949).

Diese Entdeckung brachte nichts Neues, denn die psychoanalytische Anwendung und Deutung des Tests hat im allgemeinen sehr deutlich herausgestellt, daß die Zeichnung die ganze Komplexität des Kindes, seine Bemühungen um Anpassung an seine Umgebung und den Aufbau seines Selbst offenlegt. Das Neue am Beitrag *Machovers* ist die Thematisierung der Analyse und der Interpretation der in der Menschzeichnung zutage tretenden Aspekte. Diese Systematisierung wie auch die große Zahl der nachfolgenden Untersucher, die das Manual der Autorin ausgearbeitet haben, stellen uns einen projektiven Test vom gleichen Typ wie diejenigen von *Rorschach* und von *Murray* (TAT) zur Verfügung. Mit seinen spezifischen Problemen, seinen klaren und zuweilen mehrdeutigen Ergebnissen bietet somit der Mensch-Test erstaunliche Möglichkeiten, zu einer Kenntnis der untersuchten Person zu gelangen.

Die Technik von *Machover* besteht in folgendem: Man gibt der Person ein Blatt Papier (möglichst in Din A 4-Format), einen Bleistift von mittlerer Härte und einen Radiergummi und bittet sie, einen Mensch zu zeichnen. Der Untersucher notiert auf einem anderen Blatt das Geschlecht und andere vorläufige Kennzeichen, die Zeit der Durchführung, spontane Kommentare und die Reihenfolge der verschiedenen gezeichneten Körperpartien. Wenn die erste Zeichnung vollendet ist, bittet man die Versuchsperson, auf ein zweites Blatt von gleicher Größe wie das erste einen Menschen des anderen Geschlechts zu zeichnen.

Das Wesentliche der Anweisung besteht darin, daß ihre Formulierung den Projektionen die größtmögliche Freiheit läßt und daß weder Alter noch Geschlecht der zu zeichnenden Person im voraus festgelegt sind. Falls das Kind sich weigert, zu zeichnen, oder sich darauf beruft, daß es nicht zeichnen könne, so erklärt man ihm, daß es nicht auf die Schönheit der Zeichnung ankommt. So kann man etwa sagen: »Diese Aufgabe hat nichts mit deiner zeichnerischen Begabung zu tun. Ich möchte gerne wissen, wie du einen Mensch zeichnest.« Auf alle übrigen Fragen antwortet man: »Mache es so, wie du möchtest.«

Das Manual von *Machover* ist im wesentlichen dazu bestimmt, mögliche Interpretationen der Menschzeichnungen darzustellen. Diese auf der Grundlage der Kenntnis von mehreren hundert Zeichnungen entwickelten Interpretationen wurden in allen Fällen aus dem Gesamt ihres klinischen Kontextes entnommen. Die Darstellung erfolgt in zwei Gruppen. Die erste behandelt das, was *Machover* den Inhalt der Zeichnung nennt, die verschiedenen Körperteile, Kopf, Mund, Füße, Kleidung und ihre Einzelheiten. Die zweite Gruppe bezieht sich auf den formalen und strukturellen Aspekt der Zeichnung: Gegenstand, Bewegung, Symmetrie, Größe und Anordnung der Gestalt auf dem Blatt, Perspektive und Qualität der Linien werden von *Machover* dieser Gruppe zugerechnet.

Wenn die Interpretation auch streng dieser Ordnung folgt, so handelt es sich doch nicht nur um eine starre Anleitung, denn sie ist niemals auf isolierte Züge der Zeichnung gerichtet, sondern auf deren Beziehung untereinander.

Das Handbuch enthält eine Vielzahl von individuellen Beispielen, die die gegebenen Interpretationen veranschaulichen. Zudem werden acht Fälle zum Zwecke einer noch umfassenderen Illustration ausgewählt. Bei diesen findet man neben den Zeichnungen eine kurze klinische Falldarstellung mit der angewandten Diagnostik und der detaillierten Interpretation der verschiedenen Elemente dieser Zeichnungen. Lediglich einige Seiten sind theoretischen, den Test betreffenden Betrachtungen gewidmet.

Es ist nicht unsere Absicht, dem von *Machover* eingeschlagenen Weg zu folgen oder eine Erweiterung ihres Manuals vorzulegen. Vielmehr wollen wir in diesem Buch insbesondere die Grundlagen dieses Tests selbst erörtern, seine Ergebnisse unter dem Blickwinkel theoretischer Konzepte – wie das Körperbild oder die Ausdrucksfähigkeit – beurteilen und den Stand der bisherigen Forschung über diesen Test ermitteln. Die Interpretationen werden ausschließlich zur Illustration herangezogen.

Warum und in welcher Weise kann dieses Verfahren als ein *projektiver Test* aufgefaßt werden? Eine gewisse Anzahl von Forderungen liegen diesen Tests zugrunde. Ihre Bezeichnung, die zum erstenmal von *Frank* (1939) verwendet wurde, hat sich seither weit verbreitet. Eine dieser Forderungen lautet, daß ein solcher Test, bei einem möglichst geringen Aufwand an Zeit und Arbeit, Auskünfte über die Persönlichkeit gibt, welche gewöhnlich nur vermittels einer detaillierten und gründlichen Exploration zu erhalten sind. Der Mensch-Test genügt dieser Bedingung. Er ist leicht und rasch durchzuführen. Das Material ist für jeden verständlich, die Dauer beträgt nicht mehr als 5 bis 15 Minuten (entsprechend der Persönlichkeit des Zeichners). Die Anweisungen sind einfach und selbst für Personen mit sehr niedrigem Intelligenzniveau oder für sehr kleine Kinder verständlich. Er eignet sich ebenso gut zur Einzel- wie zur Gruppenuntersuchung. Das Kind geht im allgemeinen bereitwillig darauf ein, und daher eignet er sich in ausgezeichneter Weise als Einführung bei einer mehrere Tests umfassenden Untersuchung. Schließlich ist die Auswertung einfach, und weder die Aufbewahrung noch eine Wiederholung der zeichnerischen Gestaltung stellen besondere Probleme.

Das Wesen der projektiven Tests besteht jedoch vor allem in der Tatsache, daß sie nicht bestimmte isolierte Züge der Persönlichkeit erforschen, sondern eine Darstellung der Persönlichkeitsstruktur selbst erlauben. Sie beschreiben keine einzelnen isolierten Bereiche, sondern die Bestandteile der betreffenden Persönlichkeit als ein dynamisches Ganzes sowie ihre gegenseitigen Wechselwirkungen. Sie zielen schließlich auf die Aspekte dieser Persönlichkeit, deren tiefe Schichten sich nicht im manifesten Verhalten mitteilen, ebenso wie auf ihre grundlegenden individuellen und spezifischen Anlagen. Dies wird aufgrund der Unstrukturiertheit der Situationen ermöglicht, denen das Individuum eine Bedeutung verleiht, indem es sie entsprechend seinen eigenen Bedürfnissen, seinen Empfindungen und seinen Wahrnehmungen organisiert. In der Tat ist die Vielzahl von Antworten, die man in einer solchen Situation geben kann, beachtlich (weil es hier keine guten und schlechten Antworten gibt). Dieser Vielzahl liegt ein spezifisch menschlicher Vorgang zugrunde, den *Freud* (1912) beschreibt und als »Projektion« bezeichnet.

»Die Projektion innerer Wahrnehmungen nach außen ist ein primitiver Mechanismus, dem z. B. auch unsere Sinneswahrnehmungen unterliegen, der also an der Gestaltung unserer Außenwelt normalerweise den größten Anteil hat. Unter noch nicht genügend festgestellten Bedingungen werden innere Wahrnehmungen auch von Gefühls- und Denkvorgängen wie die Sinneswahrnehmungen nach außen projiziert, zur Ausgestaltung der Außenwelt verwendet, während sie der Innenwelt verbleiben sollten.«

Dieses Phänomen wird bei der Anwendung projektiver Tests dank der Vieldeutigkeit der Reize provoziert. In diesem Sinne kann man sich fragen, ob die Anweisung: »Zeichnen Sie einen Menschen« nicht schon zu sehr festgelegt und klar ist. Läßt sie der Produktion ausgiebiger Projektionen freien Lauf? Tatsächlich läßt diese Anweisung zunächst vollständige Freiheit in der Wahl der gezeichneten Person, ihrem Alter, ihrem Geschlecht, ihrer Stellung, ihrer Aktivität, ihrem Ausdruck, den ihre Züge vermitteln usw. Die Proportionen der verschiedenen Körperteile, die relative Größe der männlichen und weiblichen Personen, Auslassungen und Betonungen können gleichfalls Wege der Projektion einer Person darstellen. Der Vorgang der Projektion ist nicht unmittelbar beobachtbar. Vermittels der projektiven Tests beobachten wir lediglich ihre abschließenden Ergebnisse: Verzerrungen, Übertreibungen, Verlagerungen usw. So kommt es vor, daß ein Kind den Umriß eines Menschen ohne Mund zeichnet, jedoch mit großen Taschen, die von Ornamenten bedeckt sind. Bei einem anderen wird der Mensch kolossale Ausmaße im Verhältnis zur Blattgröße haben. Zuweilen wird die Nase übertrieben betont, oder aber lediglich zwei Punkte erinnern an diese. Es scheint somit, daß die Testanweisung genügend unbestimmt ist und daß sie dem Zeichner die Möglichkeit gibt, einen männlichen oder weiblichen Menschen darzustellen, der seine Prägung durch die mit der eigenen Persönlichkeit verbundenen projektiven Prozesse erhält.

Nach dieser projektiven Auffassung des Tests sind die gewonnenen Zeichnungen das Ergebnis des Funktionierens eines komplexen Mechanismus, welcher der gesamten psychischen Struktur des Zeichners zugrunde liegt. Im Gegensatz dazu findet man theoretische Positionen, bei denen der Akzent auf die Bedeutung einer speziellen Eigenschaft oder eines spezifischen Wahrnehmungssinnes gelegt wird. Eine gewisse Anzahl von Autoren zum Beispiel vertritt die Ansicht, daß die Kinder zu einem gegebenen Zeitpunkt dazu gelangen, das zu zeichnen, was sie sehen, und nicht das, was sie sich vorstellen, wie sie es in einer früheren Phase taten. Uns scheint es hingegen nicht einmal bei den einfachen Kopien des *Bender*-Gestalt-Tests möglich, ausschließlich die visuelle Wahrnehmung zur Erklärung der Gestaltungen der Versuchspersonen heranzuziehen; man muß sich auf bedeutendere psychologische Prozesse beziehen. Wenn ein Kind aufgefordert wird, einen Menschen zu zeichnen, so sind die ihm vor Augen stehenden Vorbilder von einer zu großen Vielfalt, als daß »das, was es sieht«, seine Zeichnung beherrschen könnte.

Das Kind ist gezwungen, unter den vielfältigen Bildern, die sich ihm darbieten, auszuwählen, und der Wahl kommt immer eine projektive Bedeutung zu. Nicht ohne Interesse wird man feststellen, daß die in unserer Zivilisation so intensiv verwendete visuelle Werbung wenig Einfluß auf die Mensch-Zeichnung hat. In unserem Zeitalter stellen die Plakate vorwiegend gut aussehende Menschen dar, die mit offenem Munde lachend ihre Zähne zeigen. Nun werden die Zähne in den Mensch-Zeichnungen nur selten angedeutet, und sie dienen dabei nicht der Darstellung glücklicher Gefühle. Im Gegenteil, die zeichnerische Sprache drückt sich vielmehr wie die volkstümliche Sprache aus, in welcher »die Zähne zeigen« bedeutet, bösartig, wütend zu sein. »Die Zähne zeigen« ist in den Zeichnungen wie in der Sprache vor allem mit schmerzhaften Erlebnissen verbunden, etwa wenn die Zähne wachsen oder schlecht werden, oder wenn man sich wütend auf die Zähne beißt. Das Vorhandensein von Zähnen in der Zeichnung hat immer eine aggressive Bedeutung. Man zeichnet sie nicht, weil man sie mehr oder weniger häufig beim Lachen »sah«, sondern weil sie in Verbindung stehen zum Schmerz, zum Beißen oder zur Wut, die sie in der Zeichnung darstellen.

Wenn das Kind in seiner Mensch-Zeichnung nicht das überträgt, »was es sieht«, so stellt es genausowenig das dar, »was es weiß«. *Terman* hat gezeigt, daß Kinder im Alter von 7 Jahren die Anzahl ihrer Finger genau kennen, wenn sie gebeten werden, unmittelbar auf diese Frage zu antworten. Dies hindert jedoch nicht, daß nur 31 % der Kinder in diesem Alter die Finger in ihrer Zeichnung andeuten. Ebenso stellen 50 % der achtjährigen Jungen keine Haare dar, sondern eher Pfeifen und Spazierstöcke, obwohl ein Kind von drei Jahren Haare andeutet, wenn man es darum bittet. In der Zeichnung, wie im menschlichen Verhalten allgemein, decken sich »Wissen« und »Tun« nicht. Zwischen Wissen und sein Wissen-Anwenden oder sich vermittels des Wissens Verwirklichen besteht ein Unterschied.

Ganz offensichtlich zeichnet das Kind nicht das, was es sieht oder weiß, sondern es drückt das aus, was für es in positivem oder negativem Sinne wichtig ist und was ihm zu einem Zeitpunkt spontan zur Verfügung steht aufgrund eines gleichzeitig bewußten und unbewußten Auswahlprozesses. Für das Kind bedeutet die Tatsache, daß es Finger oder Füße gibt, nicht, daß es sie in der Zeichnung andeutet. Es hat sich von der Existenz seiner Organe im Verlauf intimer Erfahrung überzeugt, indem es mit ihrer Hilfe verschiedene vitale Funktionen erfüllte; es hat sie vermittels der Welt seiner Motive erfassen können; über denselben Prozeß läßt es sie in seiner Zeichnung erscheinen. Es ist nicht möglich, die Komplexität der Zeichnungen auf Prinzipien des »visuellen Realismus« zurückzuführen, und es ist ebensowenig möglich, sie aufgrund eines besonderen vorherrschenden Wahrnehmungssinnes oder eines Persönlichkeitsbereichs zu erklären. Es läßt sich nicht aufrechterhalten, daß das Kind mit sechs Jahren das zeichnet, was es vom Menschen weiß, und mit zehn Jahren das, was es davon sieht. Man kann die zeichnerische Gestaltung eines Kindes nur im Licht des Zusammenspiels der psychologischen Kräfte sehen, die innerhalb seiner ursprünglichen dynamischen Struktur am Werk sind (so etwa bei einem neunjährigen Kind, das uns erklärt, es habe die Hände weggelassen, weil sie so schlecht riechen). Sicherlich dürfen die Sinne eines Kindes nicht gestört sein, um der Testanweisung nachkommen zu können. Die visuelle Wahrnehmung, die motorische Koordination und die intellektuelle Kenntnis müssen in ausreichendem Maße ausgebildet sein, damit die spezifischen Merkmale der Zeichnung vermittels der Motivationen dargestellt werden können.

Die Idealbedingungen, die gegeben sein müßten, damit ein Kind der Testanweisung zu folgen vermag, lassen sich wie folgt formulieren:

1. Das Kind muß eine wahrnehmungsmäßige und intellektuelle Kenntnis des gezeichneten Objekts haben, d. h. des menschlichen Körpers. Diese wird im Test verarbeitet, weil ihr eine Analyse der verschiedenen Körperteile zugrunde liegt, ebenso wie eine Analyse der räumlichen Beziehungen und der relativen Positionen; denn das Kind ist in der Lage, die Größenverhältnisse und die relativen Proportionen einzuschätzen. Diese Prozesse sind nur möglich, wenn das Kind ein Mindestmaß an Abstraktionsfähigkeit erreicht hat (anderenfalls erhält man Bizarrerien und Monstren, wie z. B. bei geistig behinderten Kindern).
2. Es muß eine Koordination zwischen Augen- und Handbewegungen bestehen (die ersten Versuche analphabetischer Erwachsener, die niemals geschrieben oder gezeichnet haben, sollen hier außer acht gelassen werden). Eben diese Koordination fehlt – unter anderem – beim zweijährigen Kind. Beeindrukkend ist die Störung bei hirnorganisch Kranken, welche wohl wissen, was sie zeichnen wollen, aber nicht in der Lage sind, es zu realisieren.
3. Das affektive Befinden muß solcherart sein, daß es die nötige Aufmerksamkeit ermöglicht und nicht zu Auslassungen oder zur Überbetonung verschiedener Teile führt, welche zu große affektive Bedeutung haben.
4. Eine Haltung mittlerer Selbstkritik und Kontrolle ist notwendig: Übermäßig ausgeprägt würde sie (im Extremfalle) zu einer Weigerung zu zeichnen führen; in ungenügendem Maße vorhanden, würde sie vor allem eine Aufdekkung »der Komplexe«, der verbotenen Wünsche, bewirken und brächte so die auf diese gerichteten Reaktionen des Ich nicht zum Ausdruck. (Dies geschieht, wenn man unter Freunden und nicht im Beisein eines Untersuchers einen Menschen zeichnet.)

Diese Analyse der grundlegenden psychologischen Prozesse, die notwendig sind zu einer idealen oder typischen Mensch-Zeichnung, gibt keinen Aufschluß über das in der Zeichnung zum Ausdruck kommende dynamische Phänomen, womit die einmalige Art der Eingebung und Selbstmitteilung eines Individuums gemeint ist, welche aus dem globalen experimentellen Hintergrund hervorgeht.

Die Autoren, die die Zeichnung untersuchten, haben das enge Band zwischen der Gestaltung und ihrem Urheber festgestellt. Zur Erklärung dieser ursprünglichen und jedem Individuum eigenen Projektion (im Verlauf unserer mehrjährigen Erfahrungen haben wir nicht zwei identische Zeichnungen angetroffen) griff man zurück auf Konzepte wie das »innere Modell« (*Luquet*, 1937) oder die »Konstanz des Zeichentypus« (*Bried*, 1950). Bei allen Erklärungsversuchen wurde das Prinzip der Selbstprojektion anerkannt, d. h. die Tatsache, daß das Kind »eine Art Projektion seiner eigenen Existenz ... derart, wie es sein eigenes und das Leben der anderen empfindet« (*Boutonnier*, 1953), zum Ausdruck bringt.

In einem gewissen Sinne ist die gezeichnete Person niemand anders als der Zeichner selbst. Z. B. wird man beeindruckt sein von den sprechenden Unterschieden der Mensch-Zeichnung in Abhängigkeit vom Alter des Zeichners. Im allgemeinen bedecken die Zeichnungen älterer Menschen eine kleinere Fläche und sie haben eine geringere Höhe. Sie befinden sich nicht so häufig wie bei normalen zehnjährigen Kindern im Mittelpunkt des Blattes. Die größeren Dimensionen und die bessere Zentrierung bei Kindern dieses Alters entsprechen dem Umstand, daß sie sich in einer Periode der Expansion der Persönlichkeit und der euphorischen Ich-Stärkung befinden, und diese steht im Gegensatz zur Involution der alternden Menschen (*Lakin*, 1956).

Beim Vergleich der Gestaltungen älterer Menschen mit solchen von Studenten fand man (*Lorge* u. a., 1958), daß die Zeichnungen der älteren Menschen unvollständig, ausdrucksarm und bizarr sind, daß Integration und Proportionen schlecht sind und außerdem eine ungenügende motorische Koordination vorhanden ist. Vor allem findet man bei älteren Menschen eine spezifische Armut in bezug auf Differenzierung und Spezifizierung derjenigen Züge der gezeichneten Person, die mit dem Geschlecht in Beziehung stehen, womit also eine Identifizierung des Geschlechts erschwert wird. Genau das Gegenteil stellt man bei Zeichnungen von Studenten fest, wo das Geschlecht der dargestellten Person immer bestimmt werden konnte.

Es läßt sich also parallel zum Alternsprozeß und zum organischen Defizit ein analoges Defizit bei den gezeichneten menschlichen Körpern feststellen. Auf alle Fälle aber muß man sich davor hüten, in den genannten Zügen Charakteristiken zu sehen, die allen älteren Menschen eigen sind. Die Mehrzahl der in dieser Studie untersuchten älteren Menschen war in Anstalten untergebracht und repräsentierte den am stärksten geschwächten Anteil der Gesamtpopulation älterer Menschen. Es ist also damit nicht gesagt, daß das Altern an sich diese Charakteristiken zur Folge hat. Nur durch eine Studie, die die Zeichnungen von älteren Menschen in Anstalten mit Zeichnungen von solchen vergleicht, die noch aktiv sind und deren Alter nicht ihr Gleichgewicht zerstört hat, könnte man mehr über die mit dem Altern einhergehenden Eigenschaften sowie über die Bedeutung der Tatsache, ob man letzteres akzeptiert oder nicht, erfahren. Nicht allein das Altern des Individuums bestimmt das Bild, das es von sich selbst hat, sondern auch die Art, wie es sein Altern erlebt und welche Einstellung es zu dem Problem einnimmt, das es ihm stellt.

Das Alter, das man der gezeichneten Person gibt, ist ein nicht weniger aussagekräftiges Projektionsphänomen. Im allgemeinen gibt der Zeichner ihr ungefähr das eigene Alter. Wichtige Unterschiede sind Anzeichen für mancherlei Störungen. So weisen etwa Kinder, die Personen zeichnen, die bedeutend jünger sind als sie selbst, regressive Tendenzen auf, z. B. der kleine Fettsüchtige, dessen erste Zeichnung einen Säugling darstellte. Zuweilen zeichnet ein Kind eine Person reifen Alters; dies kommt im allgemeinen bei Kindern vor, die von ihren Eltern nur schwer als Kinder akzeptiert werden und daher die elterlichen Forderungen verinnerlichen und ein starkes Bedürfnis empfinden, größer zu werden; es kommt auch vor, daß die ausschließliche und zu enge Identifikation mit einem der beiden Eltern dem zuerteilten Alter zugrunde liegt.

Normalerweise gibt das Kind und der Jugendliche der gezeichneten Person das eigene oder ein etwas höheres Alter. In der Phase des Übergangs zum Erwachsenen ändert sich das zuerteilte Alter und liegt dann *unter* demjenigen des Zeichners. *Lehner und Silver* (1948) konnten bei 421 Studenten (im Alter von 17 bis 54 Jahren) feststellen, daß von 25 Jahren an Frauen und Männer ihren gezeichneten männlichen und weiblichen Personen ein niedrigeres Alter zuschrieben. Eine solche Tendenz ist bei den Studentinnen stärker. Dieses Phänomen entspricht vollständig dem Gefühl von der Wichtigkeit und dem Glück, jung zu sein, welches vor allem in den Vereinigten Staaten gesellschaftlich betont wird. Es ist allgemein bekannt, daß dies insbesondere für die Frauen wichtig ist, und diese unterlassen es auch nicht, ihren Wunsch nach Jugendlichkeit in ihre Zeichnungen zu projizieren.

Indem eine Versuchsperson sich mehr in der Person des gleichen Geschlechts, die es zeichnet, wiedererkennt, kommt es dazu, daß das Alter, das der Person mit entgegengesetztem Geschlecht zuerteilt wird, variabler ist. Es ließe sich denken, daß das Alter der Person mit entgegengesetztem Geschlecht für die Versuchsperson eine geringere Bedeutung hat. Letztere kann ein höheres Alter haben als dasjenige, in welchem der Zeichner sich selbst zeigen möchte.

Wir wollen noch auf folgendes hinweisen: Die untersuchten Studenten begannen vom 25. Lebensjahr an, das Alter, das sie ihren Personen zuschrieben, zu verringern. Bei neuropsychiatrischen Kranken tritt die Verjüngung ihrer Zeichnungen erst später ein – gegen das 30. Lebensjahr wird die weibliche Person jünger als die reale Person, und erst mit 35 Jahren wechseln sie das Alter der männlichen Person (*Giedt und Lehner*, 1951). In den Augen der Kranken hat es keine so große Bedeutung, jünger zu bleiben, wie für Studenten, die Pläne haben, Aufgaben erfüllen müssen und Ziele erreichen wollen – ihre zeitliche Perspektive ist anders und ihr Anspruchsniveau liegt niedriger (das Phänomen der Verjüngung ist besonders bemerkenswert bei den älteren Studenten; bei Studentinnen im Alter von 50 Jahren beträgt das der weiblichen Person zugeschriebene Alter 21;6 Jahre und dasjenige der männlichen Person 26;4 Jahre; bei Studenten im Alter von 50 Jahren 31 und 34 Jahre – ungefähr das Alter, das mit 20 Jahren angegeben wurde). Ohne Zweifel wäre das Bedürfnis, jung zu bleiben, in einer Population von größerer Heterogenität weniger ausgeprägt als bei den Studenten, da ältere Personen, die noch studieren, die Jugend mehr schätzen als solche, die bereits eine feste Position in ihrem Leben erreicht haben.

Die Bezeichnung des Alters der gezeichneten Person fördert somit ebenfalls einiges bezüglich des Phänomens der Projektion zutage, welches in seiner Komplexität und seinen Feinheiten Hinweise gibt auf die Wünsche, die kulturellen Einstellungen und die zeitliche Perspektive der Individuen.

Vermittels dieses Projektionsvorganges, der als ein primärer menschlicher Mechanismus aufzufassen ist, bringt das Kind seine Probleme zum Ausdruck, die Empfindung seiner selbst, seine Ängstlichkeit, seine Art, darauf zu reagieren und seine Abwehrmechanismen. So tritt z. B. in der Zeichnung eines Jugendlichen die Identifikation mit dem Vater zutage: Sie stellt einen 45jährigen Rabbiner dar, streng und mit dichten Kritzelstrichen stark geschwärzt. Der Jugendliche wollte den Beruf seines Vaters ergreifen, eines Rabbiners, der einige Jahre zuvor gestorben war und den der Sohn sehr verehrte. Seit dem Tod des Vaters war der Jugendliche sehr streng gegenüber sich selbst und den anderen geworden; die Schwärzung ist ein Hinweis für eine große Ängstlichkeit, die die Grundlage der Identifikation darstellt.

Die Reaktionsbildung erscheint unmittelbar in der Zeichnung eines neunjährigen Jungen, der ständig seine Zeichnung verbessern will; sorgfältig radiert er jedes Detail aus, das ihm nicht gefällt, und er beklagt sich über die Unsauberkeit des Blattes. Schließlich ist nach 20 Minuten angestrengter Arbeit das Blatt, das er zurückgibt, völlig verschmutzt und fleckig – das Ziel, das er unbewußt erreicht. Das Schuldgefühl, das sich in solchen Fällen bildet, kann beim Entgegennehmen des Blattes beschwichtigt werden.

Ein Mädchen von 8 Jahren, das im allgemeinen gut angepaßt ist, zeichnet ein gut proportioniertes junges Mädchen von der Art des »braven Mädchens«; seine zweite Person ist ein Junge mit großen Händen und spitzen, aggressiven Fingern. Sie schildert ihn als ein böses Kind, das seine kleineren Schwestern tyrannisiert usw. Dieses kleine Mädchen ist das älteste Kind der Familie, und seine Mutter beklagt sich über sein aggressives Verhalten gegenüber seinem neugeborenen Bruder, während sein Verhalten im allgemeinen das einer besorgten und beschützenden Schwester ist. Die Kleine hat der männlichen Person die aggressiven Gefühle zugeschrieben, welche sie selbst gegenüber ihrem Bruder empfindet. Es ist ihr jedoch unangenehm, die Gefühle als die eigenen anzuerkennen.

In der Zeichnung der menschlichen Person spielen bewußte wie unbewußte Faktoren eine Rolle, die die eigenartige Darstellung eines Körpers bestimmen. Die Durchführung kommt durch Beiträge aus unterschiedlichen Quellen zustande. Ohne daß es sich dessen bewußt ist, drückt das Kind Wünsche aus, die es nicht akzeptieren kann, oder verdrängte Konflikte. Sein unmittelbarer Ausdruck wechselt ab mit Momenten der flüchtigen Bewußtwerdung oder mit stark kontrollierten Handlungen; und selbst da noch vergegenwärtigt sich das Kind nicht die Natur der Kräfte, die im Spiel sind. Diese unterschiedlichen Momente lassen sich in Zusätzen erkennen, die der Zeichnung hinzugefügt wurden, in verschiedenen Ausstreichungen oder in Bemerkungen, die dazu dienen, das in der Zeichnung zu unmittelbar Ausgedrückte abzuschwächen oder zu rationalisieren. Ein junger verheirateter Mann zeichnet eine Frau, und dieser Körper erscheint als verstümmelt, wenn man ihn mit seiner Zeichnung eines Mannes vergleicht. Gegenüber diesem Unterschied bricht er in ein Lachen aus, indem er sich des inneren Prozesses bewußt wird, der in die Zeichnung eingegangen ist: »Wenn meine Frau sehen würde, was für eine Frau ich gezeichnet habe, wäre sie fähig, mich umzubringen!«

In der Mensch-Zeichnung lassen sich zwei Momente unterscheiden. Im allgemeinen lassen sie sich nicht voneinander trennen, aber zuweilen kommen sie auf unterschiedliche Weise zum Ausdruck. Bald läßt sich der Zeichner von Impulsen leiten, die mehr oder weniger unmittelbar nach einer mehr oder weniger unangebrachten oder symbolischen Entladung suchen. Bald kehrt er unter die Kontrolle des Ich zurück und nimmt eine selbstkritische Haltung ein, die schließlich eine totale Hemmung, eine Regression oder ein vollständiges Negieren dessen, was ausgedrückt wurde, zur Folge hat. Die festgehaltenen Veränderungen in der Zeichnung sind insofern von Bedeutung, als man mit ihrer Hilfe die spezifischen Widersprüche und die Interdependenz der Reaktionen des Kindes erfassen kann. Es wird vom Gleichgewicht der Person abhängen, ob die Zeichnung sich in gleichmäßigem Zuge entwickelt und zu einer Einheit derjenigen verschiedenen Tendenzen und unterschiedlichen Ebenen der Persönlichkeit gelangt, welche an der Ausarbeitung der gezeichneten Person beteiligt sind. Der Wunsch allein, gut abzuschneiden, kann nicht zu Veränderungen in der Zeichnung führen, welche die Möglichkeiten des Zeichners als Persönlichkeit übersteigen. In diesem Sinne sind die Erfahrungen von *Graham* (1956) aufschlußreich. Er legte in der üblichen Weise 23 Studenten den Test vor. In einer Besprechung erklärte er ihnen die Natur der Interpretationen, die man aufgrund von Zeichnungen vornehmen kann, vor allem wenn diese Interpretationen negativ sind (z. B. interpretiert man eine schiefe und langgestreckte Nase als Kompensation einer phallischen Insuffizienz). Nach dieser Besprechung wurde die Gruppe erneut untersucht. Bei der Mehrzahl stellte man wenig oder keine Veränderungen beim Vergleich der zweiten mit der ersten Zeichnung fest. In den Fällen, in denen die Probanden die Neigung hatten, ihre Zeichnungen radikal zu verändern, wurde das Produkt dadurch nicht verbessert. Auf die Gesamtgruppe bezogen, waren die mittleren Bewertungen der Zeichnungen vor und nach der Besprechung statistisch gleichwertig und es bestand eine offensichtliche Ähnlichkeit zwischen den Zeichnungen desselben Studenten in beiden Prüfungen (es wurde die Bewertungsmethode nach dem Manual von *Steinmann* angewandt).

Der Autor kommt zu folgendem Schluß: »Die Zeichnung des menschlichen Körpers vermittelt eine kohärente Darstellung des Selbstbildes, obwohl die Probanden dazu neigen, diejenigen Details zu verbergen oder zu verschleiern, von denen sie wußten oder annahmen, daß sie Schwächen ihrer eigenen Persönlichkeit aufdeckten« (*Graham*, 1956). Der Wunsch, es besser zu machen, hatte in diesem Fall seinen Ursprung im Individuum selbst. Die Lage ist jedoch komplexer, wenn die Forderung von außen kommt. Einen Beweis hierfür erbringt die Untersuchung von *Wallon und Lurcat* (1958). Sie geben dem Kind die Anweisung: »Zeichne eine Frau, die im Regen spazieren geht« (es ist dies der Test von *Fay*); dann soll das Kind eine »Familie« zeichnen und schließlich »Kinder auf dem Lande, die im Gras sitzen und essen«. Obwohl in dieser Untersuchung die Anweisung von anderer Art ist, können unserer Meinung nach die Resultate doch auf das Verfahren, mit dem wir uns hier befassen, übertragen werden. Bei einer zweiten, als Berichtigung bezeichneten Untersuchung, die vor allem bei Kindern von 6 bis 10 Jahren durchgeführt wurde, fordert man das Kind auf, seine Zeichnungen der Personen in den drei Darstellungsweisen zu korrigieren, indem es sich an seinem eigenen Körper und seinen eigenen Körperhaltungen orientiert. Dabei versucht man, dem Kind die Unzulänglichkeiten seiner Zeichnungen zu zeigen, um herauszufinden, zu welchen Veränderungen das Kind fähig ist. Dabei macht man ihm seine Fehler bewußt, ausgehend von der Kenntnis, die es von seiner körperlichen Struktur hat. Die Berichtigung führt zuweilen zu einem Fortschritt, jedoch kommt in den Beispielen des Aufsatzes häufig eine Regression zum Ausdruck. Die Einführung eines neuen Elements (z. B. des Halses) oder die Veränderung bestimmter Gruppierungen hat eine Umwandlung anderer Körperteile zur Folge. Es ist keine partielle Veränderung möglich, vielmehr wandelt sich immer die gesamte Person. Manchmal kommt es zu einer Unstimmigkeit zwischen dem neu hinzugefügten Element und dem Rest (z. B. von Hals und Körper). Zuweilen wird ein Detail, das die Aufmerksamkeit auf sich gezogen hatte, besonders hervorgehoben, isoliert, übertrieben entwickelt oder individualisiert. Ein solches Detail kann die Wirkung eines hinzugefügten Segments haben, welches das vorherige Gleichgewicht zerstört und zu einer Zerstükkelung des Körpers führt. Die aus einer Korrektur hervorgehende Verschlechterung der gesamten Mensch-Zeichnung ist zuweilen sehr auffallend.

Die Ergebnisse dieses Experiments, dessen charakteristische Situation nicht die eines Tests, sondern die eines gelenkten Lernvorganges war, zeigen uns, daß der Versuch, dem Kind zu besserem Zeichnen zu verhelfen, zu Veränderungen und Verschlechterungen führen kann, für die die zeichnerische Fähigkeit als solche nicht verantwortlich ist. Als Beleg wollen wir nur den Fall von Roger, 12;3 Jahre, anführen: die Korrektur der männlichen Figur war erfolgreich, diejenige der weiblichen Person jedoch führte zu einer fortschreitenden Zerstörung.

Zur Verdeutlichung unseres Themas soll an die Gesetze des Zeichnenlernens durch Kinder erinnert werden, wie sie von verschiedenen Forschern erarbeitet worden sind. Verfolgt man die Zeichnungen eines Kindes durch mehrere Jahre hindurch, so erscheinen anfänglich sporadische Veränderungen, die sich langsam fixieren. Besteht die Mensch-Zeichnung (über die vor allem gearbeitet wurde) nur aus Kopf und Körper und beginnt das Kind, Gliedmaßen hinzuzufügen, so wird es dies nicht ständig tun. Dennoch werden auch die Glieder schrittweise zu einem wesentlichen Element der Zeichnung. Das Konzept des gesamten Menschen entwickelt sich weiter, jedoch kann das Kind zu seiner ersten Gestaltung wieder zurückkehren.

Dies ist nicht allein eine Charakteristik des Zeichnens, sondern des gesamten kindlichen Verhaltens. Die erst kürzlich erworbenen Reifungselemente sind wenig stabil und veränderlich. Das Verhalten schwankt also zwischen fortschreitender Entwicklung und Regression hin und her. Die psychischen Kräfte, welche die Entwicklung vorantreiben, wechseln sich ab mit solchen, welche ihren Ursprung in bereits erworbenen Lebensformen haben. Um ihre Ergebnisse zu erklären, machen *Wallon und Lurcat* nicht den Versuch, den personalen und interpersonellen Kontext zu beleuchten, welcher die positiven Veränderungen und die Regressionen erklären würde. Die Autoren setzen den Akzent auf den Anteil »der zeichnerischen Fähigkeit, welche ebenfalls ihre eigenen Bedingungen und Phasen des Erwerbs hat«. Wir hingegen versuchen nicht, das zeichnerische Produkt aus sich selbst heraus zu erklären. Es entsteht nicht in einem leeren Raum, sondern steht in enger Verbindung mit der persönlichen Struktur des Kindes und seinen Beziehungen zu anderen. Man könnte sagen, daß das Kind nicht das zeichnet, was es zu zeichnen lernt. Es lernt, das zu zeichnen, was alle seine Möglichkeiten ihm zu lernen erlauben. Das Phänomen der Regression, das in dieser Untersuchung zutage tritt, ist den Zeichenlehrern vertraut, die ebenfalls die Verwirrung und Befangenheit desjenigen Kindes beschreiben, dessen Aufmerksamkeit man auf seine Irrtümer lenkt. Die Kinder, welche bei ihrem Korrekturversuch regredierten, hatten möglicherweise das Gefühl, daß ihre Fehler entdeckt worden seien. Mit anderen Worten waren der Wille oder der Lernprozeß nicht geeignet, die »Fehler« zu korrigieren, weil diese in Verbindung zu tiefliegenden Motiven standen. Da sie starke symbolische Bedeutung hatten, führte das Bewußtwerden dieser Fehler in eine Atmosphäre, die für ihre Enthüllung ungünstig war, zu einer Regression.

Das erwähnte Experiment hat eine große Bedeutung für den pädagogischen Bereich. Es bildet ein neues Glied in der Kette der Erfahrungen, welche die Prinzipien des direktiven Unterrichts erschüttern.

Dies bedeutet, daß die Möglichkeiten des Selbstausdrucks, welche der von uns untersuchte Test bietet, sehr verschiedenartig sind. In den heutzutage gebräuchlichen Klassifizierungen dieser Art von Tests ist seine Stellung sehr unterschiedlich. *Anderson* (1951) klassifiziert ihn als projektiven Test, *Pieron* (1952) ordnet ihn unter der Rubrik der »Methoden künstlerischer Gestaltungen« ein. Man könnte die Klassifizierung von *Pieron* akzeptieren, wenn hier der Zusatz »künstlerisch« nicht eine zu weite Bedeutung hätte. Die Mensch-Zeichnung ist nämlich ein neues, spezifisches und dem untersuchten Individuum eigenes Produkt. Den wahren Charakter des Tests erfaßt man eher, wenn man ihn mit dem *Szondi*-Test vergleicht. Hier ist es die Wahl der dargebotenen Bilder und nicht ihre Produktion, worin die eigentliche Projektion zum Ausdruck kommt. Dennoch tut die Klassifikation von *Pieron* dem projektiven Charakter des Tests keinen Abbruch, da jede Art von menschlicher Kreativität und vor allem eine solche zeichnerischer Natur eine Gelegenheit zur Projektion darstellt. *Bell* (1948) klassifiziert den Mensch-Test unter der Rubrik »Ausdrucksbewegungen und mit ihnen verbundene Techniken«, und er betont die besondere Bedeutung des dadurch erhaltenen Ausdrucksmaterials.

Jede dieser unterschiedlichen Klassifizierungen trägt einem der Aspekte Rechnung, durch welche dieser Test eine Erforschung der Persönlichkeit ermöglicht. Gleichzeitig berücksichtigen diese Klassifizierungen die Sensibilität des Tests für alle Formen und Inhalte menschlicher Äußerungen. Bevor wir mit der Untersuchung des Tests fortfahren, scheint es uns nützlich, eine Aufstellung der mit seiner Hilfe beobachtbaren Prozesse zu geben. Diese lassen sich nach der von *Bellak* (1944) verwendeten Nomenklatur klassifizieren. Es sind dies: der Anpassungsaspekt, der projektive Aspekt und der Ausdrucksaspekt. Diese Unterscheidungen sind nicht spezifisch für das Verhalten im Verlauf einer psychologischen Untersuchung mit Hilfe projektiver Tests. Sie haben allgemeine Bedeutung, obwohl es die Testsituation ist, welche sie hervortreten läßt. In jeder Situation und bei jeder Untersuchung mit einem spezifischen Test besteht eine spezifische dynamische Beziehung zwischen den qualitativen Aspekten der unterschiedlichen Verhaltensprozesse: anpassungsmäßige, ausdrucksmäßige und projektive. Die verschiedenen Aspekte vereinigen sich in ihnen mit unterschiedlichen Gewichtungen. In einem Leistungstest z. B. steht das Anpassungsverhalten im Mittelpunkt. Beim *Rorschach*-Test nimmt die Ausdrucksfähigkeit eine unbedeutende Stellung ein, während sie für die Graphologie das dominante Element darstellt. Diese unterschiedlichen Aspekte können demnach gleichzeitig an ein und demselben Verhaltenssegment beteiligt und in unterschiedlichen Ebenen der Persönlichkeit verankert sein.

III. Der Anpassungsaspekt

Das Verhalten des Individuums ist ein Ergebnis der Interaktion zwischen der Struktur seiner Persönlichkeit und dem Milieu und dient der Anpassung. In der Testsituation werden an das Kind ganz bestimmte Anforderungen gestellt. Sein Verhalten wird durch das Aufgabenmaterial beeinflußt. Es soll einen Menschen zeichnen. Reagiert es auf die Anweisung, indem es eine Katze zeichnet oder weist es das Blatt zurück, so ist sein Verhalten in einem gewissen Sinne nicht angepaßt. Es ist also notwendig, die Ursache zu erklären und zu verstehen, warum das Kind die Anforderungen seiner Umwelt zurückweist. Es wird sich hier nicht um eine Anpassung an die reale Situation handeln, sondern um die Anpassung an die Situation, wie das Kind sie erlebt. In dieser Hinsicht ist der im Test hervortretende adaptive Aspekt für den Psychologen von großem Interesse. Die Art, in der sich das Kind der Prüfungssituation anpaßt, vermag unterschiedliche Aspekte der Persönlichkeit der Versuchsperson aufzuhellen. Dies ist in um so stärkerem Maße möglich, je reicher die Erfahrungen des Psychologen im Umgang mit Kindern sind und je genauer er die übrigen entscheidenden Faktoren kennt, die bei der Testuntersuchung mit im Spiel sind, wie etwa seine eigene Persönlichkeit oder die spezifischen Anreize, die für das Verfahren charakteristisch sind.

Der Anpassungsaspekt des Zeichentests, ebenso wie derjenige irgendeines anderen Tests, stellt einen wesentlichen Bestandteil der Beobachtungen dar. So werden wir uns fragen, ob das Kind die Aufgabe ohne weiteres akzeptiert, ob es spontan auf die an es gerichteten Fragen antwortet, ob es die Anweisungen auf indifferente oder ausweichende Weise befolgt oder ob die Testsituation als frustrierend oder angsterregend empfunden wird. Fühlt das Kind sich wohl, so kann man folgern, daß die Situation es nicht erschreckt, und dies ist für den Psychologen bereits ein Hinweis, zu dem sich natürlich noch andere gesellen müssen, welche ihn bestätigen oder widerlegen. Wird das Kind aggressiv und bringt es diese Aggressivität verbal oder in seinem Verhalten gegenüber verschiedenen vorhandenen Objekten zum Ausdruck, verläßt es unter irgendeinem Vorwand den Raum, so wird man Anpassungsschwierigkeiten vermuten.

Der 14;4jährige Junge (Zeichnungen 1 und 1 a) sagte uns während der Untersuchung mehrere Male: »Ist nun Schluß?« oder »Jetzt ist es genug!«. Die Untersuchung beunruhigte ihn sehr, weil sie Aspekte seiner Persönlichkeit aufdecken konnte, wovor er große Angst hatte, was wir ebenfalls im Satzergänzungstest fanden: »Ich werde alles tun, um ... normal zu bleiben.« Da er weder die geringste Frustration noch die Prüfungsangst ertragen konnte, versuchte er fortwährend, den verschiedenen Aufgaben auszuweichen (seine Antworten im TAT sind sehr kurz) und so schnell wie möglich zum Ende zu kommen. Es gelang ihm nicht, seine Fähigkeiten angemessen einzusetzen.

Die verbalen Bemerkungen können ebenfalls als bedeutungsvoll für den Anpassungsaspekt des Tests betrachtet werden. Spontane Kommentare, die nicht ausdrücklich durch die Anweisung ausgelöst werden, sind ein Anzeichen für das Bemühen des Probanden um Anpassung. Die Verbalisierung hilft dem Kind, die

Gefühle und die durch die Untersuchung aktivierten Konflikte zu beherrschen. Im allgemeinen sind die geäußerten Bemerkungen ziemlich kurz. Treten sie in übermäßiger Häufigkeit auf, so muß dieser Umstand unsere Aufmerksamkeit wecken. Das Übermaß an Kommentaren drückt zuweilen ein zwingendes Bedürfnis aus, die Situation möglichst stark zu strukturieren, worin sich eine tiefgreifende Unsicherheit äußert. Enthält sich der Proband jedes Kommentars und jeder Kritik, so haben wir zunächst keinen Anhalt, was dies bedeutet. Wir müssen uns dann aber doch fragen, ob der Proband nicht versuchen wird, sich der Situation zu entziehen.

Auch Körperbewegungen können dem Anpassungsverhalten entspringen. Die nonverbale Kontaktnahme, Positionsänderungen, die Art des Blickes und der Atemrhythmus müssen beobachtet werden.

Man kann nicht genügend betonen, wie schwierig die Interpretation aller dieser Elemente und wie groß die Gefahr ist, ihnen voreilig eine psychologische Bedeutung zu verleihen. Setzt man jedoch die unterschiedlichen Äußerungen des Anpassungsverhaltens und den gesamten Anpassungsaspekt in Beziehung zu den übrigen Aspekten, so sind dies Elemente eines gültigen Untersuchungsverfahrens.

IV. Der projektive Aspekt – Das Körperbild

1. Die Notwendigkeit des Konzepts

In einem der vorhergehenden Kapitel haben wir den projektiven Charakter des Tests von *Machover* herausgearbeitet. Wir kommen hier darauf zurück, weil dieser Aspekt nach unserer Ansicht durch einen sehr spezifischen Umstand gekennzeichnet ist, die Zeichnung des menschlichen Körpers. Das Konzept des Körperbildes steht im Mittelpunkt des Tests. Im Körperbild laufen verschiedene Prozesse zusammen, die ihm eine besondere Bedeutung verleihen.

Bittet man ein Kind, eine Person zu zeichnen, so lenkt man seine Aufmerksamkeit auf ein menschliches Wesen, das Bild eines Körpers aus Fleisch und Blut, und nicht etwa auf eine Zahl, ein Pferd oder auf Farbflecke. Ein zweiter Aspekt kommt noch hinzu: Das Kind wird nicht über das Bild, das in ihm auftaucht, sprechen, sondern es wird es in Gestalt einer Zeichnung darstellen. Der menschliche Körper ist somit zweifach in diesen Test mit einbezogen: sowohl durch das Thema und die Ausführung als auch durch den Stimulus und das Vehikel der Projektion. Schließlich ist das Körperbild in einer dritten Hinsicht einbezogen, wenn der Psychologe die Zeichnung interpretiert und den Eindruck beschreibt, den die Züge der Zeichnung vermitteln, wie etwa den einer tiefen Traurigkeit.

Die Mensch-Zeichnung ist die Projektion seiner selbst, einer Persönlichkeit, die in ihrem Körper in ihrer Umwelt lebt. In einem Körper entstehen alle die Empfindungen, die man zum Ausdruck bringt, wenn auch nicht immer mit Worten. Der Körper ist der zentrale Ort aller vitalen Erfahrungen des Individuums. Durch ihn und durch seine Beziehung mit anderen Menschen und den Objekten vollziehen sich die tagtäglichen Ereignisse. Die gezeichnete Person ruft das Bild eines Körpers hervor, das durchtränkt ist von den emotionalen und geistigen Erfahrungen, die das Individuum durchlebt hat.

Das Konzept des Körperbildes erscheint uns notwendig, um eine theoretische Grundlage zu schaffen, die es ermöglicht, die durch diesen Test beobachtbaren Phänomene mit anderen Bereichen psychologischer Forschung zu verbinden und sie besser zu verstehen. In der Tat wurde der Begriff »Körperbild« vor allem in der klinischen Psychologie, in der psychosomatischen Medizin und der genetischen Psychologie eingeführt. Wie für die Technik von *Machover* postuliert man auch hier zuerst, »daß die Persönlichkeit sich nicht im leeren Raum, sondern vermittels der Bewegung, der Wahrnehmung und des Denkens eines spezifischen Körpers entwickelt. Weil der Körper mit seinen visceralen oder muskulären Spannungen das Schlachtfeld ist, wo sich Bedürfnisse und Umweltanforderungen (nach den *Murray*'schen Begriffen) gegenüberstehen, ermöglicht er einen Zugang zum Studium der Persönlichkeit« (*Machover*, 1951).

Wir werden den Begriff »Körperbild« verwenden, um die Art und Weise zu bezeichnen, in der uns unser Körper erscheint. Andere Begriffe, wie »Körperschema« oder »Lageschema«, können im gleichen Sinne verwendet werden. Der

Begriff »Körperbild« scheint uns jedoch anschaulicher und weniger schematisch zu sein. Er trägt der Komplexität und der Lebendigkeit der Phänomene, die er impliziert, Rechnung. Zudem hat er seine Weihe durch das nunmehr klassische Werk von *Schilder* erfahren, was den Autor selbst jedoch nicht daran hinderte, die anderen Ausdrücke ebenfalls zu akzeptieren und zu verwenden.

Das Körperbild ist kein Bild im eigentlichen Sinne des Wortes. Es konstituiert sich über sensorische Vermittler, ist aber selbst keine visuelle Wahrnehmung. »Es enthält Bilder und mentale Repräsentanzen, aber es besteht nicht ausschließlich aus Repräsentanzen« (*Schilder*, 1950). Das Körperbild und seine Projektion im Mensch-Test ist eine subjektive Schöpfung, geprägt durch alles, was wir fühlen und über uns denken. In der Konzeption von *Schilder* ist das Körperbild eine dynamische Strukturierung, die erworben wurde und ständig in Frage gestellt wird. Der gesamte perzeptiv-motorische Apparat und seine Entsprechung in der Welt der Libido und der Emotionen tragen zur Ausarbeitung eines inneren Haltungsmodells des Körpers bei.

Das Körperbild ist somit niemals ein getreuer Spiegel unseres Körpers oder das einfache Resultat unserer Vertrautheit mit unserem Körper, so wie er ist. Damit wollen wir nicht bestreiten, daß wir eine realistische Vorstellung unseres eigenen Körpers haben können. Wir wollen lediglich darauf hinweisen, daß kein direkter Weg vom Körper zu seinem Bild führt, sondern daß vorher die zentralen Funktionen der Persönlichkeit durchlaufen werden. Eine realistische Einschätzung des Körpers in Übereinstimmung mit den realen Gegebenheiten findet sich häufig bei einer normalen Population, denn eine normale Persönlichkeit gestaltet auf Grund der Annahme ihrer selbst und ihres Sinnes für das Objektive, auch in der Konturierung des Bildes vom eigenen Körper, eine ausgewogene Entwicklung.

Berman (1953) findet eine Parallelität zwischen dem Körpertypus der untersuchten Personen und dem Körpertyp der Figuren, die sie zeichnen. Der Somatotyp der von 39 Männern erstellten Zeichnungen wird mit dem tatsächlichen Somatotyp der Personen verglichen. Dabei verwendet man die *Sheldon*'schen Kriterien und klassifiziert die Somatotype in Endomorphe, Mesomorphe und Ektomorphe. Die Korrelation der beiden Serien von Somatotypen ist signifikant, und das Körperbild in der Zeichnung spiegelt die konkreten Aspekte der Zeichner wider.

Der hier von *Berman* bei neuropsychiatrischen Kranken festgestellte Zusammenhang dürfte nach unserer Ansicht bei einer Population von Normalen noch deutlicher sein. Allerdings ist die Untersuchung *Bermans* wenig zufriedenstellend. Denn trotz des angegebenen Zusammenhangs zeichneten lediglich 18 von 39 Versuchspersonen Menschen, die den gleichen Körperbau aufwiesen wie sie selbst. Darüber hinaus mangelt es der typologischen Messung an Feinheit: Es scheint uns, daß man komplexere Dimensionen heranziehen müßte, mit denen es möglich wäre herauszufinden, was am Körperbild des einen oder anderen Menschen jeweils spezifisch ist. Es handelt sich hier also nur um einen Teil der Wahrheit, wenn aus der Untersuchung hervorgeht, daß eine gezeichnete Figur nicht ein idealisiertes Bild ist, sondern eine Projektion des Körperbildes, so wie es sich in der Realität darbietet. Jeder erarbeitet sich das Bild seines Körpers auf seine eigene Weise. Er betont oder modifiziert die unterschiedlichen Teile entsprechend den Mechanismen seiner eigenen Persönlichkeit. Ausgeglichenheit im Ausdruck, Verschlechterung oder Idealisierung – dies sind u. a. die Möglichkeiten der Projektion des Körperbildes.

Die Gestaltung ist immer subjektiv, ob sie nun nahe an die Realität herankommt oder weit von ihr entfernt ist. Ähnelt eine zeichnerische Darstellung im Mensch-Test dem Zeichner nur sehr wenig in bezug auf Rasse, Typ oder Alter, so drückt dies im allgemeinen die Schwierigkeit aus, sich mit seiner Rasse, seinem Typ oder seinem Alter zu identifizieren. Dies ist der Fall, wenn ein Schwarzer einen Weißen zeichnet oder ein Pykniker einen Astheniker. Das gleiche trifft bei dem jungen Mädchen zu, das im Bewußtsein seiner physischen Unansehnlichkeit ein anziehendes und schönes Mädchen zeichnet. Diese starke Kompensation, welche die Schwierigkeiten des jungen Mädchens verdeutlicht, sich so wie sie ist anzunehmen, verdeckt nicht die übrigen Hinweise auf das Bild, das es von seinem Körper hat: der übertrieben gewölbte Mund, mit dem es sich verhältnismäßig lange beschäftigt, und das Mißverhältnis zwischen der Weiblichkeit des Gesichts und der Männlichkeit des Körpers (breite Schultern, große Füße usw.).

Das in die Zeichnung projizierte Bild des Körpers kann Hinweise geben auf die tiefsten Wünsche einer Person, es kann unmittelbar die eigenen Fehler ausdrücken, eine psychologisch reale Verstümmelung oder manchmal eine Kompensation oder eine Kombination dieser Faktoren. In allen solchen Fällen, und ohne daß sich daraus ein Widerspruch ergibt, vermittelt das Körperbild unmittelbar die psychologische Bedeutung des Körpers für das Individuum. Dieses Bild stellt selbstverständlich eine Einheit dar, jedoch eine vieldimensionale und plastische Einheit – Krankheit, Therapie und Lebenserfahrungen können es verändern. Das Körperbild eines fettsüchtigen Menschen ist nicht einfach ein fülligeres Körperbild. Vielmehr entspricht es den vielfältigen Problemen des Lebens eines Fettsüchtigen, zum Teil ist es die Ursache und zum Teil die Folge seiner Fettsüchtigkeit. *Kotkov und Goodman* (1953) vergleichen eine Gruppe von 131 fettsüchtigen Frauen mit einer Gruppe von 80 normalen Frauen, vergleichbar in bezug auf Alter, Bildung, IQ, Familienstatus und Beruf. Eine bestimmte Anzahl von Variablen kann anhand der untersuchten Gruppen unterschieden werden:

1. Der Unterschied zwischen Höhe und Breite des Körpers, von seiner Mitte aus gemessen, ist in der Zeichnung der fettsüchtigen Frauen bedeutend geringer ausgeprägt als in der Zeichnung der normalen Frau.
2. Die Ausdehnung oder die von der Zeichnung bedeckte Fläche ist bei der Fettsüchtigen viel größer als bei den Zeichnerinnen der anderen Gruppe.
3. Die vom Kopf eingenommene Fläche ist bei den fettsüchtigen Frauen größer.
4. Bei den fettsüchtigen Frauen ist die vom Kopf eingenommene Fläche in der Zeichnung der männlichen Person viel kleiner als in derjenigen der weiblichen Person.
5. Der Unterschied zwischen der Länge der Gesamtfigur und der Länge des Kopfes ist bei den fettsüchtigen Frauen viel schwächer.
6. Die fettsüchtige Frau zeichnet häufiger im linken oberen Drittel der Seite.
7. Die Zeichnungen der fettleibigen Frau sind charakterisiert durch die von ihr häufiger als von normalen Frauen gezeichneten eckigen Schultern.

Bestimmte Resultate, wie etwa die größere Oberfläche bei fettleibigen Frauen, legen eine unmittelbare Projektion des Körpervolumens nahe. Andere Ergebnisse, wie zum Beispiel die den Kopf und die Schultern betreffenden, drücken die dieser Gruppe eigenen Probleme aus. Man kann sie als Zeichen für eine bei den Fettsüchtigen bedeutend größerer Kontrolle und Hemmung interpretieren (z. B. Ergebnis Nr. 3: die Vergrößerung des Kopfes, welcher als das Zentrum der intellektuellen Kontrolle der körperlichen Impulse betrachtet wird); weiterhin kann auf eine verstärkte Neigung zu Regression und Abhängigkeit geschlossen werden (Ergebnis Nr. 5), eine Tendenz zum Rückzug und zur Isolierung als Folge eines Gefühls der Unsicherheit (Resultat Nr. 6) und einen Konflikt zwischen der männlichen und der weiblichen Figur aufgrund der möglichen Dominanz einer der beiden (Resultat Nr. 4).

Im allgemeinen haben die von unvoreingenommenen Beurteilern abgegebenen Klassifizierungen der betreffenden Zeichnungen diese Interpretationen bestätigt. Die Hypothese lautet, daß fettsüchtige Frauen mehr Unsicherheit, Regression und Abhängigkeit, mehr Überkompensierung aufgrund von Minderwertigkeitsgefühlen und einer ärmeren allgemeinen Anpassung zum Ausdruck bringen. Das Körperbild der fettsüchtigen Frau ist nicht einzig und allein das direkte Spiegelbild ihrer Fettsucht, aber es ist von ihren Existenzproblemen geprägt.

Es scheint uns daher notwendig, die Dynamik des Funktionierens und der Ausbildung des Körperbildes genau zu kennen, wenn wir mehr auf den Test eingehen und den Psychologen mit den in diesem Test zutage tretenden Phänomenen vertraut machen wollen. Wir werden deshalb das Konzept des Körperbildes umfassender und detaillierter analysieren.

2. Das Körperbild

Der normalen Persönlichkeit erscheint das Körperbild als etwas Selbstverständliches. Man benötigt es dennoch als Erklärung für unsere Handlungen, und seien es auch die einfachsten. Das Körperbild ist nicht immer leicht zu fassen, weil es das Verhalten auf der Ebene des Unbewußten aktiviert, und nur ein Teil davon steht im Licht des Bewußtseins. Das Bild, das wir vom Körper eines anderen haben, können wir uns leicht vorstellen. Hierbei dominieren im allgemeinen die visuellen Elemente; aber dieses Bild vom anderen ist nicht allein an seine physische Erscheinung gebunden, sondern ebensosehr an die Qualität unserer Beziehung zu ihm. Es gibt auch nicht nur ein einziges Bild vom anderen, sondern mehrere, die aus verschiedenen Quellen stammen. Der Wechsel vom einen zum anderen, die Bevorzugung dieses oder jenes Bildes wird von den Bedürfnissen und spezifischen Eigenschaften einer Beziehung, wie sie in dem Augenblick bestehen, in dem wir dieses Bild in uns wachrufen, bestimmt sein. Das Bild, das wir von einem anderen Lebewesen haben, wird durch den Tod nicht zerstört. Allerdings kann sich dieses noch wandeln entsprechend unseren psychologischen Veränderungen.

Die Bedeutung des Körperbildes tritt vor allem im pathologischen Bereich in den Vordergrund. Hier wurde das Konzept auch entwickelt, um Störungen der

Sensibilität, der Motorik oder der gesamten Persönlichkeit zu erklären. So kann das Körperbild etwa durch Verletzungen des Gehirns gestört sein. Das heißt, daß der kortikale Apparat notwendig ist zu einer endgültigen Integration und der Verwendung der afferenten Impulse; jedoch bedeutet dies nicht, daß das Lageschema im Kortex niedergelegt wäre. Insbesondere die Agnosien und Apraxien haben die Aufmerksamkeit von Autoren wie *Head, Goldstein, Gelb, Hecaen* und *Schilder* auf das Körperbild gelenkt. Man muß es etwa heranziehen, wenn man das Phänomen des Phantomglieds erklären will. Die gemeinte Empfindung kann nicht vom realen Körper des Kranken abgeleitet werden, sondern von seiner Phantasiewelt. Um die Tatsache zu erklären, daß der Kranke das fehlende Glied noch fühlt, und zwar in verschiedenen Positionen, betont *Schilder* die psychologische Funktion des Körperbildes. »Die Haltung gegenüber dem Phantomglied zeigt, daß die Menschen, die ein Glied verloren haben, ihre körperliche Integrität wiedergewinnen wollen.«

In Fällen von Depersonalisation ist das fundamentale Bedürfnis nach Integrität verlorengegangen. Dieses Phänomen wird vorwiegend bei depressiven Psychosen angetroffen. Der Kranke erkennt sich hier nicht als eine geschlossene Persönlichkeit. Vielmehr ist er als unbeteiligter Beobachter Zeuge seiner Handlungen und Einstellungen. Er empfindet seinen Körper – in seiner Ganzheit und in seinen Teilen – als sehr verschieden von dem, was er gewesen ist. Es ist ein fremder und vor allem beschädigter Körper. Die vollständige oder partielle Auflösung des Körperbildes, das Gefühl, daß diese verschiedenen Teile in der Welt verstreut sind, voneinander getrennt und auseinandergerissen, alles dies drückt sich unmittelbar in den Zeichnungen Schizophrener aus. Beine, Körper, Kopf und Augen sind ohne Zusammenhang über das gesamte Blatt verteilt.

Das Körperbild stellt eine Einheit dar. Jedoch ist diese Einheit nicht vorgegeben, sie wird erworben und kann zerstört werden. Im Bereich des Körpers gibt es nichts Endgültiges. Es erfordert andauerndes Bemühen, die Einheit oder das statische Bild aufrechtzuerhalten, und andererseits Dinge, die sich unablässig wandeln, zu formen und zu strukturieren. Im Verlauf von Perioden rascher körperlicher Veränderungen treten das Bedürfnis, die erworbene Einheit des Bildes zu erhalten, und gleichzeitig das verstärkte Gefühl, das Bild genau zu kennen und es zu besitzen, sehr deutlich zutage. Wir finden dies etwa in der Zeit der Adoleszenz, im Verlauf bestimmter Abschnitte raschen Alterns und nach Unfallverletzungen. Entsprechend schwer ist es, die vollzogenen körperlichen Veränderungen in das eigene Körperbild zu integrieren. Man verleugnet sie mehr oder weniger lange Zeit. Sie vermitteln dabei den Eindruck, dem eigenen Körperbild, das bereits akzeptiert und vertraut ist, entfremdet zu sein. Unablässig ist man bemüht, ein Gleichgewicht aufrechtzuerhalten, das in jedem Fall nur ein vorübergehendes sein kann aufgrund der Umstrukturierungen, die sich im Verlauf eines Lebens ereignen. Der Einfluß der gewohnten Körperhaltung oder des in diesem Bereich Erworbenen läßt sich leicht anhand der aristotelischen Illusion erkennen. Sie ergibt sich aus dem Zwiespalt zwischen der aktuellen körperlichen Position und dem Körperbild, das wir in einer normalen Position erworben haben und woran wir gewöhnt sind. Wenn wir ein einzelnes Objekt zwischen zwei Finger einer Hand nehmen und die Finger dabei anschauen, so fühlen wir, entsprechend unseren gewohnten Empfindungen, zwei Objekte.

Auf die gleiche Weise haben selbst normale Personen, deren Kopf sich in einer von der natürlichen sehr verschiedenen Lage befindet, erstaunliche Empfindungen einer Verzerrung der Wahrnehmung der verschiedenen Teile des Gesichts und des Kopfes. Diese Wahrnehmungen werden unablässig verändert durch Bemühungen, die Verzerrung zu berichtigen und den Kopf weiterhin als Verlängerung des Körpers wahrzunehmen. Dieses unablässige Bemühen, das darauf hinzielt, das bereits erworbene Körperbild in seinem Gleichgewicht und seiner Einheit zu erhalten, drückt sich in der Mensch-Zeichnung aus, wenn man seine Bedeutung auch noch nicht vollständig verstanden hat. Sehr häufig haben Erwachsene uns nach der Untersuchung ihren Eindruck mitgeteilt, daß sie eine ihnen vertraute Zeichnung oder ein bereits gezeichnetes Bild angefertigt haben. Manchmal entdecken sie spontan, daß sie jetzt ein Portrait zeichnen, das sie schon als Kind oder, was sehr häufig vorkommt, als Jugendliche gezeichnet haben. In die gleiche Richtung weist die Bemerkung *Machovers*, daß Kinder und Personen, die sich in einer analytischen Behandlung befinden, bedeutend häufiger ihre Zeichnungen ändern als alte und starr gewordene Menschen.

Indem wir diesen Charakter des Körperbildes unterstreichen, verleihen wir ihm nicht ein größeres Gewicht, als es in Wirklichkeit hat. Vielmehr besteht ein lebendiges Bedürfnis, das bereits erworbene Körperbild zu erhalten; dennoch verändert es sich im Verlauf der Lebenserfahrung, »es konstituiert sich, löst sich auf und konstituiert sich erneut . . .; es befindet sich in andauernder Bewegung, auf eine Kristallisation folgt unmittelbar eine Phase der Plastizität, die neue Konstruktionen und neue Bemühungen möglich macht, entsprechend der emotionalen Situation des Individuums« (*Schilder*, 1950).

Es sind die Kranken, bei denen sich die tiefgreifendsten und am stärksten regressiven Rigiditäts- und Auflösungserscheinungen des Körperbildes finden. Nach *Freud*, *Ferenczy* und *Schilder* verhalten sich die verschiedenen Körperteile bei der Neurasthenie und der Hypochondrie so, als ob sie autonom wären. Der Kranke sucht das kranke Organ zu isolieren, und im Körperbild behandelt er es wie ein fremdes Körperteil. Bei der Hypochondrie stellte man vor allem einen Ausschluß der genitalen Organe und eine Verschiebung ihrer Libido auf andere Körperteile fest. Bei der Hysterie führt der Kampf gegen die Genitalität und die Objektbeziehung zu einer Eliminierung verschiedener Elemente des Körperschemas. Diese Eliminierung drückt die Eliminierung der sexuellen Organe aus. Die hysterische Lähmung ist das Zeichen für die Unterdrückung aller Gefühle sexuellen Ursprungs. Aufgrund der über das Körperbild möglichen vegetativen Veränderungen bringt die Konversion psychische Konflikte im physischen Bereich zum Ausdruck, wie wenn die psychische Energie sich auf den somatischen Bereich verlagerte, nachdem ihr jede eigene Ausdrucksmöglichkeit entzogen wurde. Die Depression mit ihren starken aggressiven Tendenzen gegen die eigene Person hat eine Verkleinerung und sogar einen Zerfall des Körperbildes zur Folge.

Alle diese Fälle verdeutlichen die Tatsache, daß der Körper – seine Aktivitäten, das Funktionieren der verschiedenen Organe usw. – vom Selbstbild bestimmt wird. Dennoch wäre es falsch, auf einen Vorrang des Physischen oder des Psychischen bei der Entstehung des Körperbildes zu schließen. Es gibt keinen solchen Vorrang, sondern ein ewiges Spiel von Beeinflussung und Parallelität. Zu keinem Zeitpunkt des Lebens können sich die psychologischen von den sensorischen Gegebenheiten lösen. Das gleiche gilt für den umgekehrten Fall. Das Körperbild ist das Produkt eines lebenden Organismus, in welchem die psychischen wie die physischen Phänomene lediglich als Zeichen des Lebendigen angesehen werden dürfen; als Produkt der Reaktion und der Kreativität eines Gesamtorganismus, d. h. der Persönlichkeit in ihrem psychologischen Umfeld. Wie nützlich sie auch in der Forschung sein mögen, isolierte Kategorien existieren in der Realität nicht, sondern sie stellen eine unteilbare Einheit des in der Welt lebenden Menschen dar.

Neben den psychogenen Erkrankungen verursachen auch die organischen Krankheiten eine unmittelbare Veränderung im Körperbild. Zuweilen betrifft sie den verletzten Bereich – das kranke Organ wird zum Zentrum der Aufmerksamkeit und der Beschäftigung des Kranken. Er befaßt sich mit sich selbst, aber auch mit den anderen, indem er seine eigenen und die gleichen Organe der anderen beobachtet. Auf diese Weise entstehen neue Kontakte und menschliche Beziehungen, die einen neuen Einfluß auf das Körperbild ausüben.

Schwerhörige Kinder zeichnen entweder keine oder kompensierend sehr große Ohren mit betonten Linien (*Ziler* 1958). Kinder mit Folgeerscheinungen einer Poliomyelitis leiden an einer schwerwiegenden motorischen Störung der unteren Gliedmaßen. Ihre Schwäche spiegelt sich in bestimmten Charakterisitiken ihrer Zeichnungen, welche man bei der Kontrollgruppe gesunder Kinder nicht findet: das Fehlen eines Teils der unteren Gliedmaßen, ungewöhnliche Verbindungen usw. (*Silberstein*, 1956).

Eine Krankheit oder eine psychische Veränderung führt nicht ausschließlich zu einer Veränderung des Körperbildes in Verbindung mit dem kranken Organ. Die Veränderung ist im allgemeinen global. Sie ist Folge der neuen Einstellungen und Beziehungen zu sich selbst und der Welt.

Auf dem Gebiet der Psychosomatik gelangten *Modell und Potter* (1949) mit Hilfe des Tests von *Machover* zu Selbstportraits dreier Typen von Kranken: solche mit erhöhtem Blutdruck, solche mit Magengeschwüren und solche mit Bronchialasthma. Bei allen diesen Kranken findet man anhand ihrer Zeichnungen psycho-sexuelle Störungen sowie Hinweise auf Mißtrauen und eine verdächtigende Haltung gegenüber ihrer Umwelt.

Die überwiegende Mehrzahl der Kranken mit erhöhtem Blutdruck projiziert das Bild eines erschöpften, geschwächten und kraftlosen Körpers. Die Figuren, die sie zeichnen, sind leer und Körper und Kleidung zeigen wenig Details. Die Arme fügen sich dem Rumpf schlecht an. Die ihrer psychischen Organisation und ihrer Entwicklung innewohnenden Widersprüche äußern sich in verschiedenen zeichnerischen Unstimmigkeiten: breite und muskuläre Schultern; jedoch fehlt ihren Umrissen zum Beispiel die Festigkeit. Wenn auch verschiedene Züge der Zeichnung im allgemeinen auf eine Weigerung hindeuten, am sozialen Leben teilzunehmen, so kommt doch in langen, weit geöffneten Armen das Bedürfnis nach Wiederherstellung des Kontakts zum Ausdruck.

Ulkuskranke bemühen sich, von sich selbst das Bild eines gut angepaßten und organisierten Individuums zu vermitteln. Ihre Figuren sind groß, und man findet alle wichtigen Körperteile. Die Hände werden ganz besonders hervorgehoben (es sind diejenigen Körperteile, welche am meisten der Manipulation der

Umgebung dienen); ebenso die Kleidung, welche die Fassade der sozialen Akzeptierung darstellt. Jedoch sind die Füße zu groß, die gesamte Haltung der Gestalt ist passiv. Es kommt vor, daß die Gestalt groß und von sicherem Umriß ist. Der kindliche Mund aber ist geöffnet und bereit, etwas zum Essen aufzunehmen. Im allgemeinen treten die Unstimmigkeiten bei den Ulkuskranken weniger stark zutage als bei den übrigen Kranken.

Der bemerkenswerte Zug der Asthmatiker ist die Unreife ihres Körperbildes und das zum Ausdruck kommende Abhängigkeitsbedürfnis. Die oralen Probleme treten speziell in den schattierten, vergrößerten und erotisierten Mündern offen zutage. Das Fehlen des Mundes ist eine Eigenart dieser Gruppe.

Die Zeichnungen des menschlichen Körpers spiegeln also das wider, was für ein Individuum spezifisch und zutiefst bedeutsam ist, vermittels des Bildes, das die Person von ihrem Körper hat. Das heißt, daß »diese Bildrepräsentanz unseres Körpers den Handlungsort und die Handlungsweisen unserer Persönlichkeit in ihren notwendig wechselnden Bemühungen um Überleben, Wachstum, Produktivität und Kreativität symbolisiert« (*Dolto*, 1957).

3. Der Aufbau des Körperbildes

Seitdem man begonnen hat, sich mit dem Körperbild zu befassen, fragte man sich, wovon dessen Aufbau seinen Ausgang nimmt. Anfänglich schrieb man seine Entstehung der Kinästhesie zu. Man nahm an, daß diese von entscheidender Bedeutung sei, obwohl der Begriff ziemlich unklar blieb, weil er gleichzeitig intero- und propriozeptive Empfindungen umschloß. Umgekehrt beleuchtete man den Beitrag verschiedener Empfindungsarten. *Head* (1920) führte als erster den Gedanken der Beständigkeit des Körperschemas ein und wies auf die Bedeutung der Vergangenheit des Individuums hin, welche die Rolle eines vereinigenden Prinzips gegenüber den verschiedenen Empfindungen spiele. Die heutigen Forscher meinen, daß alle Sinne zur Bildung des Körperbildes beitragen: Optische, taktile und auditive Empfindungen, Geruchs- und Schmerzempfindungen, Empfindungen des Muskeltonus und des Vestibularapparats tragen gemeinsam zur Gesamtform unseres Körpers bei, und alle diese Wahrnehmungen stehen in enger Verbindung zur Motorik.

Untersucht man den Beitrag des Sinnesapparats beim Aufbau des Körperbildes, so müssen zwei grundlegende Gegebenheiten berücksichtigt werden:

1. Bei der Bildung des Körperschemas arbeiten die verschiedenen Sinne nicht getrennt voneinander. Der normale Zustand ist die Synästhesie. Das Nervensystem vereinigt das Ganze zu einer Einheit, entsprechend der globalen Situation. Die isolierten Empfindungen sind lediglich das Produkt einer Analyse. Wie jedes andere Objekt ist der Körper in allen Sinnen vorhanden.
2. Die wahrnehmungsmäßige Einheit, welche bei der Bildung des Körperbildes am Werke ist, steht im Dienste der Persönlichkeit und läßt sich nicht als unabhängiger Prozeß auffassen.

Wallon (1953) widerspricht dieser Auffassung, wenn er meint, daß das Körperschema aus einer direkten und ausschließlichen Verbindung zwischen dem kinästhetischen und dem visuellen Bereich hervorgeht. Seiner Ansicht nach hat die Kinästhesie vor allem affektive und subjektive Wirkungen. Die sensorische Sensibilität, bei welcher die auf die äußere Welt gerichtete Visualität dominiert, trägt das objektive Element bei. Alles vollzieht sich so, als ob das Kind ein Gleichgewicht zwischen einem kinästhetischen und einem visuellen Körper herstellen müßte. Nun spielen die optischen Erfahrungen tatsächlich eine dominierende Rolle in unserer Beziehung zur Umwelt, eine Tatsache, nach der sich unsere Erziehungsmethoden richten. Bei der Ausbildung unseres Körpers sind sie genauer, reicher und vermitteln mehr Information. Aber ebenso wie die übrigen kann auch dieser Sinn unter dem Einfluß der subjektivsten Bedürfnisse des Individuums verbleiben. In der Klinischen Psychologie oder in der Sozialpsychologie belegen zahllose Erfahrungen die Subjektivität, die Täuschungen und Halluzinationen der visuellen Wahrnehmung. Es gibt keinen in besonderer Weise für die Objektivität im Verlauf der Bildung des Haltungsschemas unseres Körpers verantwortlichen Wahrnehmungssinn. Das Ich mit seinen Absichten, Konflikten und Wünschen ist das Zentrum. Die Objektivierung ist das Produkt der allgemeinen Reifung des Individuums. Die Regressionen des Körperbildes sind begleitet von Veränderungen aller Sinne. Sie verschonen nicht einen Sinn mehr als den anderen aufgrund der Information, die jeder Sinn vermittelt. Zu einer solchen Bevorzugung könnte es nur über die Bedeutung der Erlebnisse des Individuums kommen und nicht aufgrund der Dichotomie zwischen der Kinästhesie und dem visuellen Wahrnehmungssinn.

Wir haben die Bedeutung der Sinne und der Motorik beim Aufbau des Körperbildes hervorgehoben. Wir erwähnten ebenfalls die Tendenz, seine Einheit zu bewahren und die bereits erworbenen, gewohnten Formen beizubehalten. *Schilder* macht uns auf die Rolle der emotionellen und libidinösen Beziehungen beim Aufbau des Körperbildes aufmerksam. Die ursprünglich an den globalen Körper gebundene narzißtische Libido besetzt im Laufe der Entwicklung des Kindes die unterschiedlichen Teile des Körpers. Hierbei spielen die erogenen Zonen die Rolle von Katalysatoren. Der energetische Fluß der Libido wird einen großen Einfluß auf das Körperbild nehmen. So wird z. B. in der oralen Phase der Mund, in der analen Phase der Darmausgang zum Zentrum des Körperbildes. Die Veränderungen ihrer relativen Bedeutungen und die den unterschiedlichen Teilen des Körpers in seinem Bild zukommende Hervorhebung wird bestimmt durch die Ausrichtungen der Libido. Individuen, bei denen sich ein bestimmtes Bedürfnis verstärkt hat, werden diejenige Stelle ihres Körpers, diejenige erogene Zone als Mittelpunkt ihres Körpers empfinden, von welcher das Bedürfnis ausgeht. All dies geschieht so, als ob es zu einer Zentrierung der Energie auf diese besonderen Punkte käme. Dieser Prozeß findet seinen Ausdruck in der Mensch-Zeichnung. Hierin variiert die Betonung der unterschiedlichen Körperpartien sehr stark. Die für die Zeichnung eines bestimmten Körperteils benötigte Zeit, die dabei aufgewandte Energie oder die an ihnen vollzogenen Verbesserungen, alles dies variiert als Funktion der Libidobesetzung des einzelnen Körperteils.

Veränderungen aufgrund libidinöser Tendenzen können an der Oberfläche (Veränderung in der subjektiven Erscheinung der Haut, übermäßiges Berührungsbedürfnis) oder im Innern des Körpers erscheinen. Sie können sich in einem begrenzten Empfindungsverlust im Bereich irgendeines Körperteiles äußern oder im Vergessen eines Gliedes oder einer ganzen Körperseite. Der zeichnerische Ausdruck kann dabei unmittelbar gegeben sein, wie etwa bei der Zeichnung eines Mundes mit einem durch einen druckstarken Strich dargestellten Schmiß, etwa bei einer verbal aggressiven Persönlichkeit, welche übertrieben kritisch und etwas sadistisch ist. Die Schenkel und das Gesäß können in den Zeichnungen des Homosexuellen besonders betont sein. Darüber hinaus kann der Ausdruck im allgemeinen zwei weitere Wege einschlagen.

1. Die Darstellung unterschiedlicher libidinöser Tendenzen, ihres Konflikts und der mit ihrer Verdrängung verbundenen Spannung wird man in verschiedenen zusätzlichen Gegenständen finden: Stock, Pfeife, Kleider, Häuser. In der Zeichnung 2 und 2a ist die weibliche Person umgeben von Blumen, einem weiblichen Symbol, und neben der männlichen Person steht ein Baum, eine phallische Form. Auf solche Weise kommt es zur Projektion einer richtigen Unterscheidung sexueller Symbole, wie sie ein Kind vornehmen kann, das den Ödipus-Komplex auf gesunde Weise gelöst hat (was hier der Fall ist).

Der 14jährige David klammert sich in der Zeichnung 1 an Details wie Hut, Feder, Fotoapparat und Pfeife. Diese Einzelheiten vermitteln eine phallische Unsicherheit und eine mangelnde Identifizierung mit dem eigenen Geschlecht. Seine Zwillingsschwester hat die Figuren 3 und 3a gezeichnet; David ist hochbegabt, hat jedoch große Schwierigkeiten in der emotionalen und sozialen Anpassung. Die großen Taschen der weiblichen Person (Zeichnung 1a) enthüllen seine Abhängigkeit von der Mutter. Der stark gerundete rezeptive Mund, eine Charakteristik beider gezeichneten Personen, hebt noch deutlicher diese Abhängigkeit hervor und weist hin auf eine orale Fixierung, die durch andere Unterlagen bestätigt wird.

Im TAT z. B. dominiert das Thema des hungrigen Kindes (ein Kind ist zur Welt gekommen, die Mutter kann es nicht ernähren ...; die Mutter betrachtet das Kind, das wegen mangelnder Ernährung und Fürsorge erkrankt ist ...; sie kann ihr Kind nicht ernähren ...). David lebt in einem Kibbuz, wo man sich sehr um eine angemessene Ernährung der Kinder bemüht. Trotzdem beschäftigt er sich sehr mit seiner Nahrung, ißt exzessiv, bereitet sich selbst verschiedene Gerichte zu und stopft sich im Kinderhaus und bei seinen Eltern so voll, wie es nur eben geht.

Auch der Hund wurde nicht zufällig gezeichnet. Er stellt ein Element der Sicherheit dar. In seinem täglichen Leben beschäftigt das Kind sich sehr gerne mit Tieren. Am liebsten arbeitet es im Stall eines Bauern. Abgesehen von seinem Stärke verleihenden Aspekt ist der Hund gleichfalls das Objekt sehr ambivalenter Gefühle. Die Erzieher des Jungen berichten, daß er nicht davor zurückschreckt, Tiere zu quälen (er wirft mit Steinen nach kleinen Vögeln). Im Satzergänzungs-Test schreibt er: »Es ist komisch, aber ich habe trotz allem Angst ... meinen Hund zu töten.«

2. Man wird in anderen Fällen Transpositionen und Substitutionen gewisser Körperteile finden. Jedes vorspringende Element kann zu einem Symbol des männlichen Sexualorgans werden, und Einbuchtungen können das weibliche Sexualorgan darstellen. Diese Substitution überwiegt bei ängstlichen, hysterischen und hypochondrischen Menschen.

Judith (14;3 Jahre) verbringt einen großen Teil ihrer Zeit damit, die Füße der weiblichen Person zu zeichnen. Ebenso korrigiert sie immer wieder die Füße der männlichen Person und sagt: »Ich kann keine Füße zeichnen, es sind Mädchenfüße, die ich diesem Jungen gegeben habe.« Die den Füßen beider Personen (Zeichnungen 9 und 9a) verliehene phallische Form bringt eine sowohl im Bereich ihrer Zeichnungen als auch im verbalen Bereich gegebene, die Sexualorgane betreffende Verwirrung zum Ausdruck.

Hammer (1953) untersucht die Zeichnungen von 20 Männern, die sich einer Operation mit dem Ziel der Sterilisation unterziehen, und vergleicht sie mit Zeichnungen von anderen Männern, bei denen unterschiedliche Operationen durchgeführt wurden. In den Zeichnungen der ersten Gruppe findet sich ein deutlicher Ausdruck von Kastrationsangst und einer genitalen Insuffizienz. Dieser Ausdruck herrscht in den einen Tag vor der Operation und am Operationstag selbst angefertigten Zeichnungen vor, nicht jedoch in den von denselben Personen vor der Benachrichtigung über die Operation angefertigten Zeichnungen.

Die Kastrationsangst äußert sich darin, daß unterschiedliche Körperteile zerstört, abgeschnitten, gebrochen oder auf andere Weise verstümmelt sind. Längliche Objekte, wie Schornsteine, Äste, Bäume, können ebenfalls das beschädigte Organ symbolisieren. Es kommt vor, daß dieses Gefühl sich in der Mensch-Zeichnung in der Form einer phallischen Darstellung des ganzen Körpers oder in einer Abtrennung des Kopfes ausdrückt, indem in der Höhe des Halses eine Unterbrechung gegeben ist, oder in einer horizontalen Verschiebung, die den Eindruck vermittelt, als ob der Kopf auf der Schulter säße. Manchmal wird die Nase übermäßig betont oder sie ist gebrochen, die Arme haben eine phallische Form oder sie sind vom Körper abgetrennt. Die Zeichnung der Hände kann den gleichen Eindruck einer Amputation vermitteln. Fehlende Begrenzungslinien des Beckens sind ebenfalls auffallend: die Genitalregion bleibt offen oder die inneren Beinlinien treffen nicht zusammen. Schließlich nimmt der Fuß die Form eines Penis an oder er ist übermäßig lang.

Schilder betont, daß eine genügend entwickelte genitale Sexualität gegeben sein muß, damit eine umfassende und vollständige Vorstellung unseres Körperbildes möglich wird. Man empfindet den Körper nur dann als Einheit, wenn die Entwicklung der Objektbeziehungen im Ödipus-Komplex verwirklicht und das genitale Niveau in vollem Umfange erreicht ist. Überwiegen sado-masochistische Tendenzen, so führt dies zu einer Zerstörung des Haltungsschemas. Der psychogene Schmerz, welcher eine Äußerung sado-masochistischer Tendenzen darstellt, führt zu Aufmerksamkeitsveränderungen gegenüber dem Organ, das im Mittelpunkt der jeweiligen Einstellung steht.

Es gibt keinen unabhängigen Einfluß der erotischen Tendenzen auf die Ausarbeitung des Körperbildes. Vielmehr stehen sie in Interaktion und Interdependenz mit anderen Gegebenheiten, deren Beiträge wir bereits angeführt haben. In diesem Sinne schreibt *Schilder*: »Wir nehmen an, daß die Tatsache des An-sich-drückens, Streichelns oder des Saugens wiederum einen bedeutenden Einfluß auf die Struktur des Körperbildes haben wird. Die Sinne beeinflussen die Motorik, die Motorik beeinflußt die Sinne. Im gleichen Maße aber wird die Motorik von Strebungen, Tendenzen und Wünschen gelenkt. Es ist klar, daß beim Aufbau des Körperschemas eine fortdauernde Interaktion zwischen Tendenzen des Ich und libidinösen Tendenzen bestehen wird, oder mit anderen Worten – zwischen dem Ich und dem Es« (1950).

Bei den Kindern wird die freie Entfaltung der muskulären Aktivität zu einem höheren Grad von Klarheit in der Wahrnehmung des eigenen Körpers führen. Kinder, deren Eltern ihre motorischen Leistungen mit zu großer Ängstlichkeit überwachen, fertigen Zeichnungen an, in denen das Körperbild geschrumpfte und rudimentäre Glieder aufweist.

Die willkürliche muskuläre Aktivität ist ebenso wie die unwillkürliche unablösbar mit Prozessen verbunden, welche das Körperbild formen. Wenn wir hassen, kontrahiert sich der Körper und wird fester, und die Konturen gegenüber der Umwelt sind deutlicher markiert. Das Körperbild erfährt eine Verkleinerung. Empfinden wir Gefühle der Freundschaft oder Liebe, so weitet der Körper sich aus. Man neigt dann dazu, die Arme weit zu öffnen, und man empfindet weniger die Konturen und das Gewicht des Körpers. Dies hängt mit den Bewegungen der willkürlichen Muskeln, aber auch mit der Einwirkung von Sympathikus und Parasympathikus zusammen. Im allgemeinen verändert der Muskeltonus die Wahrnehmung des Körpers und der Glieder. Die den kontrahierten Muskeln naheliegenden Partien erscheinen kleiner und schwerer. Diese Phänomene beziehen auch die Bereiche des Ausdrucks mit ein, welche selbst vom Körperbild abhängig sind.

Im Leben des Individuums kommt allen Körperöffnungen, bedingt durch ihre Funktionen, eine psychologische Bedeutung zu. Über diese Öffnungen stehen wir in Kontakt mit der Umwelt. An ihnen haftet die Bedeutung der Erfahrung, welche sie ermöglichten, sowie der emotionale Wert. Sind in einer Zeichnung die Augen geschlossen und ohne Pupillen, so kann dies darauf hinweisen, daß die Augen im Körperbild des Zeichners nicht mehr ihre Kontaktfunktion erfüllen und die Person sich auf sich selbst zurückgezogen hat. Übertriebene Größe und Betonung der Augen dagegen können Feindseligkeit und paranoide Befürchtungen ausdrücken.

Dieses Prinzip, demzufolge die Körperöffnungen die psychologische Bedeutung ihrer Funktionen enthalten, gilt auch für die verschiedenen Organe und Glieder des Körpers. Die Füße, welche die wichtigsten Haltungsorgane des Körpers sind, können die Sicherheit, wie sie bei der Bewegung in der Umwelt empfunden wird, symbolisieren. Wird der Kopf, der Sitz des Gehirns und Symbol der intellektuellen Funktionen, besonders groß gezeichnet, so kann hierin ein Hinweis auf das Vorherrschen von rationalen oder kontrollierenden Tendenzen gesehen werden. Da man mit den Händen arbeitet, können diese das Vertrauen in die eigene Produktivität ausdrücken. Werden sie stark schattiert gezeichnet, so kann dies ein Schuldgefühl, sich ihrer zu aggressiven oder masturbatorischen Zwecken zu bedienen, vermitteln.

Das Körperbild stellt somit eine Strukturierung dar, innerhalb derer sich fortwährend Veränderungen vollziehen. Die Motorik, die Sinne, die libidinösen und emotionalen Bereiche liegen seiner Ausbildung zugrunde.

4. Der soziale Aspekt der Entstehung des Körperbildes

Die Prozesse, deren Rolle beim Aufbau des Körperbildes wir beschrieben haben, beziehen sich nicht auf ein isoliertes Individuum, sondern auf eine in Beziehung zu anderen stehende Person. Der Säugling entdeckt seinen Körper im Kontakt mit der Mutter und der Fürsorge, die sie ihm zukommen läßt. Gewiß ist es seine eigene Aktivität, die ihn zu seiner Entdeckung führt. Es sind die Hände, die suchen, und die Sinne, die arbeiten, aber das echte Interesse der Mutter ist notwendig, damit der Säugling sich für seinen eigenen Körper interessiert. Säuglinge, die ohne genügenden mütterlichen Kontakt aufwachsen, bleiben apathisch, und ihr Körperschema zeigt eine verlangsamte Entwicklung.

Der Umgang der Mutter mit dem Körper des Säuglings, die ihm gewährten Zärtlichkeiten, die über das Kind verhängten körperlichen Strafen, die Art, es zu füttern, zu halten oder zu reinigen, ist geprägt durch eine bestimmte Zivilisation mit deren Verhaltensgesetzen und Tabus. Die Mutter ist ferner eine Person mit ihrer eigenen persönlichen Erfahrung und mit einer bestimmten Beziehung zu ihrem eigenen Körper. Das Interesse, die Liebe oder die Abscheu, die sie ihrem Körper gegenüber empfindet, sowie ihre Aktivität werden bei ihrem Kind die Entwicklung des Körperbildes und die Haltungen, die durch das Funktionieren des Körpers entstehen, beeinflussen. Die Strukturierung des Körperschemas vollzieht sich also in einem Universum, das definiert ist als »Ich in Beziehung zum anderen.« Beim Erwachsenen bleibt das gleiche starke Bedürfnis bestehen, den eigenen Körper auf dem Wege über die anderen zu erfahren und ihn so einschätzen und bewerten zu können. Die Beobachtung unseres guten oder schlechten Aussehens durch die anderen verändert die Wahrnehmung unseres eigenen Körpers.

Während wir bestimmte Partien unseres Körpers unmittelbar vermittels unserer Augen oder Hände kennenlernen können, sind andere einem unmittelbaren Kontakt nicht zugänglich. Daß wir einen Spiegel benötigen, zeugt von einem Mangel an Klarheit und Sicherheit gegenüber unserem Körpermodell.

Wir bleiben abhängig von den Einstellungen der anderen gegenüber unserem Körper und auch gegenüber dem ihrigen. Die Gespräche über Krankheiten, die allgemeine Atmosphäre von Angst gegenüber diesen Krankheiten, ihre Körperhaltungen und ihre verbalen Äußerungen haben ihre spezifische Auswirkung auf die Veränderung unseres Körperschemas. Wir haben bereits erwähnt, daß die für unseren eigenen Körper spezifischen Empfindungen uns zu einem Interesse an den gleichen Körperteilen der anderen führen können. Somit können wir sagen, daß ein ständiger Austausch zwischen dem Bild unseres eigenen Körpers und dem Bild des Körpers der anderen besteht. Dieser Austausch vollzieht sich über einen doppelten Prozeß der Projektion und der Introjektion. Durch ihn sind der Aufbau, die Zerstörung und die neuen Kristallisationen unseres Körperbildes und desjenigen der anderen gewährleistet.

Besonders im Verlauf der Kindheit kommt den Identifizierungen eine wesentliche Bedeutung zu; aber auch im späteren Leben tragen sie ständig zu neuen Erfahrungen und Veränderungen des Körperbildes bei. Wir wollen hier nur anführen, daß die Menschen ihre Haltung, die Art zu gehen oder sich zu kleiden, von ihren bevorzugten Vorbildern übernehmen, und diese verändern das Bild, das sie von sich selbst haben. Durch die anderen und im Kontakt mit ihnen bewahren wir unser Körperbild getrennt von den anderen, aber dennoch mit ihnen in Verbindung stehend. Das Körperbild existiert nur als Teil unserer Welt.

Für den Säugling gehen Körper und Umwelt ineinander über. Die Trennung vollzieht sich langsam und um den Preis einer erheblichen Anzahl schmerzhafter und befriedigender Erfahrungen, aber ausschließlich in und durch die Interaktion mit den anderen. Schizophrene verlieren die Fähigkeit zur Interaktion ebenso wie die Unterscheidung zwischen ihrem Körper und dem Rest der Welt. In ihren Zeichnungen bringen sie zuweilen zum Ausdruck, daß sie versuchen, im Widerstand gegen regressive und destruktive Kräfte die Unterscheidung aufrechtzuerhalten. Sie verdicken die Linien und errichten Schutzmauern um den Körper in solchen Bereichen, wo dieser in Kontakt zur Umwelt tritt. Dieses Bemühen, sich als getrennt zu erhalten, stellt das Gegengewicht zu einem Desintegrationsprozeß dar, der den Schizophrenen Teile seines Körpers in der Umwelt wahrnehmen läßt und Teile der Umwelt in seinem Körper. Die Arten von Zeichnungen, die wir erwähnten, treten jedoch nicht ausschließlich bei Schizophrenen auf. In Phasen, wo der Unterschied zwischen dem Ich und der Umwelt nicht festliegt, in Zeiten des Übergangs, in deren Verlauf das Kind sich fragt: »Wer bin ich? – Wo ist das Universum und wo bin ich selbst?« (ganz besonders in der Pubertät) werden auch normale Individuen die Grenzen ihres Körpers mit Hilfe unterbrochener Linien oder besonders starker Linien zeichnen oder sie deuten sie gar durch Schutzmauern an, die sie mit verschiedenen Rationalisierungen erklären.

Das Bedürfnis, die Trennung zwischen unserem Körper und der Welt aufrechtzuerhalten, führt zur Entstehung einer unseren Körper umgebenden psychologischen Zone. Diese umhüllende Zone hängt von Prozessen ab, die dem Körperbild selbst zugrunde liegen. In starkem Maße wird sie bestimmt durch die Furcht, daß der Körper geschlagen oder verletzt werden könnte, und vor allem durch die affektiven Beziehungen zu anderen. Wir empfinden Schmerz, wenn sich im Gebiet dieser Zone, die wir besetzt halten, ein Aufprall ereignet, der uns selbst nicht erreicht hat. Dies ist unsere Sicherheitszone. »Nahesein« hat die Bedeutung von geliebt und in die intime Zone des Körperbildes aufgenommen werden. Die emotionalen Reaktionen können zur Annäherung oder Entfernung des anderen von dieser Zone beitragen. Liebe, aber auch Haß, führen zur Annäherung; Gleichgültigkeit schafft Distanz.

Das von *Bogardus* (1928) stammende Konzept der »sozialen Distanz« beruht auf der Existenz dieser Zone, d. h. dem Abstand, den wir zum Körper des anderen halten. Die von *Bogardus* verwendete Methode, um diese Distanz zu messen, ist bekannt. Der Befragte gibt an, ob er bereit ist, ein Mitglied einer gegebenen Gruppe im Kreis seiner Familie durch Hochzeit zu akzeptieren (die kleinste soziale Distanz), oder aber ob er ihn aus dem Lande ausweisen möchte (größte soziale Distanz). Rassische Vorurteile und Klassenvorurteile können hier eine entscheidende Rolle spielen. Kulturelle Beziehungen sind von Bedeutung dafür, ob eine Geste eine Bedrohung für die Integrität der umgebenden Zone darstellt oder nicht. Eine körperliche Annäherungsgeste kann von einem Engländer als Eindringen in die Tabuzone des Körpers betrachtet werden, während dies bei einem Mediterranen nicht der Fall ist, dem seine Kultur erlaubt, den anderen im Verlauf der Diskussion zu berühren.

Im Test »Ich und meine Familie« kann die Distanz zwischen einem selbst und den anderen einen Hinweis auf die gegenseitige emotionale Distanz geben. Dies spielt deshalb eine Rolle, weil das Körperbild sich im Kontakt und im Austausch mit den anderen aufbaut, so daß der Mensch-Test nicht nur die intraindividuellen Prozesse zum Ausdruck bringt, sondern auch die Beziehungen der Persönlichkeit zu anderen, ihren interpersonellen Reaktionen und Einstellungen.

Somit besteht eine psychologische Ausdehnung des Körperbildes über seine eigenen Grenzen hinaus. Die Objekte, die in unmittelbarer Beziehung zum Körper standen oder noch stehen, behalten etwas von der Qualität seines Bildes. Dies trifft ganz besonders auf die Kleider zu. In unserer Zivilisation ist die Schutzfunktion der Kleider zweitrangig geworden. Sie sind grundsätzlich dazu bestimmt, das Körperbild zu verändern. Sie verbinden sich mit diesem Bild. Sie sind mit narzißtischer Libido besetzt und befriedigen die Tendenzen und Wünsche der Person. Damit erhält ihre Verwendung symbolische Bedeutung. Die Feststellung dieses Prozesses erlaubt es uns, die Zeichnung der verschiedenen Kleidungsstücke im Test von *Machover* zu interpretieren. Wir können also von ihnen ausgehend versuchen, die infrage stehende Persönlichkeit zu verstehen.

Auf der Grundlage einer reichen analytischen Erfahrung untersucht *Flügel* (1929) die verschiedenen Symbole, die in Kleidungsstücken enthalten sind. Der Hut ist ein phallisches Symbol, vor allem wenn er spitz zuläuft oder mit Dekorationen in Form eines Hornes versehen ist. Ein anderes Symbol der gleichen Ordnung ist die Krawatte, wenn sie hervorgehoben wird. Eine Pfeife oder eine Zigarette drückt die Stärkung aus, die die Person in diesen Objekten findet und die sie vor der Furcht schützen, das phallische Organ zu verlieren. Der Kastrationskomplex ist vor allem dann noch sehr lebendig, wenn in solchen Zeichnungen der Körper als ein schwacher oder verstümmelter Körper dargestellt wird.

Flügel bemerkt, daß der Schuh zuweilen ein weibliches Symbol ist. Wenn er aber spitz zuläuft, kann er ein männliches Symbol sein. Das übertriebene Bedürfnis nach warmer Kleidung und ganz allgemein nach allem, was vor Kälte schützt, kann die Mutter symbolisieren in ihrer Eigenschaft als schützende Mutter. Oft ziehen Menschen gerne viele warme Kleider an, wenn sie deprimiert, verstimmt oder entmutigt sind oder wenn sie keine Liebe finden. Werden die Knöpfe eines Kleidungsstücks besonders betont, so ergibt sich hieraus ein Hinweis auf Abhängigkeitsbedürfnisse. Die Darstellung einer mit vielen Knöpfen besetzten Uniform deutet auf die der Autorität zuerkannte Bedeutung oder auf einen Unterwürfigkeitskomplex des Zeichners hin.

Bei Frauen können die Kleider der Kompensation des Penisneids dienen und dem Bedürfnis entsprechen, das Körperbild zu verändern, um zu gefallen oder von anderen akzeptiert zu werden. Kleider können auch exhibitionistische Tendenzen darstellen. Übertriebene Scham zeigt sich im Typ der Kleider und in der Art, sie zu tragen. Sie kann sich somit unmittelbar in der Zeichnung äußern.

Abgesehen von ihren Funktionen im Bereich der Geborgenheit, der Scham und der äußeren Erscheinung stellt die Kleidung auch ein Mittel zu bewußter Identifikation und Imitation dar. Es kommt vor, daß die Identität der gezeichneten Person unmittelbar aus der Kleidung, welche sie trägt, erschlossen werden kann, obwohl die Projektion nicht bewußt ist: von solcher Art ist die Rabbiner-Kleidung der Person, welche der Waisenjunge zeichnete, der sich mit seinem Vater identifizierte.*) Im allgemeinen geht die Änderung der Kleidung mit einer

---

*) siehe oben S. 35

Änderung der gesamten Haltung einher. Man fühlt sich anders, aber der Grad der Veränderung kann von Individuum zu Individuum beträchtlich variieren.

In der Art, die gezeichnete Person zu kleiden, unterscheidet *Machover* zwei extreme Einstellungen:

1. Die »Bekleidungs-Narzißten« wenden den Kleidern ein Höchstmaß an Aufmerksamkeit zu.
2. Die »Körper-Narzißten« befassen sich ausschließlich mit dem Körper und vernachlässigen die Kleidung.

Der Bekleidungs-Narzißt ist meist extravertiert. Er empfindet das starke Bedürfnis nach sozialer Anerkennung und Vorrangstellung. Er kann zu einer psychopathischen Form der Fehlanpassung neigen. Der Körper-Narzißt ist vorwiegend mit sich selbst und durch sich selbst beschäftigt. Er beschäftigt sich vor allem mit seinen körperlichen Prozessen, bevorzugt das Phantasieleben, und sein psychologischer Typus nähert sich weitgehend dem des Introvertierten. Zwischen diesen beiden Extremen findet man in der Zeichnung jede nur mögliche Vielfalt an Kleidung, Verschönerung oder Entblößung, entsprechend der Eigenart der sich projizierenden Persönlichkeit.

5. Die Entwicklung des Körperbildes

Das Körperbild ist eine erworbene Gegebenheit. Es entspringt den Beziehungen zwischen dem Individuum und seinem Milieu. Im Lebensbereich des Säuglings gibt es offensichtlich keine Unterscheidung zwischen Körper und Umwelt. Dennoch nimmt *Bernfeld* (1925) an, daß das Körperbild von Anfang an gegeben ist, da bestimmte Organe von Anfang an den Bedürfnissen des Körpers gehorchen. Der Säugling hat aber keine ursprüngliche Kenntnis seines Körpers, den er von anderen Objekten erst vermittels seiner Erfahrungen unterscheiden lernt.

Der zusammenhanglose, aufgespaltene und zerstückelte Charakter des Differenzierungsprozesses wird von *Lacan* betont. Für diesen Autor sind die ersten 6 Monate im Leben des Säuglings Monate der Frühreife. Unter dem Druck der Angst vor Trennung von der Welt und durch die Vermittlung des mütterlichen Bildes endet die frühe Reifung unvermittelt mit einem Wahrnehmungsphänomen. Wenn *Wallon* diese dramatische Konzeption kritisiert und wenn *Schilder* und *Bernfeld* sich für die Vorstellung einer ursprünglichen Einheit aussprechen, so kann man dennoch das von *Lacan* gezeichnete allgemeine Bild des Fehlens einer Einheit des Körpers und der Nichtunterscheidung zwischen der Umwelt und dem Körper in der Vorstellung des Säuglings nicht in Zweifel ziehen. Ein Kern des Körperbildes beginnt sich von der oralen Zone aus zu konstituieren. Dieser Beginn einer Einheitsbildung hat die Entstehung eines vitalen Kontakts zwischen dem Kind und der Umwelt zur Grundlage, ein Kontakt, der über die nährende und erogene Funktion des Mundes verläuft.

»Das basale Körperbild beruht auf der oralen Phase: zwei übereinander liegende stabile Kugeln. Das Körperbild entsteht nur durch die Rückkehr zur Einheit mit den Brüsten, den Kontakterlebnissen mit der nährenden Mutter. Das Bild des Funktionierens des oralen Körpers wird dargestellt durch umschließende Formen, Formen von Behältnissen, die mit kleineren Formen gefüllt sind, und aufeinanderfolgende offene und geschlossene Formen« (*Dolto,* 1957).

Nach *Dolto* besteht in jeder Phase der libidinösen Entwicklung ein charakteristisches Körperbild, das aus zwei Bildern hervorgeht: das eine ist das Bild der grundlegenden dynamischen Sicherheit oder das Körperbild im Entspannungszustand und das andere ist das dynamische Bild des Funktionierens oder der Abfuhr von Spannung in Verbindung mit den erogenen Zonen.

Im Körperbild, gebildet durch die Wiederholung des Zyklus Hunger – Sättigung, gefolgt von einer Periode des Fehlens von Triebimpulsen, ist es die runde Form, welche als spezifische Form des Bildes in der oralen Phase anzusehen ist. Über den Kontakt mit der Mutter vollzieht sich eine Abgrenzung von der Umwelt und die Ausbildung des oralen Körperschemas. Es ist ebenfalls dieser Kontakt, über den der Säugling eine lebhafte Aktivität des Erkennens und Entdekkens seines eigenen Körpers zu entfalten beginnt. Diese Aktivität, der das Kind fast sein gesamtes erstes Jahr widmet, bildet die Grundlage des Erlernens der Koordination der motorischen und sensorischen Empfindungen, die zu seiner Anpassung an die Umwelt notwendig sind. Das Bild der aktiven Mutter, welche berührt, riecht und betrachtet, ist unersetzlich für den Säugling, damit er sich selbst entdecken kann. Sicherlich gibt es Reifungsprozesse, doch die Ergebnisse von *Bowlby* (1952) zeigen z. B., wie gut ernährte Kinder, denen aber die Mutter fehlt, in ihrer Entwicklung retardiert oder gar stehengeblieben sind. Säuglinge in Heimen, denen ein ausreichendes Mutterbild fehlt, sind durch eine verminderte Widerstandskraft gegenüber Infektionskrankheiten gekennzeichnet. Damit das Kind seine eigenen Organe und die Beziehungen zwischen den verschiedenen räumlichen und visuellen Ordnungen entdecken kann, muß es aus dem Gesamt der ursprünglich diffusen Situation jemand anderen wiedererkennen und unterscheiden können. Das Spiel von Projektion und Introjektion setzt die Gegenwart eines anderen voraus. Es ist der andere, der als Projektionsschirm und Modell, als Stütze und Hindernis dient.

Die Bedeutung des Gesichts bei der Bildung des Körperbildes hat man vielleicht zu gering bewertet. Die Situationen, in denen das Kind seine Mutter erlebt, wenn es ihr Gesicht anschaut, sind unzählbar. Wenn die Mutter ihr Kind versorgt, so blicken die beiden sich gegenseitig an. Die Bewegungen des Gesichts, der Ausdruck der Augen der Mutter, der sprechende Mund, alles dieses sind zusammen mit der Brust und ebenso wie diese dem Kind vertraute und mit emotionellen Bedeutungen behaftete Bilder: Erleichterung, Sättigung, Sicherheit. Jungtiere blicken der Mutter nicht in die Augen, wenn sie gesäugt werden. Diese spezifisch menschliche Stellung hat eine große Bedeutung im Bereich der allgemeinen Stimulierung, vor allem vom pathognomischen Gesichtspunkt aus.

Der Säugling lächelt spontan ungefähr vom achten Tag nach seiner Geburt an. Etwa im dritten Monat wird dieses Lächeln zu einer strukturierten Äußerung, die das Kind kontrolliert, die erste soziale Äußerung des Kontakts mit der Mutter. Die unterschiedlichen Ergebnisse von *Spitz* (1946) bei 251 Säuglingen beweisen, daß dieses Lächeln nicht erscheint, wenn man dem Kind Spielsachen oder selbst sein Fläschchen zeigt. Das letztere ruft wohl eine Reaktion hervor, jedoch eine Saugreaktion. Ohne daß die Rasse, die Kultur oder das Milieu hierbei eine Rolle spielen, reagieren Kinder im Alter von drei bis sechs Monaten auf das

Erscheinen des menschlichen Gesichts, allerdings en face und nicht im Profil, mit einem Lächeln. Das Lächeln ist die erste vom Kind beherrschte Form des Kontakts mit dem anderen, wobei der andere als Gesicht erkannt wird. Die Wahrnehmung der menschlichen Gestalt, die an Antizipationen unterschiedlicher Art gebunden ist, dürfte ziemlich diffus sein (eine Art sich bewegender Kugel vielleicht). Tatsächlich erkennt das Kind erst vom sechsten Monat an den Ausdruck des Gesichts und lächelt nur noch gegenüber einem freundlichen oder vertrauten Gesicht. Vorher ändert ein bedrohlicher Ausdruck auf dem bekannten Gesicht das Lächeln des Säuglings überhaupt nicht. Während des ersten Lebensjahres spielt daher das Lächeln die Rolle eines Indikators für die emotionale Reife des Kindes, seine Fähigkeit zum Kontakt mit anderen, deren Gesicht eine erste identifizierte Einheit darstellt. Das Ausbleiben des Lächelns in der zweiten Hälfte des ersten Jahres ist immer Anzeichen einer Störung der emotionalen Beziehung zwischen Mutter und Kind. Eine solche Störung ist eine alltägliche Erscheinung bei Kindern, die in Heimen aufgezogen werden.

Im Mensch-Test wird das Gesicht immer als der Mittelpunkt der Kommunikation angesehen. Es fehlt häufig in Zeichnungen Schizophrener, denen es unmöglich geworden ist, den Kontakt aufrechtzuerhalten. Schüchterne und verschlossene Individuen werden häufig die Gesichtszüge abschwächen.

Wenn ein Patient, der sich in psychotherapeutischer Behandlung befindet, in seiner Zeichnung das Gesicht auf unbefriedigende Weise darstellt, so wird man daraus einen Hinweis auf die Schwierigkeiten entnehmen können, die er beim Aufbau einer befriedigenden zwischenmenschlichen Beziehung zum Therapeuten hat. In der Tat zeigen die Ergebnisse von *Fiedler und Siegel* (1949), daß die erste Zeichnung des Gesichts bei Personen, die von der Psychotherapie nicht profitierten, ärmlicher ausfällt als bei denjenigen, die zu einer Besserung gelangten. Die Unterschiede sind statistisch signifikant. Der ontogenetische Bezug, den die Untersuchungen von *Spitz* herstellten, ist insofern sehr wertvoll, als er die Bestimmung der Rolle möglich macht, welche das menschliche Gesicht bei der Bildung des Körperbildes und der Entwicklung der Persönlichkeit spielt. Selbst nach dem ersten Jahr bewahrt das Gesicht seine entscheidende Bedeutung für die emotionale Sicherheit des Kindes. Es bleibt das bedeutendste und lebendigste Kommunikationsmittel. In erster Linie ist es das Gesicht, mit dem der Erwachsene lobt und verbietet und das Kind in Abhängigkeit hält. Das Kind wie auch der Erwachsene können auf die Anweisung »Zeichne einen Menschen« die Zeichnung eines Kopfes anfertigen, niemals aber einen Körper oder Glieder allein.

Kehren wir jetzt zum Körperbild in der oralen Phase zurück, wobei wir annehmen, daß seine zentrale Darstellung in einer runden Form besteht. Der bewegte Mund und das Gesicht der Mutter sind demnach die dominanten konstitutiven Elemente im zeichnerischen Ausdruck des Kindes. Der gezeichnete Kreis wird im allgemeinen die Abhängigkeit, den Narzißmus und die Weiblichkeit symbolisieren.

Erst mit drei Jahren stellt das Kind in seiner Zeichnung ein Bild des Menschen dar, welches als solches vom Erwachsenen verstanden und identifiziert werden kann. Diese Gestalt ist wohlbekannt: Es ist der Kopffüßler mit einem Kopf, d. h. eine runde Form, an die mehrere Stäbe in verschiedenen Richtungen angeheftet sind und als Glieder oder Tentakeln bezeichnet werden. Dieser Typ der Zeichnung entspricht der analen Phase. Das Körperbild ist also auf die Ausstoßung oder das Zurückhalten der Exkremente zentriert. In diesem Alter wird das Kind sich offensichtlich seines Ichs bewußt. Es ist ein unabhängiges Wesen, Meister seiner motorischen Fortbewegung. Es kann sich dem Willen der anderen und seinem eigenen Willen widersetzen. Es beherrscht den Umgang mit Objekten und seine analen Funktionen: Geben und Behalten. Fordert man das Kind auf, seinen Kopffüßler zu erklären, so bezeichnet es mit großer Sicherheit den Kreis als Gesicht (das entwickelte und sozialisierte orale Bild seines Körpers). Die Stäbe sind die oberen Gliedmaßen, der Körper oder die unteren Gliedmaßen. Bei ihm besteht das Körperbild noch nicht aus Körper und bestimmten Gliedern, sondern aus Gesicht (das vom anderen getrennte und mit ihm in Kontakt stehende Ich) und beweglichen Tentakeln, welche ausstoßen oder zurückhalten (die anale und die motorische Beherrschung).

Die Zeichnungen 4 und 4a zeigen das Bild eines Kopffüßlers. Sie stammen von einem Jungen im Alter von 4;4 Jahren, der sich verzögert entwickelt und dessen Verhalten noch kindlicher ist als das seiner Altersgenossen. Wir sollten beachten, daß diese Zeichnungen eine größere Reife anzeigen als die gewöhnlichen Darstellungen eines Kopffüßlers bei dreijährigen Kindern. Die Beine sind durch eine doppelte Linie angedeutet und alle Gesichtsdetails sind vorhanden. Es handelt sich um ein normales Kind, das noch sehr stark an seine Mutter gebunden ist und sich in einer präödipalen Phase befindet.

Das Körperbild in der Zeichnung Nr. 5 ist weiter entwickelt (Junge 4;6 Jahre), jedoch gehen in diesem Fall im Bild eines Tentakel-Körpers Rumpf und Beine noch ineinander über.

Wenn die ödipale Phase sich im Prozeß der Identifikation mit dem gleichgeschlechtlichen Elternteil ankündigt, löst sich das Kind vom Bild eines Tentakel-Körpers und gelangt zu dem Bild eines geschlechtlichen Körpers. Etwa mit fünf Jahren ist das gezeichnete Körperbild vollständig, obwohl häufig der Hals noch fehlt. Die Unterscheidung zwischen männlichen und weiblichen Personen ist bereits angedeutet. Von fünf oder sechs Jahren an ist es schon schwierig, die Bildung des Körperbildes zu untersuchen, ohne das Geschlecht des Kindes als entscheidenden Faktor zu berücksichtigen. Die Geschlechtsorgane sind in den Zeichnungen der Kinder dieser Altersstufe recht häufig vorhanden. Ausdrücklich dargestellt oder flüchtig angedeutet haben sie an sich keine pathologische Bedeutung. Sie zeigen lediglich die Lebhaftigkeit der sexuellen Neugier dieser Kinder an.

Wir bringen als Beispiele die Zeichnungen 6 und 6a, welche von einem 6;4jährigen Mädchen stammen. Es verfügt über eine durchschnittliche Intelligenz und ein gutes psychisches Gleichgewicht. Das Körperbild ist gut entwickelt und es selbst ist gut integriert. Die vorsichtige Andeutung des Geschlechtsorgans bei der Zeichnung der männlichen Person gibt einen Hinweis auf ein lebhaftes, aber normales sexuelles Interesse, das sich auch im manifesten Verhalten des Kindes äußert (sexuelle Neugier gegenüber den Eltern, häufig ausgedrückter Wunsch, im selben Bett mit ihnen zu schlafen usw.).

Die Latenzperiode, in der das Ich sich ausweitet und durch soziale Anpassung und soziale Erfolge sich sein affektives Gleichgewicht verstärkt, trägt zur Reifung des kindlichen Körperschemas bei. Die gezeichneten Personen werden typischer. Ihre unterschiedlichen Teile und Relationen werden deutlich hervorgehoben und besser integriert. Im allgemeinen sind bereits alle Teile auf harmonische Weise in das Körperbild einbezogen.

Der schematische Charakter unserer Beschreibungen hebt selbst in negativer Weise das hervor, was für die Genese und Ausbildung des Körperbildes und seine zeichnerische Projektion besonders charakteristisch ist. Die Lebendigkeit und die Komplexität der realen Prozesse gehören zu dem, was uns wichtig erscheint: die enge Interdependenz zwischen einem ständig neu strukturierten Körperbild und der globalen Entwicklungsdynamik des Kindes in seinem Milieu. Ein fesselndes Forschungsgebiet wäre noch zu erschließen: parallele Untersuchungen des Körperschemas beim normalen Kind in seinen Träumen, verbalisierten Phantasien, Zeichnungen, Modellierungen und die direkte Beobachtung seines Verhaltens.

Die Adoleszenz wäre vielleicht der günstigste Zeitraum für eine solche Untersuchung. Einerseits zeigt der Jugendliche eine spezielle Sensibilität für seinen Körper und andererseits macht er vorübergehende regressive Zustände durch, in denen infantile und überwundene Bilder erfaßt werden könnten. Die Schnelligkeit des Wachstums, die Heftigkeit der sexuellen Triebregungen, die Probleme des Übergangs von der Kindergruppe zur Gruppe der Erwachsenen stellen die Faktoren eines neuen Ungleichgewichts bei der Integration der verschiedenen Körperteile dar. Das Gleichgewicht wird wiederhergestellt, wenn über die wiedererweckten Kindheitskonflikte der Weg zu einer vollständigen Genitalität, einer schöpferischen Anpassung und einer objektiven Annahme des anderen auf eine befriedigende Weise gefunden ist.

Verstümmelungen, Auslassungen oder Verzerrungen in der Zeichnung der menschlichen Gestalt weisen auf Schwierigkeiten hin, die Körperpartien mit ihren psychologischen Bedeutungen und den mit diesen Bedeutungen verbundenen Konflikten zu akzeptieren. In diesem Alter findet man häufig die Auslassung der unteren Partie des Rumpfes (sexueller Konflikt), das Fehlen oder die Betonung des Mundes (Abhängigkeitskonflikte oder Konflikte bezüglich der oralen Aggressivität), die Verkleinerung der Hände und der Finger oder deren Verlängerung (Probleme im Umgang mit dem Milieu, mangelndes Vertrauen in die eigenen Fähigkeiten, Schuldgefühle wegen Masturbation oder Aggressivität) (*Oakley*, 1940).

Morris (1955) findet Auslassungen bei 40 % der Jugendlichen im Alter von 13 Jahren und bei nur 20 % derselben Probanden im Alter von 18 Jahren. Durchsichtigkeit der Oberfläche findet sich häufiger bei den Jungen und Auslassungen und Verschleierungen (die Hände z. B.) bei den Mädchen. Bizarre Zeichnungen sind recht zahlreich, ohne daß sie auf Pathologisches hinweisen.

Eine sehr hübsche Jugendliche von 14 Jahren zeichnet einen Kopf, dessen Gesichtsteile sehr detailliert ausgearbeitet sind, mit langen, verführerischen Haaren, die in Wellen niederfallen. Seitlich zu diesem bezaubernden Gesicht zeichnet sie ein wohlgeformtes Bein und einen Fuß mit elegantem Schuh, schließlich eine langgliedrige und feingebildete Hand. Mehrmals äußert sie ihr Mißfallen gegenüber dieser Projektion, und sie beginnt erneut, solche voneinander getrennte Elemente zu zeichnen, indem sie Ornamente hinzufügt, und sie fragt uns, ob uns das gefällt. Die Zergliederung der Person bringt hier nicht einen Desintegrationsprozeß des schizophrenen Typs zum Ausdruck. Vielmehr geht sie aus der narzißtischen Aufmerksamkeit hervor, welche eine sonst normale Jugendliche ihren verschiedenen Körperteilen zuwendet und der überaus großen Bedeutung, die sie ihnen beimißt.

Die Zeichnungen von Individuen, welche die Adoleszenz hinter sich haben, spiegeln ein erneut stabiles und vollständiges Körperbild wider. Von den untersuchten Studenten zeichnen 61 % vollständige Figuren (*Starr und Marcuse*, 1951). Sie zeichnen die Personen en face, während Adoleszente das Profil vorziehen, welches eher einer ausweichenden Tendenz entspricht. Begleitende Gegenstände, wie etwa der Hut, verschwinden. Die Haartracht hat das übliche Aussehen. Die Hände sind detailliert gezeichnet, die Schuhe angedeutet usw. (*Feather*, 1953).

Wir haben somit versucht, im Begriff des Körperbildes eine theoretische Basis zu finden, von der aus die Mensch-Zeichnung erklärt werden könnte. Wir wissen jedoch sehr wohl, daß die gegenseitige Entsprechung zwischen dem Körperbild und der zeichnerischen Realisierung keine vollständige ist. Die Zeichnung hat auch noch andere Grundlagen neben dem Körperbild, und letzteres setzt sich aus weiteren Elementen zusammen, die sich in der Zeichnung nicht auswirken. Der Begriff des Körperbildes stellt dennoch eine Arbeitshypothese dar, welche fruchtbar sein kann bei dem Bemühen um ein besseres Verständnis der Zeichnung und ihrer projektiven Determinanten. So könnte man selbst zu einer Zeit, in der das Kind die Anweisung, einen Mensch zu zeichnen, nicht verstehen oder nicht ausführen kann, dieses Bild heranziehen, um seine Zeichenversuche zu erklären. Das Kind wird in dieser Phase spontane Zeichnungen oder Kopien, die die Form von Kritzeleien haben, anfertigen. Die erscheinenden Formen sind dann sicher nicht der Ausdruck der Wahrnehmung der vorgeschlagenen Objekte. Genausowenig sind sie die einfachsten ausführbaren Formen, sondern sie haben eine psychologische Bedeutung für das Kind.

Es ist das Körperschema, die erste organisierte Erfahrung, die sich in dieser Zeichenweise projiziert. Im allgemeinen haben diese Kritzeleien das Aussehen zerstückelter, nicht geschlossener Formen. Es handelt sich um Spiralen oder zum Kreis tendierende Formen. Ein Kind oder ein Erwachsener, der zur oralen Phase regrediert, zeichnet Formen von dieser Art. Spiralen oder Schleifen sind die dominierenden Formen in diesen Kritzeleien und nicht die gerade Linie. Das Kleinkind reagiert damit auf jede ihm dargebotene geometrische Figur. Die Ausführung eines Punktes, die dem Erwachsenen leicht gelingt, ist für das Kind jedoch schwierig. Es ersetzt ihn durch einen Ring. Solche Gestaltungen wurden bei der Kopie von Formen des *Bender*-Gestalt-Tests gefunden. Der Autor lenkt unsere Aufmerksamkeit gleichzeitig auf die Bedeutung dieser Bewegungen für das Kind hin. »Der Kringel ist eine Bewegung, die den kleinen Kindern offenbar große Freude bereitet, was wahrscheinlich abhängt von ihren primitiven Haltungsreflexen, ihren vestibulären Empfindungen, ebenso wie von ihren motorischen Impulsen und Wahrnehmungsprinzipien« (*Bender*, 1957).

Die Regression auf dieses Stadium erscheint in der Studie von *Montagne* (1951), wo die ästhetischen Gestaltungen schizophrener Kinder, bei denen Probleme der Desorganisation ihres Körperbildes vorherrschen, analysiert werden. Der Autor kommt zu dem Schluß: »Bei den schizophrenen Kindern ... ist die Darstellung einer fließenden Spirale um eine Längsachse so häufig, daß man darin fast ein spezifisches Zeichen für die Diagnose sehen kann« (S. 384).

Im gleichen Sinne kann noch der Fall eines an einem Magengeschwür Erkrankten angeführt werden, der sich einer Kunsttherapie unterzog (*Naumburg*, 1952). Er bringt unbewußte Projektionen von präverbalen Kindheitserinnerungen in seiner Zeichnung von »Schleifen« zum Ausdruck. Die Projektionen beziehen sich auf die Zeit der Entwöhnung und der oralen Abhängigkeit des Patienten von seiner Mutter, und sie werden in einer Serie von abstrakten Bildern des Saugens und Beißens ausgedrückt. Andere Schleifen symbolisieren das Kind, das seinen Durst an der Brust der Mutter stillt. Die spezifischen Spiralen und Schleifen, die man in den ersten Kritzeleien normaler Kinder oder in Zeichnungen schizophrener Kinder findet, bringen somit präverbale Erinnerungen zum Vorschein. Man kann annehmen, daß sie dem primitiven Körperbild entspringen, ein präverbales Bild des oralen Körpers.

Wir werden noch eine Frage stellen: Wenn das Kind die Vertikale vor der Horizontalen beherrscht, leitet sich dies dann nicht auch von Phänomenen ab, die mit dem Körperbild in Verbindung stehen? Die Beherrschung des eigenen Gewichts steht tatsächlich im Vordergrund der Bemühungen der ersten Jahre des Kindes, das lernt, sich aufrecht zu halten. Die Beherrschung der Rechts-Links-Dimension wird erst viel später erworben.

Das Körperbild stand also im Mittelpunkt dieses ganzen Kapitels. Es wurde hier aufgefaßt als eine psychologische Erfahrung des Körpers, die sich nach den Gefühlen und Einstellungen des Individuums gegenüber seinem eigenen Körper und nach der Art, wie es diese subjektiv organisiert, richtet. Als Produkt der Beziehung des Individuums zu den anderen und als Auswahl aus den neuen Erfahrungen beeinflussen das Körperbild und die persönliche Auffassung des Körpers im Verlauf der Entwicklung die Meinungen über die eigene Persönlichkeit und ihre Beziehungen zu den anderen. Es erscheint uns als unabdingbar, daß der Psychologe, der den Mensch-Test anwendet, die Bildung und Dynamik dieses Bildes kennt.

V. Der Ausdrucksaspekt

Die Mensch-Zeichnung ist ein Resultat der in verschiedene Richtungen laufenden Bewegungen, wie sie mit dem durch die Hand gehaltenen Stift aufgezeichnet werden. In diesem Sinne geht die Zeichnung aus der Geste hervor, und die Linie ist so etwas wie eine geronnene Geste. Der Zeichner benutzt das Blatt, um seine Projektionen und Gesten zum Ausdruck zu bringen. In ihrer zeichnerischen Übertragung hinterläßt die Geste runde oder stumpfe Formen. Sie verleiht den gezeichneten Formen einen variablen Ausdruck. Der Druck des Stifts auf dem Papier ist stark oder schwach. Die Linie ist unterbrochen oder durchgehend. Die Zeichnung kann stark schattiert sein, das Gesicht mag einen traurigen oder frohen Ausdruck haben. Alle diese Charakteristiken, welche durch die Analyse der Mensch-Zeichnung zutage treten, stellen deren Ausdrucksaspekt dar und bringen den Test damit in Verwandtschaft zum *Bender*-Gestalt-Test oder zur Graphologie.

Im Unterschied zum *Rorschach*-Test, der vor allem eine wahrnehmungsmäßige Strukturierung zur Grundlage hat, haben diese Tests gemeinsam, daß das von Probanden gelieferte Material das Produkt einer motorischen Aktivität ist. In diesem Sinne sind sie aufs engste verbunden mit der Erforschung des Ausdrucks als Mittel zum Verständnis der Struktur und der Funktionen der Persönlichkeit. Der motorische Ausdruck wird dabei nicht lediglich als aus den Bewegungen der Hand hervorgehend aufgefaßt, sondern er wird dem Handeln des gesamten Organismus, dessen Instrument die Hand ist, zugeschrieben. Der motorische Ausdruck und die zeichnerische Geste stehen ebenso wie die Haltung und die Gesten allgemein in Verbindung zu den komplexesten zerebralen Funktionen. Sie gehen aus der inneren Dynamik des einheitlichen Individuums hervor.

Die den hier behandelten Zeichentests zugrunde liegende Hypothese ist die folgende: Jede geistige Haltung geht einher mit einer muskulären Haltung aufgrund der Einheit des lebenden Organismus.

1. Der Ausdrucksaspekt und seine Dynamik

Im täglichen Leben sind wir uns bewußt, daß jeder Mensch seine eigenen Gesten hat, seine eigene Art zu gehen, seinen eigenen Stimmklang, usw. Wenn wir vom Ausdrucksverhalten sprechen, so können wir uns auf sehr unterschiedliche Phänomene beziehen. Wir werden unter ihnen einige auswählen, deren Studium uns für die Mensch-Zeichnung nützlich erscheint.

In einer ersten Kategorie definiert man als ausdruckshaft denjenigen Aspekt des individuellen Verhaltens, der ihm bei der Erledigung verschiedener Aufgaben eigen ist. Die Individuen unterscheiden sich voneinander in der Art, wie sie die gleiche Arbeit ausführen. Hier ist das Ausdrucksverhalten der dem Individuum »eigene Stil«, z. B. das »Wie« und »auf welche Weise« jemand ißt, eine Maschine repariert oder auf eine gestellte Frage antwortet. Das Anpassungsverhalten beruht vor allem auf der willentlichen und bewußten Aufmerksamkeit und dem Bemühen des Individuums, auf seinen Begabungen und seiner Geschicklichkeit. Das Ausdruckselement jedoch ist im allgemeinen nicht bewußt und geht aus tieferliegenden Determinanten hervor. Stil oder Ausdruck bei verschiedenen Aufgaben treten vor allem zutage durch den Rhythmus der Handlung, die Energie und die Intensität der Bewegungen, die Weitläufigkeit oder die Eingeschränktheit der Gesten und den verwendeten Raum.

In eine zweite Kategorie ordnet man den Gefühlsausdruck ein, die physischen Veränderungen – haltungsmäßige, muskuläre, viscerale –, welche die emotionalen Äußerungen begleiten. Jedes Gefühl verursacht seine spezifischen physischen Veränderungen (auf den ersten Blick sieht man, ob die auf einem Bild dargestellte Person lacht oder weint). Es gibt individuelle Weisen zu lachen oder böse zu sein, obwohl jede Kultur die Mimik in die ihr eigenen Bahnen lenkt.

In einer dritten Kategorie ist die Ausdrucksform nicht an ein Anpassungsverhalten oder einen Gefühlsausdruck gebunden. Sie umfaßt Ausdruckshaltungen, die offenbar für die Person selbst unerklärlich sind und denen man im allgemeinen keine Bedeutung beimißt. Die Fingernägel zu untersuchen, mit der Hand oder den Beinen kleine Bewegungen auszuführen und die Nase oder den Mund zu bewegen, sind solche in diese dritte Kategorie einzuordnende Formen. Autistische motorische Phänomene, die nicht das Ausmaß von Tics erreichen, finden sich bei jeder normalen Persönlichkeit. Sie sind Reste oder Folgen der Unterdrückung von Gesten oder von blockierten körperlichen Äußerungen. Als erster hat *Freud* (1904) die Aufmerksamkeit auf diese »sinnlosen« Äußerungen gelenkt, und er hat gezeigt, daß sie dann auftreten, wenn ein innerer Konflikt besteht. Sie können demnach zu einem besseren Verständnis der Persönlichkeit führen, entsprechend ihrer Funktion, auf motorischem Wege Spannungen zu entladen und Angst zu vermindern.

Die bei allen beschriebenen Ausdrucksformen vorhandene Muskelspannung ist auch in der gezeichneten Linie enthalten. Überschreitet sie einen gewissen Grad, so äußert sie sich in einem Übermaß an ohne objektiven Grund ausgeführten Bewegungen. Ist die Spannung jedoch zu stark kontrolliert, so wird sie in Tics oder in psychosomatischen Affektionen abfließen. Man kann sie objektiv messen. *Dussy* (1946) maß den Muskeltonus von acht Probanden, die über eine Zeit verteilte Aufgaben ausführen mußten. Er zeigte mit faktoriellen Methoden, daß das Niveau der Muskelspannung eine ziemlich beständige Charakteristik des Individuums und ein Aspekt seiner Persönlichkeit ist.

Die Ausdruckshaltungen sind so unterschiedlich und nehmen einen so wichtigen Platz ein in den menschlichen Beziehungen und in der Aufnahme des Kontakts, daß man sie als eine nonverbale Sprache auffassen kann, wobei die Gesten, die Haltung, der Atemrhythmus und die Muskelspannung das Alphabet darstellen. Die affektive Tönung verändert den Sinn eines Wortes oder akzentuiert ihn. Eine Geste der Hand oder eine Bewegung des Fußes können dem verbalen Inhalt widersprechen. Andererseits ist die nonverbale Sprache, die nicht von Worten begleitet ist, auch für sich als gültiges Mittel der Mitteilung aufzufassen, und als solches wird sie aufgenommen und verstanden. Wir meinen hier nicht die ganze Art von Gesten, deren Bedeutung genau festgelegt und kulturell begründet ist. Wir haben vor allem gewisse individualisierte Haltungen und Bewegungen im Blick, die bewirken, daß man z. B. versteht, daß ein Gesprächspartner noch zu sprechen wünscht oder daß er im Gegenteil den Kontakt mit dem anderen unterbrochen hat, wobei er z. B. die Arme verschränkt.

Nimmt etwa irgendein Studienkomitee an einer Schulstunde teil, so stellt man in der Schulklasse eine Hyperaktivität fest, die offensichtlich nicht in Verbindung mit den gestellten Problemen steht: Rest einer Vorbereitung auf eine Aktivität, welche nicht zur Ausführung kam, Resultat eines Konflikts zwischen sich widersprechenden Tendenzen, Ausdruck einer Empfindung, die man nicht benennen kann oder deren man sich zuweilen gar nicht bewußt ist, Abfuhr einer mehr oder weniger ständigen Spannung. Alle diese Bewegungen des Gesichts, des Körpers oder der Glieder, des Fingers, der die Nase reibt oder am Ohr kratzt, die sich ändernde Haltung, die Wiederaufnahme kleiner »sinnloser« Handlungen – alles dies entspricht einem vitalen Bedürfnis des Organismus, der sich den Forderungen der Umwelt anpassen muß. Der Pädagoge und das Volksempfinden wissen, daß alle diese Bewegungen die Aufmerksamkeit und die Konzentration auf den Unterricht nicht stören, sondern diese erst ermöglichen. Man kann sie übrigens nur vorübergehend kontrollieren oder unterdrükken. Die Ausdrucksbewegungen sind unbedingt notwendig, damit ein Individuum sich anpassen kann. Über sie findet das Individuum die Möglichkeit, unterdrückte Impulse und Neigungen in symbolischer Form zu befriedigen, während ihr Sinn den anderen und ihm selbst verborgen bleibt. Alle Welt ist sich darin einig, nicht auf sie zu achten und diese Äußerungen auf sich beruhen zu lassen, weil sie weder richtig noch sinnvoll sind.

Die Gesellschaft gewährt diesen Freiraum, der es erlaubt, eine betont subjektive Haltung einzunehmen, auch wenn diese der Person selbst oder den anderen unerträglich ist. Diese kleinen Handlungen entgehen aber der sozialen Kontrolle in Wirklichkeit nicht, allerdings in dem Maße, daß der ihnen offengelassene Weg von einer Kultur zur anderen variiert. Selbst quantitativ ist die Toleranz gegenüber dem motorischen Ausdruck von einer Kultur zur anderen unterschiedlich. In den Vereinigten Staaten ist sie größer als in Frankreich und vor allen Dingen in Japan, wo sie einer strengen Kontrolle unterworfen wird. Diese Toleranz wird von denselben kulturellen Gesetzen bestimmt, welche die für die allgemeine Bewegung des Individuums erlaubten oder verbotenen Bereiche festlegen. Sie trägt bei zur Entstehung des für jede Gesellschaft typischen und für das sich an diese anpassende Individuum notwendigen psychologischen Gleichgewichts. Der Bereich des erlaubten motorischen Ausdrucks ist bis zu einem gewissen Grad für die gewöhnlichen Abwehrvorgänge weniger zugänglich als der verbale Bereich. Er ist auch vitaler als die Welt des verbalen Ausdrucks, weil er unmittelbar unter dem Einfluß des vegetativen Lebens und der primären Existenzbedürfnisse steht. Die Ausdrucksbewegungen stellen einen unablässig in Funktion befindlichen Mechanismus der Spannungsabfuhr dar.

In Verbindung mit diesem Bereich der Ausdrucksformen stehen die Kritzelzeichnungen, »nutzloses Verhalten«, das im Verlauf von Anpassungsaktivitäten auftritt, in der Schulklasse, im Verlauf einer Sitzung, eines Telefongesprächs, einer Prüfung. Das Kritzeln hat kein praktisches Ziel, es hat höchstens autistischen Charakter. Sein Sinn ist verborgen. Man betrachtet die Kritzelei als wert- und bedeutungslos. Das kritzelnde Individuum verspürt ein »Bedürfnis", automatisch zu zeichnen. Ohne Anstrengung schwärzt man ein Stück Papier, läßt bizarre und geometrische Figuren entstehen und zuweilen ganze menschliche Figuren. Als eine wie unbeabsichtigt durchgeführte und etwas infantile Aktivität erfüllt die Kritzelei jedoch eine gegenüber den persönlichen oder äußeren Verboten sich selbst schützende Funktion. In diesen Kritzeleien entlädt sich zuweilen unmittelbar Angst. Die Möglichkeit, diese Angst auszudrücken, hilft dem Individuum, zum Handeln überzugehen oder verbal seine Wünsche auszudrücken. Die Kritzelei erlaubt es zudem, Residuen von in der gegenwärtigen Situation wiederbelebten kindlichen Konflikten darzustellen. Ihre Fixierung auf dem Papier macht es dem Individuum möglich, diese aus der Gegenwart auszuschließen und infolgedessen zu Haltungen zu gelangen, die seiner Reife besser entsprechen. Bei den ernsthaftesten Zusammenkünften kommt das Zirkulieren von Kritzeleien mit sexueller oder aggressiver Bedeutung recht häufig vor; dieses Phänomen stellt einen Faktor der Entspannung dar und macht es möglich, daß der notwendige Kontakt zu den objektiven Anforderungen der Situation hergestellt wird.

Die Kritzelei kann als Regression im Dienste des Ich verstanden werden. In dieser Hinsicht vergleichbar bestimmten Körperbewegungen, trägt sie zur Aufrechterhaltung des psychischen Gleichgewichts des Individuums bei. Sie erfüllt ihre Aufgabe entsprechend ihrem motorischen und symbolischen Charakter. Über das Spiel der Linien und über den Rhythmus der Zeichenbewegung kommt es zu einer Entladung der Spannung in einer imaginären und symbolischen Welt. Die Formen, die daraus hervorgehen, können somit als eine Kristallisation des Ausdrucks betrachtet werden.

Eine Reihe von Experimenten zeigt, daß der Druck, die Richtung und die Art der gezeichneten Form sich mit den Gefühlszuständen ändern. Fordert man etwa Erwachsene auf, eine einzelne Linie zu zeichnen, die in ihren Augen auf bestmögliche Weise den Sinn von 24 Adjektiven darstellt, so kommt man zu folgender Feststellung: Adjektive wie »grausam, tot, traurig« (unerwünschte Adjektive) werden durch eine Linie mit absteigender Tendenz symbolisiert, Adjektive wie »fröhlich, stark, ernsthaft« (erwünschte Adjektive) durch eine Linie mit aufsteigender Tendenz. »Lebendig, erregt, wütend« (die ein manifestes Verhalten mit einschließen) werden durch unterbrochene und unregelmäßige Linien dargestellt. Eine gerade Linie drückt die Qualitäten »ruhig, gemessen, untätig« aus (sie implizieren Ruhe oder Passivität). Die Adjektive werden nicht nur durch die Form und die Richtung der Linienführung dargestellt, sondern auch durch deren Intensität. Druckstarke Linien entsprechen »wütend« oder »grausam«, zarte Linien den Worten »mild, weich, ruhig« (*Peters und Merrfield*, 1958).

In der Untersuchung von *Wolff* (1951) übertragen Kinder musikalische Eindrücke in Zeichnungen. Stärke und Form der zeichnerischen Bewegung veranschaulicht den Charakter der Musik. Beim Marsch ist der Druck stärker als beim Walzer. Beim ersteren sind die Formen eckiger als beim zweiten. In dieser Untersuchung hat die Musik, in der vorausgegangenen haben die Wörter Gefühlszustände ausgelöst, welche die spezielle Charakteristik der Zeichnungen bestimmen, die mit den diesen Zuständen entsprechenden Körperhaltungen und mit der Muskelspannung funktionell verbunden ist.

Die kulturelle Symbolik beeinflußt gleichfalls den zeichnerischen Ausdruck. Er ist aber auch abhängig vom Lebensrhythmus und von der inneren Spannung, die das Individuum erlebt. Freudensprünge zu machen und aufsteigende Linien zu zeichnen, hat dieselbe Grundlage. Man empfindet kein Gewicht (man ist im »Siebten Himmel«), wenn man sorglos und euphorisch gestimmt ist. Nach *Schilder* äußert sich eine negativistische Einstellung zunächst in der Kieferregion und dann im Bereich der Halsmuskeln. Leisten wir gegen irgend etwas Widerstand, so versteifen wir unseren Hals und pressen die Zähne aufeinander. Diese negativistische Haltung kann sich in der Mensch-Zeichnung spiegeln: durch die Form des Halses und übertriebene Stärke der Linien dieser Körperpartie.

Diese Untersuchungen führten uns zu der Feststellung, daß ein Mensch verschiedene Möglichkeiten hat, um ein und dieselbe Charakteristik auszudrücken. Eine der ersten Fragen, die im Zusammenhang mit den Ausdrucksbewegungen gestellt wurde, war: Hat dieser Ausdruck, der unterschiedliche Formen annehmen kann, irgendeine Konsistenz bei ein und demselben Individuum? Findet man dieselben Ausdruckscharakteristiken in der Schrift, im Gang, in der Sprache und in der Art, mit verschiedenen Objekten umzugehen, wieder, so bedeutet dies, daß sie nicht von äußeren Bedingungen, innerhalb derer man sie feststellt, abhängig sind, sondern daß sie in unmittelbarer Beziehung zur Persönlichkeit stehen. *Allport und Vernon* (1933) haben breit angelegte Experimente zum intraindividuellen Zusammenhang der Ausdrucksbewegungen durchgeführt. Ihre Forschung betrifft im wesentlichen den Ausdruck, der das Anpassungsverhalten begleitet, und sie messen objektiv und minutiös unterschiedliche Dimensionen des Ausdrucksverhaltens: Schnelligkeit des Lesens und Rechnens mit lauter Stimme, des Gangs auf der Straße und in Wohnungen, des Anordnens von Würfeln, der Zeichnung von unterschiedlichen Objekten mit der rechten und der linken Hand, des Handschlags und des Fußtritts usw. Von den untersuchten Dimensionen wollen wir den Druck, den benutzten Raum oder die Fläche, die Schätzung der Längen, Winkel oder Distanzen hier berücksichtigen. Die Autoren stellen fest, daß weder eine vollständige Generalität noch eine Spezifität der Ausdrucksbewegungen besteht. Meist wird derjenige, der eine große Schrift hat, in großen Schritten gehen (im Verhältnis zu seiner Körpergröße), er wird seine Zeichnungen vergrößern oder die Winkel überbewerten. Die festgestellte Konsistenz erklärt sich durch drei Faktoren: den Raum, die zentrifugale Dimension und die Energie. Die Art dieser Bewegungen spiegelt die Art der Persönlichkeit wider. »Es gibt Grade der Einheit in der Bewegung von derselben Art wie im geistigen Leben und in der Persönlichkeit. Es ist berechtigt anzunehmen, daß die Harmonie und die Konsistenz der Ausdrucksbewegungen in direkter Entsprechung stehen zum Grad der Organisation und Integration der Persönlichkeit« (*Allport und Vernon*, 1933).

Eine Untersuchung von *Wolff* (1942) erlaubt eine ähnliche Schlußfolgerung. Diese Studie befaßt sich mit der diagnostischen Beurteilung der Persönlichkeit auf der Grundlage einer Blindanalyse der Ausdruckshaltungen von Kindern. Die Beurteilung wird anhand von Lehrerbeobachtungen validiert. *Wolff* untersucht: 1. die Stellung des nackten Körpers in aufrechter Haltung nach Photographien, die im Verlauf einer medizinischen Untersuchung aufgenommen worden waren; 2. die Körperbewegungen bei verschiedenen Aktivitäten; 3. den Umgang mit plastischem Material; 4. Fingerzeichnungen; 5. Malereien mit dem Pinsel und Zeichnungen mit dem Stift. – Der Autor wählt 3 Kinder als Beispiel aus. Bei einem von ihnen ist die Konsistenz des Ausdrucks für alle Ausdrucksbereiche vollständig gegeben, beim zweiten Kind schließt eine gewisse Widersprüchlichkeit eine bemerkenswerte Übereinstimmung der Gegebenheiten in der gleichen Richtung nicht aus. Was das dritte Kind betrifft, so treten extreme Diskrepanzen auf, und die diagnostische Beurteilung, die auf einen starken Konflikt zwischen den Haltungen schließt, stimmt mit den Beobachtungen der Erzieher überein.

Wolff (1943) interessiert sich für die gleichen Probleme wie *Allport und Vernon*, aber seine Untersuchungen erstrecken sich auf einen vielfältigeren Bereich von Ausdrucksformen. Er versucht nicht, die Konsistenz in den Bewegungen einzuschätzen, sondern die Konsistenz des auf andere ausgeübten Eindrucks. Mehrere Beurteiler hören sich die Bandaufnahme derselben Äußerung von unterschiedlichen Individuen an, prüfen die Eigenheiten ihrer Schrift und beurteilen eine Geschichte, die jeder schriftlich nacherzählt. Es zeigt sich, daß die Beurteiler in der Lage sind, die Stimme, die Schrift und die Darstellungsweise desselben Individuums in einer Vielzahl von Fällen einander zuzuordnen. Die von *Wolff* gewählte Methode ähnelt mehr als irgendeine andere der Situation des Mensch-Tests und der analoger Ausdruckstests. Der Ausdruck wird hier nicht mittels objektiver Maßstäbe eingeschätzt, sondern über den Eindruck, den er beim Psychologen hinterläßt. Wenn das Ausdrucksverhalten angemessen interpretiert werden kann, so ist es doch noch erforderlich, seine Ursache zu verstehen und zu erkennen, in welchem Maße der Eindruck für die Diagnostik von Bedeutung ist. Die Möglichkeit einer zuverlässigen Wahrnehmung der ausdruckshaften Gegebenheiten geht zunächst aus der Tatsache hervor, daß allen menschlichen Wesen ähnliche Existenzbedingungen, Gefühlsregungen und Gefühlsäußerungen (Tränen usw.) und ähnliche Rhythmen und Spannungen gemeinsam sind. Die Sprache der Gesten ist auch da noch ein Mittel der Kommunikation, wo es keine gemeinsame verbale Sprache gibt. Wir fassen das Ausdrucksverhalten des anderen in der Weise auf, wie seine Form und die Bewegungen, in denen es sich äußert, mit Prozessen verbunden sind, die wir selbst unter analogen Ausdrucksbedingungen erlebt haben. Der Ausdruck des anderen wurzelt wie unser eigener Ausdruck in den Bedingungen der menschlichen Existenz, und der fließende Prozeß der zwischenmenschlichen Beeinflussung dirigiert und lenkt ihn. Zuweilen können wir uns vor allem in diejenigen besser einfühlen, die uns selbst ähneln. Die Identifikation, die Empathie, die Intuition und die unmittelbare Wahrnehmung stellen jedoch gleichfalls Wege dar, die Ausdrucksbewegungen des anderen zu verstehen.

Der Psychologe, der sich um eine objektive Wahrnehmung und ein eingehendes Verständnis bemüht, was im Bereich des Ausdrucks spezifisch und ungewöhnlich ist, bleibt sich der Tatsache bewußt, daß die vorliegenden Ergebnisse und die Gesetzmäßigkeiten ein noch unzulängliches Mittel sind, zu seinem Ziel zu gelangen. Die Erforschung dieses Bereichs steckt noch in den Kinderschuhen. Wenn somit die grundsätzliche Möglichkeit, zu sinnvollen Aussagen zu gelangen, gegeben ist, kann der Psychologe dann aber bereits davon ausgehen, daß er die Ausdrucksformen mit der gewünschten Genauigkeit und Feinheit erfassen kann?

Eine aufschlußreiche Untersuchung von *Wolff* kommt hier zu einem positiven Ergebnis. Man zeigt dieselbe Ausdrucksform einer großen Anzahl von Beurteilern, die die Charakteristik der Formen bestimmen. Die am häufigsten verwendete Bezeichnung wird »summarische Bezeichnung« genannt. Daraufhin legt man drei Ausdrucksformen und die »summarischen Bezeichnungen« in irgendeiner Anordnung vor. Die Probanden müssen den Ausdruck und die »summarische Bezeichnung« paarweise einander zuordnen. Es zeigt sich, daß sie zu einer richtigen Zuordnung in der Lage sind, wobei das Verhältnis von 77 % bis 90 % variiert, während die Zuordnung nach dem Zufallsprinzip nur in einem von drei Fällen zutreffend wäre. Andererseits – und dies ist ein interessantes Ergebnis – treten die Ungenauigkeiten nicht zufällig auf; sie sind zurückzuführen auf persönliche emotionale Faktoren, die die Wahrnehmungsfähigkeit gegenüber bestimmten Ausdrucksformen beeinträchtigen.

Nicht nur das Ausdrucksverhalten, sondern auch die Ausdruckswahrnehmung ist eine Funktion der Persönlichkeit. Dies bedeutet, daß dieselben Faktoren, die im Ausdrucksverhalten wirksam sind, auch bei dessen Interpretation mitwirken können und daß sie ihren Ursprung in der dynamischen Einheit des Individuums haben. Man sieht die Komplexität des Phänomens, wenn ein Mensch versucht, seine eigenen ausdrucksmäßigen Charakteristiken zu erkennen. Es besteht ein deutlicher Kontrast zwischen dieser Wahrnehmung und derjenigen der Ausdrucksbewegungen eines anderen. Konfrontiert man irgendein Individuum mit seinen eigenen Aktivitäten (Gang, Schrift, Stimme usw.), jedoch in verschleierter Form oder durch eine tachistoskopische Darbietung, so erkennt es diese selten als seine eigenen wieder. Soll die Person andererseits eine gewisse Anzahl von Aktivitäten, unter denen sich auch die ihren befinden, beurteilen, so ist ihr Eindruck von den eigenen Handlungen gewöhnlich viel günstiger als der von den Handlungen anderer oder als der Eindruck der anderen von den eigenen. Nur 20 % der Selbstbeurteilungen sind abwertend und keine ist neutral. Man hat Schwierigkeiten, sich wiederzuerkennen (was je nach dargebotener Aktivität variiert), aber man beurteilt seine eigenen Züge günstiger als diejenigen der anderen. Man beschreibt sie mit mehr Details: im Durchschnitt werden für die Beurteilung der Züge der anderen 33,4 Wörter verwendet, jedoch 66,9 Wörter für die der eigenen. Die persönlichen Züge sind stärker affektgeladen. Die Abneigung, sich selbst wiederzuerkennen, ist so groß, daß die Identifizierung nicht besser gelingt, selbst wenn der Untersucher dem Proband mitteilt, daß er seine eigenen Verhaltensweisen beurteilen wird. Zuweilen treten starke Gefühlsreaktionen auf, wenn die Person sich ihrem eigenen Ausdrucksverhalten gegenübersieht. Dies erinnert daran, daß man häufig einen solchen Gesichtsausdruck oder ein solches Verhalten wählt, wie es uns für die Vorstellung, die man von sich selbst hat, vorteilhaft erscheint. Betrachtet man sich in einem Spiegel, so stellt man sich so, daß man nur das sieht, was dem Selbstbild entspricht. *Freud* (1904) weist auf nichts anderes hin, wenn er schreibt, »daß man sich nicht immer Freunde macht unter denjenigen, denen man den Sinn ihrer symptomatischen Handlung aufdeckt«.

In einer Schlußfolgerung aus seinen zahlreichen Untersuchungen meint *Wolff*, daß dieser Widerstand, sich selbst zu erkennen, an unbewußte Wünsche oder Ängste des Individuums gebunden ist. Die Interpretation eigener Ausdrucksaspekte und der der anderen ruft Spannungen hervor, die in dem unbewußten emotionalen Engagement bei der Aufdeckung ihres Sinnes begründet sind.

Die Ergebnisse machen die Gefahr deutlich, daß der Psychologe von eigenen Motiven dazu verleitet wird, im Verlauf der Untersuchung bestimmte Ausdruckszeichen zu übersehen oder aber andere zu stark zu bewerten. Darüber hinaus regen diese Ergebnisse zu einer weiteren Untersuchung der Mechanismen des Ausdrucksverhaltens an.

Das Ausdrucksverhalten wird unmittelbar von tiefgreifenden und dauerhaften persönlichen Dispositionen gelenkt. Will man jedoch die subjektive Bedeutung des Ausdrucksverhaltens richtig verstehen, so müssen die verschiedenen Faktoren, die es beeinflussen können, herausgearbeitet werden. *Allport* (1937) gibt die folgende Auflistung:

a) rassische Traditionen;
b) regionale Konventionen oder Moden;
c) vorübergehende emotionale Stimmungslagen, die für die Person nicht jederzeit charakteristisch sind;
d) Spannungs- oder Ermüdungszustände;
e) Alter;
f) Geschlecht;
g) angeborene Besonderheiten der muskulären und körperlichen Struktur;
h) Gesundheit oder Krankheit;
i) akzidentelle Deformierungen des Körpers;
j) spezielle Gewohnheiten, die auf besonderes Training zurückzuführen sind und den subtilen individuellen Ausdruck verdecken können;
k) situationsgebundene Bedingungen der physischen Umwelt (Stift, Papier für die Schrift, Beschaffenheit des Bodens beim Gehen).

Die rassischen Gegebenheiten und die Konventionen sind offensichtlich an die Rolle des kulturellen Milieus, die kulturelle Anerkennung oder Unterdrückung des Ausdrucks geknüpft, unter deren Wirkung sich eine Symbolik der Gesten und der anerkennenden Bewegungen bildet. Wenn wir *Efron* Glauben schenken, dann verfügen vor kurzem ausgewanderte jüdische oder italienische Kinder über Gesten, die mehr denjenigen der Amerikaner als denen ihrer Eltern ähneln. Das Kind übernimmt die kulturellen Normen des Ausdrucks, indem es sich sozialisiert, und der Einfluß, den es annimmt, prägt sich ihm tief ein (*Efron*, 1941).

Die Punkte c) und d) der Aufzählung *Allports* wecken unsere Vorsicht gegenüber einer voreiligen Interpretation, und sie richten unsere Aufmerksamkeit auf die Notwendigkeit, das Verhalten in verschiedenen Bereichen und zu unterschiedlichen Zeitpunkten zu beobachten. Euphorie, selbst wenn sie eine vorübergehende ist, kann zu einer Expansion führen, zur Verwendung eines viel größeren Raumes beim Schreiben oder Zeichnen; Depression wird zu einer Verkleinerung führen (*Johnson*, 1937). Die Punkte e) bis i) beziehen sich auf Einflüsse, die ihren Ursprung in der Struktur des Organismus und in dem Grundtemperament haben. Gleichfalls lassen sich bestimmte Einflüsse auf unterschiedliche Ausprägungen der Entwicklung (Geschlecht) oder globale Prozesse wie das Altern zurückführen. Es ist selbstverständlich, daß man die Ausdrucksbewegungen eines Kranken nicht als repräsentativ betrachten kann. (Veränderungen in Gang, Schrift, Zeichnung oder in der Art, wie bestimmte Aufgaben ausgeführt werden, treten sehr früh auf, bevor ein Gesunder merkt, daß es sich um eine Krankheit handelt, die manchmal gutartig ist, welche sich in diesen Veränderungen ankündigt.) Die Ausdrucksmöglichkeiten sind zum Teil gebunden an unsere körperlichen Fähigkeiten und unser Temperament. Der einem Individuum eigene Rhythmus steht unmittelbar in Verbindung mit seinem Puls und seiner Atmung. *Wolff* (1956) hat entdeckt, daß bestimmte Proportionen im Schriftbild, der Zeichnung und den Bogenlinien sich nicht mit dem Alter und einem Lernvorgang verändern, sondern vielmehr die Tendenz haben, vom ersten Lebensjahr an konstant zu bleiben. Gewiß, in bestimmten Situationen verändern sich diese Proportionen. Aber diese Modifikationen vollziehen sich entlang einer einfachen linearen Funktion: die Größe ist mit der Zahl 2 oder 3 hinsichtlich ihrer ursprünglichen »normalen« Proportionen zu multiplizieren. Das Gesetz der Veränderung ist somit strikt ideographisch.

Die Kenntnis der von *Allport* so formulierten Prinzipien ermöglicht es, die feine und ausgesprochen individuelle Bedeutung, welche diese und jene Ausdrucksbewegung hat, zu erfassen. Bestimmte Ausdrucksbewegungen, insbesondere diejenigen, welche das Anpassungsverhalten begleiten, sind, wie z. B. der Rhythmus, teilweise determiniert durch fundamentale angeborene Anlagen, und sie gehören zum gesamten physischen Rüstzeug des Individuums. Die emotionale wie die autistische Ausdrucksfähigkeit lassen die Lebensweise und die unterschiedlichen Konflikte einer Persönlichkeit stärker zutage treten. Der Rhythmus oder andere Manifestationen des Ausdrucks, die mit dem Anpassungsverhalten einhergehen, können daher den gleichen Ursprung haben (z. B. der zitternde Rhythmus eines neurotischen Kindes). Diesen Äußerungen liegen Prozesse zugrunde, die denjenigen analog sind, die *Freud* (1933) in »Zur Psychopathologie des Alltagslebens« analysiert und beschrieben hat.

»Diese vom Bewußtsein gering geschätzten oder ganz übersehenen motorischen Äußerungen dienen so mannigfachen unbewußten oder zurückgehaltenen Regungen zum Ausdruck; sie stellen meist Phantasien oder Wünsche symbolisch dar« (1904, S. 230).

Diese Tendenzen wie etwa sexuelle Wünsche, Feindseligkeit, Eifersucht und Egoismus werden durch die moralische Erziehung unterdrückt. Obwohl verdrängt, haben sie dennoch die Fähigkeit nicht verloren, sich zu manifestieren und auszudrücken.

Zu diesem Thema erwähnen wir hier eine Untersuchung, die im Rahmen der analytischen Situation durchgeführt wurde und sich in den von *Freud* vorgezeichneten Bahnen bewegt. *Deutsch* (1947) notiert alle Haltungen des Körpers und der Glieder (nicht jedoch die des Gesichts), die Veränderungen, die sich im Verlauf der Analysestunde ergeben und das von 17 Patienten erhaltene verbale Material. Er findet, daß alle Bewegungen des Körpers ein Motiv haben, indem die Körperhaltungen den verbalen Ausdruck des unbewußten Materials oder das sie ersetzende reflektierten, ihm vorausgingen oder ihn begleiteten. Ein Patient, der Angst vor Bestrafung der Masturbation hatte, legte seine Hände in den

Nacken. Eine rasche Bewegung der linken Hand ging bei einem anderen aggressiven Äußerungen voraus. Eine Frau legte sich auf die linke Seite, wenn sie von ihren Beziehungen zu ihrer Mutter sprach, und auf die rechte Seite, wenn sie an ihren Vater dachte. »Jeder Patient verfügt über seine charakteristische Körperhaltung, welche die integrierte Antwort seines motorischen Apparats auf unbewußte psychologische Komplexe darstellt« (Seite 209).

Die Beziehungen zwischen dem verbalen Ausdruck und dem Ausdruck der Körperhaltung geben davon Zeugnis, daß im Konfliktfall die unterdrückten Widerstände und Emotionen sich unmittelbar im physischen Gehabe widerspiegeln. Die analytische Auflösung der Widerstände wird begleitet von Veränderungen in der Konfiguration der Körperhaltung. Die im Widerstand befindlichen Patienten haben extrem starre Glieder. Schreitet die Analyse voran, so verschwindet mit den Konflikten die physische Spannung. Die Rigidität der Körperhaltungen verringert sich, gleichzeitig werden diese variationsreicher. Nach *Deutsch* äußert sich in einer starren Haltung entweder die Nichtbefriedigung des Triebbedürfnisses, die die Haltung ausdrückt, oder eine enorme Hemmung oder Angst, welche es dem Individuum verbietet, einem Triebimpuls nachzugeben. Bestimmte vorübergehende Haltungen drücken die Unsicherheit des Ichs aus, das noch keine stabilere Körperhaltung gefunden hat. Richtet man die Aufmerksamkeit des Patienten zu früh auf seine Ausdruckshaltungen und Ausdrucksbewegungen, so drängt man ihn dazu, sie zu unterdrücken, zu verändern oder zu vermeiden.

Die Feststellungen im Verlauf der Analyse sind ebenso gültig für das tägliche Leben. Die Ausdrucksbewegungen stellen auch beim normalen Individuum Kompromisse zwischen dem Erwünschten und dem Verbotenen dar. In einer Gesellschaft, in der die Standardisierung vorherrscht, spielt das Ausdrucksverhalten für das Individuum die Rolle eines Sicherheitsventils. Durch dieses drückt es seine wesentlichen und zentralen Gedanken selbst in dem Moment aus, wo es die Rollen spielt, die es übernehmen muß.

2. Genese und Störungen der Ausdrucksfähigkeit

Beobachtet man die Haltung und die Bewegungen der Kinder beim Spiel, so findet man frühzeitige Hinweise auf die Gesetze des Ausdrucks. Der Ausdruck der Säuglinge ist immer der gleiche. Der gesamte Organismus drückt sein Unbehagen oder seine Zufriedenheit aus. Der Zustand körperlicher Spannung erhöht sich zusehends unmittelbar vor dem Stillen. Im Verlauf des Stillens lassen die Aktivität des Körpers und der Druck des Mundes und der Finger nach. *Ribbel* (1944) berichtet, daß Kinder, deren Beziehung zur Mutter unbefriedigend war, ein Höchstmaß an ständiger körperlicher Spannung, begleitet von einer gestörten Atmung, aufwiesen. In gewissem Sinne »bleiben sie hungrig«.

Wenn man den Säugling am Trinken hindert, so bewegt er sich unruhig hin und her, seine muskuläre Spannung erhöht sich, er ist aufgeregt und zeigt aggressive Körperbewegungen und deutliche und rasche Veränderungen des Fingerdrucks. Die Beziehung zwischen der Frustrierung oder der Nichtbefriedigung eines Bedürfnisses und der muskulären Spannung wird deutlich (*Halverson*, 1938).

Worauf beruht die Verbindung zwischen der muskulären Aktivität und den Bedürfnissen? Auf der Tatsache, daß die Muskeln die Funktion haben, den Körper auf die Handlung vorzubereiten. Es ist sogar unmöglich, sich eine Handlung vorzustellen, ohne daß dies von einer noch so geringen Muskelspannung begleitet wäre. Die Frustration ist der Motor einer intensiven muskulären Vorbereitung auf die Handlung. Emotionale Reaktionen rufen gleichfalls eine manifeste physische oder verbale Aktivität hervor. (Der Zorn ist gefolgt von Zerstörung von Objekten, Schreien oder Beschimpfungen.) Bei den Säuglingen ist das In-Aktion-Setzen zugleich umfassend und unmittelbar zu beobachten. Behindert man sie, so gehen die gehemmten vorbereitenden Spannungen in eine ständige muskuläre Spannung über. Die Hemmung der emotionalen Reaktionen und der für das Individuum notwendigen verschiedenen Aktivitäten hat die Kristallisation des Konflikts zwischen dem Ausdruck und der Hemmung in Form eines Übermaßes an muskulärer Spannung zur Folge. *Zander* (1954) zeigt, daß die in experimentellen Frustrationssituationen aggressivsten Personen auch die am meisten entspannten und glücklichsten sind. Im allgemeinen kann ein Mensch mit unausgedrückten Konflikten oder starken Gefühlen der Feindschaft sich nicht entspannen. Seine Rebellion nimmt die Form einer permanenten muskulären Spannung an. *Plutchik* (1954) zieht daraus den Schluß, daß »man im Lichte der Fakten und der vorgelegten Studien sagen kann, daß das Vorhandensein einer andauernden muskulären Spannung bei einem Individuum ein Indiz für die Tatsache ist, daß ein Konflikt besteht oder daß das Individuum eine Frustration erfahren hat, die noch nicht aufgelöst worden ist«.

Das Individuum verfügt über drei Arten von Mitteln, seine Spannungen und seine spezifische Energie zu entladen: die manifeste Aktivität, die Sprache und das Phantasieleben. Eine bestimmte Ausdrucksaktivität begleitet alle diese Entladungsformen. Die Art, wie ein Individuum eines dieser drei Mittel zur Spannungsentladung bevorzugt bzw. vernachlässigt, stellt ein spezifisches Charakteristikum des Individuums dar. Indem es sie auf unterschiedliche Weise miteinander kombiniert, bewahrt es sein inneres Gleichgewicht. Es wählt die Mittel aus und wechselt sie entsprechend seiner prägenden Erfahrung in der Kindheit, seiner Sensibilität und seinen Fähigkeiten, den von den Eltern gegebenen Freiheiten und den auferlegten Verboten usw. Der normalen Persönlichkeit gelingt es, eine angemessene Mischung der Ausdrucksmittel herzustellen. Gegenüber Forderungen und Konflikten kann es diese Mittel den Erfordernissen entsprechend verwenden und findet so einen angemessenen Rhythmus von Zunahme und Entladung der Spannung. Im Gegensatz dazu zeichnet sich die gestörte Persönlichkeit vor allem dadurch aus, daß ihre Rigidität die Äußerung von Gefühlen verbietet. Die muskuläre Spannung besteht ständig und die autistischen Bewegungen vervielfachen sich auf Kosten der erworbenen angepaßten Haltungen.

Neurotische Kinder stehen unter größerer Spannung als normale. Die Ergebnisse von *Luria* (1932) weisen in die gleiche Richtung, wonach deutliche Differenzen beim unwillkürlichen Zittern der Finger zwischen Manisch-Depressiven und Schizophrenen bestehen. Eine andauernde Spannung wird zu einer ständigen Quelle innerer Reizung und sie ruft Veränderungen in der Einstellung sich selbst und anderen gegenüber hervor. Das einer Spannung unterworfene Organ wird übersensibel. Diese Spannung wird von Schmerzempfindungen begleitet, und aufgrund der sich gegenseitig verstärkenden psychosomatischen Prozesse kommt es zu einer Erniedrigung der Toleranzschwelle gegenüber Frustrationen und Konflikten.

Der zunächst noch globale und diffuse Ausdruck differenziert sich im Verlauf der Entwicklung des Kindes und verlagert sich auf bestimmte, wohl abgegrenzte Körperregionen. Ein Kind signalisiert eine Beunruhigung durch Schreie und Bewegungen des ganzen Körpers. Der Erwachsene kann die gleiche Empfindung durch eine unscheinbare Bewegung der Finger oder ein Zucken der Faust zum Ausdruck bringen. Die Art der Persönlichkeitsorganisation, die Identifikation mit den Eltern und die Unbeugsamkeit des moralischen Bewußtseins spielen im gesamten Verlauf der Sozialisation eine wichtige Rolle, bei der Wahl der spezifischen Ausdrucksformen, der Festlegung des Freiheitsgrades des Gefühlsausdrucks, der Bevorzugung dieser oder jener Körperhaltung und dieser oder jener ungewöhnlichen Bewegung. Diese Art von Verdichtung, zuweilen auch Reduktion, macht die Geste und die Haltung eines Individuums unverständlich. Kleine Augenbewegungen, eine gewisse Kopfhaltung werden individuelle Symbole, die mit der Welt der Gefühle und Einstellungen verbunden sind, welche wiederum im infantilen Leben verwurzelt sind. Die Sprache ist voller symbolischer Ausdrucksgehalte dieser Art (»ein schiefes Gesicht ziehen«), und der mit den verschiedenen Ausdrucksbewegungen verbundene Aberglaube prägt eine Annahme, die der Logik der Erfahrung, dem verdrängten Inhalt und dem wahren Sinn dieser Bewegungen nicht entspricht. Das Salzgefäß umwerfen wird z. B. als Unglückszeichen angesehen, weil diese Handlung häufig Folge einer Spannung war, die unangenehme und selbst tragische Situationen erzeugte. Dies bedeutet wiederum, wie *Deutsch* es bei seinen Patienten während der Analyse feststellte, daß, so vollständig auch gewisse Haltungen individualisiert sein mögen, es auch solche gibt, die sich in typischen mit emotionalen Konflikten verbundenen Konfigurationen organisieren.

3. Der Ausdrucksaspekt in der Mensch-Zeichnung

Die Ausdrucksbewegungen äußern sich ziemlich unmittelbar in der Mensch-Zeichnung. Vor allem dem Gesicht kommt dabei eine bedeutende Rolle zu, weil es das Zentrum der wichtigsten Kanäle der Kommunikation mit der Umwelt ist. Diese Körperregion ist außerordentlich reich an Nervenendigungen und Muskeln, welche die unterschiedlichsten Äußerungen Gestalt annehmen lassen können. In den Untersuchungen von *Brunswik* werden selbst die sehr schematisierten Anordnungen von Augen, Mund und Nase so aufgefaßt, daß sie unterschiedliche Befindlichkeiten darstellen. Die Modifizierung der Distanzen zwischen diesen drei Elementen führt zu Veränderungen des Eindrucks, den man wahrnimmt. Verantwortlich dafür ist die Tatsache, daß wir gewohnt sind, Veränderungen in realen Gesichtern so aufzufassen, daß damit bestimmte Ausdrucksinhalte verbunden sind. Die Grundzüge der Lebensweise eines Individuums prägen ja auf die Dauer sein Gesicht. Das ständige Spiel der Muskeln verändert und formt das Gesicht entsprechend den Bedürfnissen des gesamten Organismus.

Auch das gezeichnete Gesicht spiegelt den allgemeinen geistigen Zustand einer Person getreulich wider. Die Angst, die Aggressivität und das Selbstvertrauen kommen normalerweise darin zum Ausdruck, wie wenn die Zeichnung eine zentrale Gefühlsbewegung enthüllen könnte. Trotzdem besteht keine unmittelbare Entsprechung zwischen der Zeichnung des Gesichts und dem Gesicht des Zeichners, obwohl auch dies vorkommen kann. Das von Schizophrenen – oder besser von der geringen Zahl von Schizophrenen, die noch ein Gesicht zeichnen können – gezeichnete Gesicht hat einen vagen, phantomartigen und embryonalen Charakter. Es kam auch schon vor, daß wir von einem jungen Mann, der unablässig lächelte, eine Zeichnung erhielten, die im Gegensatz zu seiner Mimik einen düsteren und depressiven Eindruck vermittelte. Dieser wurde noch verstärkt durch die Kleinheit der Proportionen und die Lokalisierung der Zeichnung am unteren Rand des Blattes. Das wahre Gesicht, und nicht nur das nach außen gezeigte, kann somit in der Zeichnung zum Ausdruck kommen.

Die aufrechte Haltung der gezeichneten Person ist nicht weniger interpretierbar als die aufrechte Haltung der realen Person, die eines der diagnostischen Indizien in der Untersuchung von *Wolff* darstellt. Sie kann fest sein: die Füße stehen sicher und mit gutem Gleichgewicht. Die Haltung kann auch schwankend sein und den Eindruck eines inneren Zusammenbruchs vermitteln. Dies war zum Beispiel der Fall in der Zeichnung einer verheirateten Frau, die in schwerwiegende familiäre und berufliche Schwierigkeiten verwickelt war; auf diese Weise drückte sie ihre Angst vor dem inneren Gleichgewichtsverlust aus. Die starre aufrechte Haltung mit aneinandergepreßten Füßen bei einem Mädchen kann ein Hinweis sein auf ihre Angst und ihren unterdrückten Wunsch nach sexueller Aggression.

Ebenso wie die Gesten ist die Haltung der Arme und der Beine mit grundlegenden persönlichen Einstellungen verbunden. Eine flexible ausgreifende Armhaltung kann als Ausdruck von Spontaneität und Beweglichkeit der Beziehungen zur Umwelt verstanden werden. Liegen die Arme am Körper an oder sind sie fest an ihn gepreßt, so kann dies als Hinweis auf das Bedürfnis gewertet werden, sich zu kontrollieren oder sich von den anderen zurückzuziehen.

Die Symmetrie, die den Eindruck der Identität der beiden Seiten des gezeichneten Körpers hervorruft, erweckt ebenfalls den Eindruck von Starrheit. Ebenso wie bei der Körperhaltung der realen Person kann diese Starrheit auf eine Hypothonie der Muskulatur als Abwehr gegen verbotene emotionale Tendenzen zurückgeführt werden. Die Zeichnungen eines zwanghaften Menschen sind ausgesprochen symmetrisch. Die Ordnung, in welche die unterschiedlich gezeichneten Körperpartien gebracht werden, ist dann ebenfalls symmetrisch im Sinne einer strikten Bilateralität. Es manifestiert sich der gleiche Zwang zur Selbstkontrolle wie bei dem Kind in der Latenzphase, welches aus Gründen der Symmetrie und Kontrolle die Steine des Gehsteiges aussucht, auf welche es seine Füße setzt. Die betonte Asymmetrie kann ein Übermaß an Spontaneität oder ein Bedürfnis nach Hyperaktivität zur Ursache haben.

Die Größe der gezeichneten Person und die Lokalisierung auf dem Blatt gehören zu den zuverlässigsten formalen Dimensionen sowohl bei der Handschrift als auch bei den Gestaltungen aus anderen motorischen Tests. Wie wir bereits erwähnten, hat *Allport* nachgewiesen, daß die Dimension Expansion/Kontraktion relativ konstant ist, was auch immer der Ausdrucksakt sei. Wer eine große

Mensch-Zeichnung anfertigt, hat die Tendenz, groß zu schreiben, und seine Gestaltungen im *Bender*-Gestalt-Test nehmen große Ausmaße an. Bei Paranoikern mit Größenwahnvorstellungen und bei bestimmten Psychopathen, deren Selbstwerterleben überhöht ist, kommen Zeichnungen vor, für welche mehrere Blätter benötigt werden. Sehr kleine Figuren finden sich häufig bei Depressiven und in geringerem Maße bei solchen Menschen, die die Tendenz haben, sich selbst abzuwerten. Das gehemmte Kind, dem es an Sicherheit fehlt und das die Tendenz hat, sich von seiner Umgebung zu isolieren, wird klein zeichnen. Die Größe, die einer männlichen oder weiblichen Person gegeben wird, entspricht der Bedeutung, die man seinem Geschlecht beimißt. Durch den Vergleich der Größenverhältnisse der beiden gezeichneten Menschen können wir Aufschlüsse erhalten über den Wert, den die Person sich selbst als männlichem oder weiblichem Mitglied der Gesellschaft zumißt.

Die für die Mensch-Zeichnung gewählte Stelle auf dem Blatt ist der Ort, den man sich selbst in der Beziehung zu anderen zuteilt, und entspricht dem Gefühl von der Position, die man in der Beziehung zu ihnen einnimmt. Rechter oder linker, oberer oder unterer Teil des Blattes werden entsprechend der Bedeutung gewählt, die man diesen Lokalisierungen zumißt. Die rechte Hand ist die aktivere, wir benutzen sie, um auf andere zuzugehen. Die linke Hand bleibt persönlicher, weniger der Erziehung unterworfen als die rechte Hand, welche lernt, übt und sich der Disziplin und Kontrolle unterwirft. Ebenso ist die linke Seite des Blattes »die Seite unserer selbst«, sie ist auf die Vergangenheit hin orientiert und vermittelt das reine Gefühl, das keiner Kontrolle und Erziehung unterworfen ist. Rechts dominiert das erworbene Können, die intellektuelle Kontrolle, alles was zur »Seite der anderen« gehört, die Orientierung auf die Zukunft hin. Die Lokalisierung der Zeichnung ändert sich mit dem Alter. Zwischen 8 und 10 Jahren stellt sich eine Verschiebung nach rechts ein. 61 % der Versuchspersonen im Alter von 8 Jahren und 41 % im Alter von 10 Jahren zeichneten ihre Person auf der linken Seite des Blattes (die Differenz zwischen den beiden Gruppen ist signifikant auf dem 5 %-Niveau, *Weider und Nollek*, 1953). Bei den Erwachsenen bleibt eine leichte Tendenz bestehen, die Person eher links zu zeichnen. Kann man annehmen, daß dies auf eine in unserer Kultur vorherrschende egoistische Tendenz zurückzuführen ist? Wird der Mensch ganz links gezeichnet, so entsteht der Eindruck, als ob die Person sich in ihrer Ecke verkriechen würde. Diese Tendenz weckt Angst und/oder regressive Tendenzen.

Die Zeichnungen 1 und 1a sind hierfür ein Beispiel. Die beiden Menschen befinden sich in der linken oberen Ecke des Blattes. Wir haben schon früher auf die Angst des Kindes in der Untersuchungssituation hingewiesen. Sie kommt auch beim *Wechsler*-Test in einem sehr unregelmäßigen Profil zum Ausdruck. Bei einem Gesamt-IQ von 123 finden sich sehr niedrige Ergebnisse im Untertest »Rechnerisches Denken« und »Zahlen-Nachsprechen«. Obwohl das Kind in Mathematik und Sprachen gut begabt ist, ist es nach Auskunft der Lehrer häufig unkonzentriert und kann »schwer bei der Sache bleiben«. Der regressive Charakter der Lokalisation des Menschen auf dem Blatt geht einher mit einem zweiten regressiven Zug der Zeichnung: dem Fehlen des Halses. Im *Bender*-Gestalt-Test zeichnet das Kind anstelle von Punkten gebogene Linien. Die Diskrepanz zwischen seiner intellektuellen und seiner emotionalen und sozialen Entwicklung tritt ganz deutlich zutage in seinen Beschäftigungen und seinem Verhalten im allgemeinen. Es bevorzugt kleinkindhafte Spiele zusammen mit bedeutend jüngeren Kindern. Es ist aggressiv, kann sich schlecht an Forderungen der anderen und der Realität anpassen und erwartet, daß seine Wünsche unmittelbar befriedigt werden.

Die Anordnung der Zeichnung genau in der Mitte des Blattes kann auch aus einer Tendenz zur Symmetrie hervorgehen, sie kann das Zeichen für Rigidität und Unsicherheit sein.

Die Lokalisierung der Zeichnung auf einer vertikalen Achse entspricht der psychologischen Bedeutung von oben und unten und steht in Verbindung mit dem Gefühl der Schwere unseres Körpers. Derjenige zeichnet eher oben, der sich leicht, optimistisch und voll Heiterkeit fühlt. Aufsteigen heißt: das Bessere erreichen. Eine der Bedeutungen dieser Lokalisierung kann Ehrgeiz sein.

Die Seite, von der ein Mensch sich darstellt, hat in der Zeichnung dieselbe Bedeutung wie in der Realität. Menschen, die in Rückenansicht gezeichnet werden, sind ziemlich selten. Sie können den Wunsch ausdrücken, die eigene Persönlichkeit zu verstecken, sich von seiner Umwelt abzuschließen oder ihr Widerstand zu leisten. In den Zeichnungen 7a und 7b ist die weibliche Figur von hinten und die männliche im Profil gezeichnet. Die Jugendliche, von der sie stammen, hat gute Beziehungen zu ihren Freundinnen, aber sie empfindet das Bedürfnis, sich nach außen hin zu verschließen. Sie mißtraut den Erwachsenen und hat das Gefühl, sich bei der Lösung ihrer Probleme nicht auf sie verlassen zu können.

Die gleiche Position findet sich in der Zeichnung 2b, aber ihr kommt weniger Bedeutung zu, weil die beiden Personen der Zeichnungen 2 und 2a en face gezeichnet sind. Esther hat diese letztere Zeichnung aufgrund ihrer Hyperaktivität noch spontan hinzugefügt. Sie stellt eine Frau dar – ihre Mutter, die ständig beschäftigt ist und mit der sie sich identifiziert –, die den anderen den Rücken zukehrt, um ihren Haushalt zu besorgen.

Die Profilzeichnung tritt sehr viel häufiger auf. Die Hälfte der von *Weider* (1950) untersuchten Knaben im Alter von 8–10 Jahren zeichnet ihren Menschen, gleich welchen Geschlechts, im Profil; jedoch zeichnen dreiviertel der Mädchen die Vorderansicht. Auch *Morris* (1955) kommt zu dem Ergebnis, daß Jungen häufiger im Profil zeichnen als Mädchen. Im allgemeinen wird die Profilzeichnung als ein Hinweis auf expansive Tendenzen der Persönlichkeit gedeutet. Vielleicht sind die Mädchen, wenn auch auf oberflächlichere Weise, stärker sozial eingestellt und offener gegenüber menschlichen Kontakten, was ihre Bevorzugung der en-face-Zeichnung erklären würde. Eine andere Interpretation hierfür könnte eine Tendenz zum Exhibitionismus sein, wie er für weibliche Personen charakteristischer ist. Andererseits bevorzugten Jungen, die aktiver und sportlich trainierter waren, das Profil, weil es ihnen ermöglichte, Körperbewegungen darzustellen. Die Profilzeichnung tritt später auf als die en-face-Zeichnung. Bestimmte Autoren haben diese Tatsache der Entwicklung der Intelligenz zugeschrieben, aber *Morris* (1955) und *Weider* (1950) haben bei den von ihnen untersuchten Kindern keine bedeutsame Korrelation gefunden. Wenn kleine Kinder häufiger en face als im Profil zeichnen, so liegt der Grund hierfür vielleicht in ihrer größeren Offenheit und ihrer größeren Abhängigkeit.

Zeichnet man im Profil, so ist es in den allermeisten Fällen zur linken Seite hin gerichtet, wie aus der Untersuchung von *Zazzo* (1950) hervorgeht. Der Anteil schwankt zwischen 78 % und 84 %. *Jensen* (1952) stellt dieselbe Tendenz bei seiner Stichprobe von 1018 amerikanischen, norwegischen und ägyptischen Kindern fest. Ganz gleich wie die Richtung ist, in der geschrieben oder gelesen wird, in allen kulturellen Gruppen zeigt sich die Tendenz, nach links orientierte Profile zu zeichnen. Die aus einem sozioökonomisch gehobenen städtischen Milieu stammenden Amerikaner weisen eine akzentuiertere Tendenz auf als Versuchspersonen derselben Nationalität, die aus einem sozioökonomisch niedrigen ländlichen Milieu stammen. Wie *Zazzo* und *Jensen* gezeigt haben, bilden die Linkshänder eine Ausnahme von dieser Regel: sie orientieren das Profil nach rechts. Die nach rechts gerichteten Profile sind bei Mädchen und Jugendlichen häufiger. *Zazzo* schließt aufgrund der Richtung nach rechts bei opponierenden oder stark introvertierten Individuen in bestimmten Fällen auf Schizophrenie. Er ist der Ansicht, daß die Links-Orientierung eine Folge der Handmotorik ist. Die rechte Hand, deren Finger und Handgelenk gebogen sind, führen natürlicherweise eine Linksbewegung aus. Diese sehr frühe Gewohnheit, die sich bereits beim Zeichnen eines Kreises zeigt, überträgt sich auf die Profilzeichnung und bleibt bestehen. Es ist so, als ob die Motorik zu einer Form der Empfindung würde: das Auge, das zuerst der Hand gefolgt ist, führt sie nun in der Art, die es von der Hand erlernt hat.

Die Erklärung von *Zazzo* ist jedoch problematisch. Es ist nicht erwiesen, daß die Universalität der Links-Bewegung genetisch bedingt ist. Wäre sie tatsächlich so universell, wie der Autor glaubt, so müßte man dennoch fragen, warum man sie gerade in der Profilzeichnung findet. Die Tatsache, daß man lernt, von links nach rechts zu schreiben, stört den Autor nicht. Es muß also spezielle Gründe für sein selektives Beharren geben, weil die Links-Richtung nicht für alle graphischen Betätigungen gilt. Die von *Zazzo* herangezogene Gewohnheit selbst müßte erklärt werden. Welches sind die Determinanten – ökonomische, energetische und Persönlichkeitsfaktoren –, die diese Bewegung der Hand bewirken? Schließlich erlaubt es die gegebene Erklärung nicht, eine klare Vorstellung von dem Bereich der Abweichungen zu gewinnen, in welchen das Profil nach rechts gerichtet ist. Müssen andere Faktoren als die erwähnten mit herangezogen werden, die Introversion z. B.? So wahrscheinlich dies ist, es müßte nachgewiesen werden. Nach unserer Ansicht ist das Phänomen bisher noch ungeklärt.

Vielleicht fragen wir uns zunächst, welches die psychologische Funktion der Orientierung des Profils ist. *Wolff* hat einige Untersuchungen durchgeführt, die uns an die asymmetrische Verteilung der Organe im menschlichen Körper erinnern. Selbst das Gehirn, das die hauptsächlichen Funktionen des Organismus zentralisiert, ist nicht symmetrisch. Die linke Seite des Rumpfes hat nicht die gleiche physiologische Bedeutung wie die rechte (z. B. was die Position des Herzens und der Leber betrifft).

Wolff (1943) nimmt Fotografien, die en face aufgenommen wurden, teilt sie in zwei Teile, eine linke und eine rechte, und setzt dann zwei Fotografien aus zwei rechten und zwei linken Hälften zusammen. Er kommt zu einer Reihe von interessanten Feststellungen.

a) Zeigt man einer Versuchsperson ihre eigene Fotografie vermischt mit derjenigen einer anderen Person, so erkennt sie sich selbst häufiger in der »linken«

Fotografie wieder, während sie den anderen häufiger in der »rechten« Fotografie erkennt.

b) Der Eindruck von einem anderen beruht grundsätzlich auf einer »rechten« Fotografie.

c) Die »rechte« Fotografie vermittelt den Eindruck der Lebendigkeit und der Individualität. Sie wird bezeichnet als vital, empfindsam, anregend, frei, aktiv, energisch, brutal, sozial, bewegt. Die »linke« Fotografie erscheint als starr, tot, konzentriert, zurückhaltend, passiv, dämonisch, einsam, rigide.

Diese Resultate geben sicherlich keine Antwort auf das »Warum« der Prädominanz des linksgerichteten Profils, sie regen jedoch zu Forschungen an, die zu einer Antwort führen könnten.

Die Art der Strichführung ist eine der Ausdruckskomponenten, auf die man am wenigsten verzichten kann und die unmittelbar in Verbindung steht mit der Kontinuität der Geste. Als Resultat der muskulären Spannungsentladung beim Zeichnen auf dem Blatt kann der Strich leicht, sehr stark oder weich sein. Eine starke, impulsive Strichführung, die das Papier beschädigt, enthüllt Aggressivität. Auf diese Weise drücken die Schizophrenen das Übermaß ihrer Aggression aus. Die innere Spannung kann ebenfalls zu einer wiederholten Verstärkung der Linien führen. Die Unterbrechung und der Wechsel der Art der Strichführung kann bei jedem Körperteil vorkommen, an den sich Konflikte geheftet haben. Undeutliche Linien entsprechen Angst, Unentschlossenheit und geringem Selbstvertrauen. Dies ist der Fall bei den Zeichnungen 8 und 8 a, deren Strich so wenig sichtbar ist, daß es schwer war, sie zu fotografieren. Auch die Schattierung ist trotz der Dichte mit schwachen Linien gezeichnet.

Motorische Koordination zeigt sich in der Fähigkeit, spitze und gebogene Linien zu zeichnen; das Versagen in dieser Hinsicht kann als Hinweis auf einen organischen Defekt gelten. Zuweilen haben die Linien eine gleichbleibende Stärke und sind gleichmäßig durchgezogen, zuweilen wechseln sie ihr Aussehen oder die Richtung, oder sie weisen Unterbrechungen auf. Eine Übertreibung im ersteren Sinne stellt eine Begleiterscheinung der Starrheit der Persönlichkeit dar, im zweiten Sinne ein Fehlen von Kontrolle. Wir weisen hier auf die Zeichnungen zweier jugendlicher Zwillinge beiderlei Geschlechts hin. Bei dem Mädchen ist der Strich einheitlich und durchgezogen; ihre Rigidität entspricht der allgemeinen Starrheit der Körperhaltung der gezeichneten Personen, und sie geht aus einer Hemmung der Emotionalität hervor. Bei dem Jungen korrespondiert die Vernachlässigung der Strichführung mit dem Fehlen des Halses, der Schrift, die an diejenige eines achtjährigen Kindes erinnert, und mit dem regressiven Charakter seiner Spiele und seines allgemeinen Verhaltens (Figuren 1 und 3).

Die Schattierungen sind ein Ausdruck von Ängstlichkeit. Ist die ganze Figur schattiert, so liegt die Ursache in einer heftigen Ablehnung des Körpers, seiner Impulse und deren Befriedigung. Ist die Figur teilweise schattiert, so wird man nach Konflikten und einer relativen Sensibilität in bezug auf die schattierten Körperteile suchen. In der Zeichnung 8 ist die Schattierung auf der Brust der weiblichen Figur 8 a ein Hinweis auf einen Abhängigkeitskonflikt bezogen auf die Mutter.

Rachel (Figuren 6 und 6 a) hat bei ihren Personen den Hals dargestellt. Dies kommt bei Kindern ihres Alters nicht häufig vor. Sie hat frühzeitig einen erhöhten Grad an Koordination und Kontrolle ihrer Impulse erreicht. Dies ist nicht ohne gewisse Konsequenzen möglich. Der Ansatz des dargestellten Halses ist anatomisch nicht richtig. In beiden Zeichnungen wird er auf sehr eigenartige Weise behandelt: in der 1. Zeichnung ist der Hals stark schattiert (mit der Kontrolle verbundene Ängstlichkeit) und in der anderen Zeichnung in die Länge gezogen (Strenge des Überichs).

Die Art der Schattierungen hat eine noch größere Bedeutung als die Schattierung selbst. Eine zarte Schattierung findet sich häufig bei normalen Personen. Nicht weniger wichtig ist die Zeit, die zum Schattieren benötigt wird; die darauf verwendete physische Energie sowie die Tatsache, ob die zeichnende Person noch einmal auf die Schattierung zurückkommt, um sie zu verstärken.

In dem Maße, wie die Strichführung unmittelbar der muskulären Spannung und dem psychosomatischen Zustand folgt, übermittelt sie mit größerer Genauigkeit als die verbale Sprache die Bewegungen des Organismus. Nach *Michael Smith* (1933) kann die Qualität des Strichs in dem Haus-Baum-Mensch-Test als Hinweis auf eine zerebrale Schädigung gelten. Auf diese Weise ist eine Differenzierung möglich zwischen einer Gruppe von 5 – 16 Jahre alten Jungen, deren EEG normal ist, und einer vergleichbaren Gruppe, deren EEG Auffälligkeiten aufweist. Natürlich kann man die Qualität des Strichs nicht bewerten, ohne die berufliche (manuelle oder intellektuelle) Tätigkeit, das Alter und die zeichnerische Begabung der untersuchten Person zu berücksichtigen.

Bei dem Versuch, die im Mensch-Test im allgemeinen als normal oder strukturell betrachteten Charakteristiken mit dem allgemeinen Feld des Ausdrucksverhaltens zu verbinden, müssen aber einige Einschränkungen gemacht werden.

Als erstes dürfen wir die Ausdruckscharakteristiken, wie sie im Test von *Machover* hervortreten, nicht als identisch mit den Ausdrucksbewegungen der realen Personen betrachten. Es besteht keine Identität, sondern eine psychologische Beziehung in dem Sinne, daß die dem Ausdruck der realen Personen zugrunde liegenden Prozesse auch in der Mensch-Zeichnung zur Geltung kommen. Die theoretische und experimentelle Erforschung der Ausdrucksfähigkeit kann dazu beitragen, die Interpretation dieses und auch anderer Zeichentests zu bereichern.

Zweitens ist die Unterscheidung zwischen projektiven und ausdrucksmäßigen Aspekten etwas künstlich. Die Mensch-Zeichnung ist einmalig und unteilbar, Produkt einer Gesamtpersönlichkeit. Die gleichen Elemente können gleichzeitig zwei Aspekte zum Ausdruck bringen. Man kann deshalb einer zu starren Unterscheidung zwischen dem mit dem Körperbild verbundenen projektiven Aspekt und dem Ausdrucksaspekt nicht genug mißtrauen. Die einzige Bedeutung, die man dieser zumessen kann, ist die dadurch gegebene Möglichkeit, Konflikte, Einstellungen und die Lebensweise des als eine dynamische Einheit aufgefaßten und beschriebenen Individuums zu erhellen.

Die Ausdrucksfähigkeit ist übrigens aufs engste verbunden mit dem Körperbild. Die Regression auf ein früheres Körperbild weist auf eine parallele Veränderung der Körperbewegungen hin und das Körperbild kann sich durch neugewonnene Fähigkeiten im Bereich des Ausdrucks (Mimik, Tanz) verändern. Eine gewisse Anzahl von Aspekten kann man darüber hinaus nicht eher unter einer bestimmten Rubrik als unter einer anderen klassifizieren, andere Aspekte gehören bald zur einen bald zur anderen Rubrik. Die Aufeinanderfolge der unterschiedlichen Teile der Zeichnung, die Bewegung und die Aktivitäten, mit denen die Person befaßt ist, bewirken ein komplexes Spiel der Dimensionen, und sie stehen gleichzeitig in Beziehung zu Phänomenen der Projektion wie des Ausdrucks. Die Größe der gezeichneten Person wird als Ausdrucksaspekt klassifiziert, weil derjenige, der groß zeichnet, gleichzeitig groß schreibt, in großen Schritten geht und in seiner Umgebung viel Raum einnimmt. Die Größe kann andererseits als projektiver Aspekt betrachtet werden, wenn man sie als eine Konzentration auf sich selbst auffaßt, die in Verbindung steht mit imaginären Kompensationen, durch welche die Beziehungen zur Umgebung verfälscht werden, hier: die Beziehung zwischen der gezeichneten Person und dem Rand des Blattes, das die gegebene Realität versinnbildlicht.

Das Ziel der Klassifikation beschränkte sich somit auf eine Annäherung der Forschungsgebiete, auf die Erarbeitung theoretischer Grundlagen und auf die Anregung weiterer Beobachtungen. Wir haben also nicht versucht, einen Katalog von Aspekten aufzustellen, was einer Gesamtsicht der verschiedenen, in der Praxis voneinander abhängigen Gegebenheiten geschadet hätte.

In einer dritten Hinsicht muß die notwendige Synthese der projektiven und ausdrucksmäßigen Aspekte zu einer komplexen Bewertung führen, auf deren Grundlage bestimmte Aspekte andere kontrollieren. Jeder Aspekt erhält seinen wahren Sinn nur innerhalb und vermittels der Gesamtheit der Gegebenheiten. Aber ihre Beziehung ist nicht unbedingt identisch oder von absoluter Übereinstimmung. Eine solche ist selten; sie geht eher aus einer Rigidität und einer pathologischen Uniformität als aus einem normalen Zustand hervor. Es kommt vor, daß sie bei einfachen, gut integrierten, aber unentwickelten Persönlichkeiten vorhanden ist. Die normale Persönlichkeit, »unitas multiplex«, weist notwendigerweise eine Heterogenität der Hinweise auf. Es bestehen somit unterschiedliche Grade von Einheit und Konsistenz der zeichnerischen Aspekte, so wie es unterschiedliche Grade der Integration und der Einheit der Persönlichkeit gibt.

Die »Unstimmigkeit« zwischen den Hinweisen bedeutet nicht, daß die unterschiedlichen Aspekte nicht verstanden werden könnten und daß ihre Beziehungen keinen Sinn annehmen könnten in bezug auf die Dynamik der Persönlichkeit. Die Kontur des Kopfes etwa kann sehr deutlich und kräftig gezeichnet sein, die Teile des Gesichts dagegen undeutlich und lückenhaft. Hier steht ein sehr starker Wunsch nach sozialem Kontakt im Kontrast zu der Gehemmtheit und der Schüchternheit. Je bedeutsamer und häufiger diese Widersprüche sind, um so eher wird man vermuten, daß es dem untersuchten Individuum an Integration mangelt.

Man kann nicht eine einfache und eindeutige Handhabung der Aspekte eines Tests anstreben, der komplexe und multidimensionale Prozesse widerspiegelt.

VI. Methodologie und Forschung

Die durch einen projektiven Test vermittelten Informationen beruhen auf drei Faktoren: der Natur des Tests selbst, dem Psychologen, der ihn anwendet, und der Quantität und Qualität der dem Test gewidmeten Forschung. In den ersten Kapiteln versuchten wir die Eigenheiten der Mensch-Zeichnung herauszustellen. Dabei haben wir bereits einige der Untersuchungen angeführt, die der Beschreibung und der Analyse des Tests gewidmet wurden. Wir wenden uns nun denjenigen Studien zu, die sich mit seinen methodologischen Besonderheiten befassen.

1. Die Reliabilität

Machover schreibt über die Reliabilität des Mensch-Tests: »Es kommt vor, daß die Zeichnungen von Kranken, die man nach einem Intervall von mehreren Jahren erhält, sich in erstaunlichem Maße ähneln, so daß sie eine Art persönliches Kennzeichen darstellen« (*Machover*, 1949, S. 6).

Wir selbst haben zuweilen eine solche Ähnlichkeit der Zeichnungen ein und derselben Person nach einer Periode von einem Monat bis zu 2 Jahren festgestellt. Sie konnten geradezu als identisch angesehen werden. Es kommt auch vor, daß die Zeichnungen sich unterscheiden, doch ist ihre Gleichwertigkeit offensichtlich: Neue Aspekte der Persönlichkeit sind aufgetaucht, oder es haben sich infolge des Alters oder einer gelungenen Anpassung Veränderungen während dieses Intervalls vollzogen. Die Untersuchungen zur Reliabilität hatten im allgemeinen sehr zufriedenstellende Resultate. Zunächst gehen wir auf Probleme der Übereinstimmung zwischen den Beurteilern ein. *Lehner und Gunderson* (1952) unterzogen 90 Studenten der beiden Geschlechter im Alter von 18 – 26 Jahren dem Mensch-Test in einem Intervall von 4 Monaten. Die Übereinstimmung zwischen den Einschätzungen ein und desselben Beurteilers nach einer Woche Intervall beträgt 92 %, die Übereinstimmung zwischen den Beurteilern 83 % und die Konstanz der Schätzungen der Beurteiler von Tests zu Retests 64 %. *Machover* hält die formellen Charakteristika der Zeichnungen für stabiler im Vergleich zum Inhalt. *Lehner und Gunderson* analysieren jedoch 21 Elemente in Verbindung mit diesen beiden Aspekten der Zeichnung, ohne eine größere Stabilität in einem der beiden Bereiche zu finden. Als die Aspekte mit der größten Konstanz stellten sich folgende heraus: der Körpertyp, das Detail, die Haltung, außergewöhnliche Zeichnungen, das Detail innerhalb der Zeichnung des Körpers, die Durchsichtigkeit. Die Elemente mit der größten Variabilität sind: die Linien des Oberkörpers, die Lokalisation auf dem Blatt, der Mund, die Haltung der Hände.

Starr und Marcuse untersuchten die Reliabilität des Mensch-Tests bei 193 Studenten. Eine Gruppe wurde unmittelbar darauf erneut getestet, die andere Gruppe einen Monat später. Die Länge der Intervalle zwischen Test und Retest hat keine Auswirkung. Die Autoren untersuchten darüber hinaus 7 Faktoren, von denen sich fünf als konstant erwiesen: die Lokalisation der Zeichnungen auf dem Blatt, die Perspektive, die Auslassungen im Gesicht, die Höhe, die Oberfläche des Gesichts im Verhältnis zum Körper. Ein Faktor ist inkonstant, nämlich das Vorhandensein oder Fehlen sexueller Symbole. Der letzte Faktor, das Geschlecht der ersten gezeichneten Person, erwies sich nur bei Knaben als konstant. (Wir werden diese außerordentlich bedeutungsvolle Tatsache im letzten Kapitel analysieren.)

Man sieht nach diesen Untersuchungen, daß die Reliabilität gegeben ist, allerdings ist sie keineswegs zufriedenstellend. Darüber hinaus sind die Resultate in der einen wie in der anderen Untersuchung ermutigend, ohne daß sie in dieser oder jener Beziehung vollständig übereinstimmen: so etwa ist die Lokalisation auf dem Blatt ein stabiles Element in der Untersuchung von *Starr und Marcuse*, dagegen nicht in derjenigen von *Lehner*. Vielleicht könnte die Arbeitsweise oder die Untersuchungsmethode dies erklären. Dieser Umstand führt uns wieder zu der Annahme, daß die Konstanz der betreffenden zeichnerischen Elemente von der Konstanz der Persönlichkeitsaspekte abhängt, die sie zum Ausdruck bringen. Man könnte sich fragen, ob die bei Studenten nicht konstanten sexuellen Symbole bei solchen Personen, die zur Reife gelangt sind, nicht doch konstant sind. Die Reliabilität eines projektiven Tests kann nicht auf mechanische Weise untersucht werden, sondern man muß sie abwägen in bezug auf die Veränderungen der untersuchten Person.

Albee und Hamlin (1949) gelangen mit einer anderen Methode zu ebenfalls befriedigenden Resultaten. Sie teilen 15 Beurteiler in 2 Gruppen auf, kombinieren die in jeder Gruppe verteilten Ränge und korrelieren die beiden kombinierten Rangserien. Diesen waren 10 Zeichnungen zugeordnet, welche von normalen Personen bis hin zu delirierenden und halluzinierenden Psychotikern stammten. Die Autoren errechneten eine Korrelation von .95. Vergleicht man die Klassifizierungen eines Beurteilers mit denen eines anderen aus einer Gruppe von 4 Beurteilern, die mehrere Beurteilungsskalen benützen, so verteilen sich die Koeffizienten zwischen .52 und .85 (*Goldworth*, 1950).

Um das Problem der Reliabilität zu lösen, ohne durch die sich ändernden zeichnerischen Charakteristika behindert zu sein, schlägt *Osterrieth* (1957) vor, mehrere Zeichnungen im Verlauf einer Untersuchung anfertigen zu lassen. Kinder sollen fünf- oder sechsmal zeichnen, Erwachsene bis zu viermal. Der Autor nimmt an, daß die konstanten Charakteristika typisch für die Versuchsperson sind, vergleichbar der Physiognomie oder dem Gang, während die inkonstanten Züge eher Folge besonderer Bedingungen sind, so etwa Gesten, die nicht zum gewöhnlichen Verhaltensrepertoire gehören. Wir sind in unserer praktischen Tätigkeit demselben Prinzip gefolgt und haben den Mensch-Test mehrmals vorgelegt, wenn wir das Kind wiederholt untersuchen konnten. Tatsächlich stellt dies eine wünschenswerte Praxis dar, weil sie uns in der aktuellen Testsituation ein gutes Kontrollmittel an die Hand gibt, obwohl die Vorlage anderer projektiver Tests zum gleichen Ziel führen würde. Die Erklärung *Osterrieths* kann jedoch nicht ohne weiteres akzeptiert werden. Wir sehen nicht, warum das, was nicht konstant ist, von geringerem diagnostischem Wert sein sollte, als das, was konstant ist. Im Gegenteil werden die inkonstanten Merkmale von realem Wert sein, wenn wir die Bedingungen genau festlegen, unter denen das »variable« Merkmal auftritt. Es ist nicht immer die Häufigkeit einer Verhaltensweise, welche ihr die Bedeutung für ein Individuum verleiht. Wenn etwa die sexuellen Symbole nicht auf konstante Weise in den Zeichnungen von Studenten auftreten, so hat ihr Erscheinen oder ihr Fehlen keine geringere Bedeutung für das Verständnis der Persönlichkeit.

Ein zwölfjähriges Mädchen, das von seinem Lehrer als negativistisch beschrieben wird, zeichnet beim ersten Kontakt Personen in Rückenansicht, bei der zweiten Begegnung dagegen en face. In Übereinstimmung mit anderen Daten kam in diesem Fehlen von »Reliabilität« der Umstand zum Ausdruck, daß die negative Einstellung an die Ängstlichkeit der ersten Kontakte gebunden war. Diese Einstellung entwickelte und verstärkte sich in einem Teufelskreis aufgrund der Reaktionen der anderen in der Schule, so daß sie schließlich in diesem Rahmen chronischen Charakter annahm. In der toleranteren Untersuchungsatmosphäre konnte sie diese Einstellung aufgeben.

2. Die Validität

Die Mehrzahl der in diesen Rahmen gehörenden Untersuchungen dient dem Zweck, die Ergebnisse im Mensch-Test in Vergleich zu anderen Kriterien zu setzen. Im allgemeinen vergleicht man die mit diesem Test erhaltene Diagnose mit den aus anderen projektiven Tests hervorgegangenen Diagnosen, mit einer psychiatrischen Diagnose oder mit der von mehreren kompetenten Beobachtern durchgeführten Beobachtung und Beschreibung des Verhaltens der Versuchsperson. Man könnte hier eine Aufstellung einer großen Zahl von Untersuchungen dieser Art geben. Ihre Schlußfolgerungen sind sowohl positiv wie auch negativ, zuweilen widersprüchlich. Die Durchsicht dieser Untersuchungen hat uns bestätigt, daß die Validität des Mensch-Tests ohne Ausnahme gegeben ist. Darüber hinaus stimmen die Testdaten mit den Ergebnissen anderer Tests oder der psychiatrischen Beobachtung überein, wenn die Untersuchung auf einen individuellen Fall gerichtet ist, wobei man im allgemeinen eine reiche Information erhält. In diesem Fall gelangt man zu einer genügend tiefgreifenden und detaillierten Kenntnis der Persönlichkeit, und die verschiedenen Charakteristika der Zeichnungen werden verglichen mit den unverarbeiteten Daten, mit den spezifischsten und den originellsten Aspekten, aber nicht mit Diagnosen, die sich auf allgemeine Begriffe oder theoretische Konzepte stützen, wie Schizophrenie oder Zwangsneurose. In der Mehrzahl der untersuchten Fälle kann man mit Hilfe der Zeichnungen die Veränderungen des untersuchten Individuums verfolgen und sie im Licht eines anderen Kriteriums kontrollieren. In diesem Fall ist die Methode streng ideographisch und bezieht sich auf die Einmaligkeit des Individuums.

Ein solcher Fall wird von *Cramer-Azima* (1956) beschrieben. Ein junger Mann zeigte infolge einer ausgedehnten Arbeit über Beryllen eine außergewöhnliche Müdigkeit und einen erschöpfenden Husten. Während 28 Tagen unterzieht man ihn einer ACTH-Behandlung. Man analysiert seine Mensch-Zeichnung vor der Behandlung, am 21. Tag der Behandlung und 2 Monate nach dem Ende der Kur. Parallel dazu werden seine Antworten im *Rorschach* und die Beschreibungen seines Zustandes durch die Ärzte und Krankenschwestern in die Analyse miteinbezogen. Die Zeichnungen spiegeln die durch die Behandlung herbeigeführten Veränderungen der Persönlichkeit getreu wider. Vor der Behandlung ist die Zeichnung von geringer Größe, wenig detailliert. Die gehemmte Aggressivität projiziert sich in den geballten Fäusten und der gedrungenen und rigiden Haltung der Personen. Die Persönlichkeit erweist sich hierin als schwach, ein wenig deprimiert und kooperativ. 10 Tage nach dem Beginn der Behandlung stellte die Gruppe der Therapeuten eine Verbesserung des körperlichen Zustandes fest, aber auch eine gewisse Ängstlichkeit, Symptome von Depression und einer Schwierigkeit, ruhig auf einem Platz zu verharren. Die Besserung des körperlichen Wohlbefindens und des Selbstvertrauens, begleitet von depressiven Tendenzen, werden durch die Zeichnungen bestätigt. Sie sind größer als beim ersten Mal, der Druck des Striches und die Schattierungen sind schwächer, die Hände und der Mund werden mit einiger Aggressivität dargestellt, die männliche Person befindet sich jetzt in einer sitzenden Haltung. Extreme Veränderungen veranlaßten die Mediziner, die Behandlung nach 28 Tagen zu unterbrechen. Das ACTH hat sich in diesem Fall enthemmend ausgewirkt, der Kranke ist aggressiv geworden, er ist euphorisch und am 27. Tag sogar etwas verwirrt. Am 21. Tag der Behandlung sind die Zeichnungen außergewöhnlich großflächig, die Linien sind mit äußerstem Druck gezogen. Zusammen mit dieser Verminderung der Kontrolle drückt sich die Feindseligkeit in der Darstellung der Zähne und der spitzen Form der Finger aus. Die sexuellen Impulse sind ebenfalls verändert. Der gezeichnete Mann ist nicht mehr »ein müder alter Mann«, sondern »ein energiegeladener Student«. Die Nase ist breit und die Krawatte unproportioniert. Die Frau wirkt mit ihren geschminkten Lippen und dem vollen Haar aufreizend. (Die Krankenschwestern stellten ein plötzliches Anwachsen sexueller Impulse fest.) Im *Rorschach* wirkt der Untersuchte spontaner, aggressiver, weniger deprimiert. Zwei Monate später ist die Verbesserung des körperlichen Zustandes offensichtlich, ohne äußere Zeichen von Ängstlichkeit und Feindseligkeit. Der Kranke sieht seiner Zukunft mit Optimismus entgegen. Die Mensch-Zeichnung kehrt zu einer normalen Größe zurück, die aggressiven Charakteristiken verringern sich, der Strichdruck und das Spiel der Schatten sind abgeschwächt. Zum ersten Mal findet man keine Überbetonung der Mittelachse des Körpers, welche in allen seinen anderen Zeichnungen auf die durch die Krankheit hervorgerufenen Belastungen hinweist. Zum ersten Mal wird auch Bewegung dargestellt, Arme und Hände sind detaillierter, als ob der Patient eine gesteigerte Aktivität und Interesse gegenüber der Umwelt projizierte.

In einer anderen Untersuchung werden uns zwei psychotische Zwillinge im Alter von 35 Jahren vorgestellt. Einer der beiden unterzieht sich einer Lobotomie. Mit beiden werden folgende Tests durchgeführt: *Rorschach*, Mensch-Test, *Bender*-Test (die Zeichnungen und das Psychogramm des *Rorschachs* sind vollständig veröffentlicht). Die erste Untersuchung wird vor der Operation durchgeführt, und die Untersuchungen werden monatlich während 9 Monaten wiederholt. Im Verlauf dieser Periode wird das Verhalten der Zwillinge genauestens aufgezeichnet. Es stellt sich heraus, daß der nicht operierte Zwilling während der gesamten Untersuchungsperiode weder in Tests noch sonst sein Verhalten ändert. Im Gegensatz dazu verbessern sich die postoperativen Protokolle des zweiten Zwillings von Monat zu Monat. Vor der Operation reagiert er im *Bender*-Test wie im Mensch-Test mit einem sinnlosen Gekritzel, ganz wie sein Bruder. Im *Rorschach* sind die Antworten bizarr und dissoziiert. Bereits einen Monat nach der Operation finden sich Anzeichen für eine bessere Kontaktaufnahme mit der Realität im *Bender*- wie im *Rorschach*-Test. In der Mensch-Zeichnung erscheint eine erkennbare Person, obwohl sie noch reich an Anomalien ist. Zur Zeit der letzten Beobachtungen kann der Operierte am Rehabilitations-Programm des Krankenhauses teilnehmen. Die Ergebnisse der drei Tests bestätigen sich gegenseitig und belegen gleichzeitig, daß der Untersuchte wieder kooperativ und realitätsorientiert wird, obwohl er unheilbar krank ist und die Charakteristiken der Lobotomierten zeigt: das Fehlen von Interesse, Initiative und emotionalen Reaktionen.

Murstein (1958) verfolgt in einem Intervall von 5 Monaten die Veränderungen der Produktionen im *Rorschach*, im Mensch-Test und im *Wechsler*-Intelligenz-Test eines an Leukämie erkrankten zwölfjährigen Kindes. Sein Verhalten wird parallel dazu in den Stunden einer Spieltherapie verfolgt. In dem Maße, in dem die Krankheit fortschreitet, beobachtet man im Verhalten des Kindes eine zunehmende Apathie und eine zunehmende melancholische Verstimmung in seinen Reaktionen auf vitale Aktivitäten. Es zeigt kein Interesse mehr für die Spiele und die Unterhaltung, und es beschäftigt sich mit Fernsehen auf eine sehr gleichgültige Weise. Das Fortschreiten der Krankheit ist nicht von einer intellektuellen Schädigung begleitet. Die Tendenz »Sich-gehen-zu-Lassen« und sich überhaupt um nichts mehr zu kümmern, spiegelt sich beim *Rorschach*-Test im Nachlassen der Genauigkeit der Wahrnehmung. (Der Prozentsatz der W-Antworten nimmt ab.) Die ersten Zeichnungen sind wohl abgegrenzte Kompositionen, während die letzten karg, verschwommen und regressiv sind. Die beiden Tests und die Beobachtungen stimmen insofern überein, als sie analoge Prozesse beleuchten, die sich auf die Veränderung der Haltung gegenüber dem Leben beziehen. Das Kind wird zunehmend fatalistisch, als ob es sich gegen die heftige Angst wehren wollte, die aus einer grausamen Krankheit entstanden ist.

Diese Übereinstimmung zwischen den Ergebnissen im Mensch-Test und in anderen projektiven Tests erweist sich dann nicht immer als beständig, wenn man von einer Methode der intraindividuellen Forschung zu einer interindividuellen hinüberwechselt. Eine Studie von *Blum* (1954) gibt hierfür ein Beispiel. Bei einer Gruppe von 31 neurologisch erkrankten Patienten vergleicht er mit Hilfe einer Methode der Blindanalyse die Ergebnisse im Mensch-Test mit den Ergebnissen, die in einer Test-Batterie erzielt wurden. Diese setzte sich zusammen aus dem *Rorschach*-Test, dem MMPI, einem Satzergänzungs-Test und einer Prüfung von Wort-Assoziationen. Schließlich kamen Beurteilungen der Psychiater hinzu. Es findet sich keine statistisch bedeutsame Übereinstimmung zwischen den Ergebnissen im Mensch-Test und den Ergebnissen in den übrigen Tests. Die Korrelation war aber auch nicht höher oder geringer als die Korrelationen zwischen den Ergebnissen der unterschiedlichen Tests der Batterie. Solche für den gesamten Bereich der projektiven Tests enttäuschenden Resultate vertragen sich schlecht mit dem Beitrag, den die projektiven Verfahren für die heutige klinische Arbeit leisten. Diese Diskrepanz läßt uns nach Gründen für das hier festgestellte Scheitern suchen. Zunächst wollen wir anmerken, daß *Blum* eine ungenügende

Übung in der Verwendung der Einschätzskalen erwähnt. Außerdem weist er auf die Probleme semantischer Ordnung hin, welche sich aus der Verwendung der deskriptiven und diagnostischen Terminologie seiner Untersuchung ergab.

Korner und Westwood (1955) lassen durch drei Beurteiler das Niveau der Anpassung von 96 Studenten gemäß ihren Ergebnissen im Mensch-Test und im *Rorschach* einschätzen. Die Korrelation zwischen den Schätzungen der Beurteiler ist ziemlich gering, jedoch signifikant auf einem unter p = .01 liegenden Niveau.

Andere Projekte untersuchen die Fähigkeit des Mensch-Tests, zwischen Gruppen von Kranken oder zwischen pathologischen und normalen Personen zu differenzieren. Hier sind die Resultate noch vieldeutig und wenig schlüssig; sie vermögen die Validität der Technik weder zu belegen noch zu widerlegen. Wir wollen eine gewisse Anzahl davon aufführen.

Fisher (1950) forderte verschiedene Psychologen auf, auf eine „impressionistische" Weise das Vorhandensein oder das Fehlen stark paranoischer Züge in den Zeichnungen von 32 paranoid Schizophrenen herauszufinden. Die Psychologen kannten die diagnostische Klassifizierung nicht. Daraufhin sollten sie im Detail das Vorhandensein oder Fehlen von Kriterien analysieren, die nach *Machover* den Zügen der Paranoia entsprechen. Gleich nach welcher Methode analysiert wurde, die Mehrzahl der Zeichnungen wurde nicht als paranoisch klassifiziert, und der Autor schließt daraus, daß es gefährlich sei, die Mehrzahl der heutigen Annahmen über die Analyse der Mensch-Zeichnungen zu akzeptieren.

Royal (1949) findet keinen statistisch bedeutsamen Unterschied zwischen den Zeichnungen von 80 Angstneurotikern und 100 freiwilligen Normalen, Patienten einer Zahnklinik. Allerdings zeigt sich eine Tendenz dieser Art bei 8 der 54 berücksichtigten graphischen Elemente.

Goldworth (1950) wählt 4 Gruppen aus: 50 Normale, 50 Neurotiker, 50 Schizophrene und 50 Hirnverletzte. Er analysiert deren Reaktionen im Mensch-Test. Unter den zahlreichen graphischen Elementen, die erfaßt wurden, erweisen sich 39 als geeignet, zwischen den Gruppen durch eine Analyse der Häufigkeit des Vorhandenseins und des Fehlens signifikant zu differenzieren.

Holzberg und Wechsler (1950) vergleichen die Zeichnungen von 78 Schwesternschülerinnen und von 28 schizophrenen Frauen. 27 graphische Elemente differenzieren valide zwischen der Gruppe der Normalen und jeder der drei Gruppen der Schizophrenen, jedoch nicht zwischen den Untergruppen der Schizophrenen.

Albee und Hamlin (1949) stellen eine auf dem 5 %-Niveau signifikante Rangkorrelation fest zwischen der Einordnung von Patienten-Zeichnungen durch klinische Psychologen und der Klassifizierung derselben Vergleichspersonen entsprechend ihrem mit der Fallanalyse festgestellten Anpassungsniveau. In einer anderen Untersuchung, in der die Zeichnungen von 30 normalen, 21 schizophrenen und 20 ängstlichen Personen verwendet werden, differenzieren die Schätzungen der Beurteiler gut zwischen den Normalen und den übrigen, nicht jedoch zwischen den Schizophrenen und den Ängstlichen.

Ebenso liegen Untersuchungen vor, die eine Differenzierung zwischen den verschiedenen psychiatrischen Fällen feststellen, jedoch nicht zwischen Normalen und anderen. *Reznikoff* (1950) findet fünf Zeichen, die gut zwischen organisch Kranken und Schizophrenen oder Neurotikern unterscheiden. Es sind dies: der Mangel an Synthese, die falsche Anordnung der Teile, die Schrumpfung der Arme und Beine, die Verzerrung der Extremitäten und der übrigen Teile außer dem Kopf, gekritzelte und dornförmige Finger. Wir haben bereits erwähnt, daß es gelang, zwischen zeichnerischen Gestaltungen, die mit unterschiedlichen psychosomatischen Erkrankungen in Verbindung stehen, zu unterscheiden: Bluthochdruck, Magengeschwür, Bronchialasthma und zwischen fettsüchtigen und normalen Frauen. Ferner sehen wir (*Morray* 1958), daß es leichter gelingt, die Zeichnungen von Schizophrenen, aber schwieriger, solche von Menschen zu klassifizieren, die an Persönlichkeits- und Charakterstörungen leiden.

Eine andere Reihe von Untersuchungen befaßt sich mit der künstlerischen Begabung. Dieses Interesse ist leicht verständlich. Selbst wenn es wahr ist, daß die Persönlichkeit des Zeichners die Grundlage des Tests von *Machover* ist, so bleibt zu fragen, ob das diagnostische Urteil des Psychologen nicht durch den künstlerischen Wert der Zeichnung beeinflußt werden kann. Je mehr sich der Psychologe dieser Störungsquelle bewußt wird, um so mehr wird es ihm gelingen, diesen Einfluß zu vermeiden, wenn er die Züge der Persönlichkeit zu erfassen sucht.

Die Ergebnisse der verschiedenen Untersuchungen zu dieser Fragestellung sind widersprüchlich. Auf der einen Seite sagt man uns, daß Erfahrung und Übung auf künstlerischem Gebiet die Untersuchung der Persönlichkeit nicht beeinflußt (*Korner und Westwood,* 1955; *Bieliauskas und Bristov,* 1959). Auf der anderen Seite wird die entgegengesetzte Ansicht vertreten (*Sherman,* 1958; *Whitmyre,* 1953). Im Rahmen dieser beiden letzteren Untersuchungen klassifizieren Psychologen die Mensch-Zeichnung einer Gruppe von Geisteskranken und einer Gruppe von Normalen entsprechend dem Niveau der persönlichen Anpassung und der künstlerischen Qualität. Die Psychologen sind nicht in der Lage, zwischen den Kranken und den Normalen zu unterscheiden. Darüber hinaus besteht eine signifikante Beziehung zwischen der Einschätzung der Anpassung und der künstlerischen Qualität der Zeichnung, wie sie von Studenten von Gewerbeschulen und Kunstschulen erbracht wurde. Auf jeden Fall scheint uns bei der Verwendung einer Blindmethode ein Zweifel an den Schlußfolgerungen zu bleiben. Man fände eine präzisere Antwort auf das gestellte Problem, wenn man die Ergebnisse im Mensch-Test mit den Ergebnissen eines anderen projektiven Tests bei Individuen mit einer größeren künstlerischen Fähigkeit vergleichen würde. Nur mit Hilfe dieser Methode ließe sich ermitteln, ob Übung und Begabung zu einer Verzerrung solcher Aspekte der Persönlichkeit beitragen, welche der Psychologe mit anderen Verfahren erfassen könnte, die von solchen Faktoren unbeeinflußt blieben.

Woods und Cook (1954) bringen die zeichnerische Darstellung der Hände in Verbindung mit dem Faktor der künstlerischen Ausbildung. Nach Meinung der Autoren werden die Hände versteckt oder zum Verschwinden gebracht, weil es zu schwierig ist, diese zu zeichnen. Abgesehen davon, daß diese negative Schlußfolgerung glücklicherweise nicht ausschließt, daß man sich mit der Suche nach der psychologischen Bedeutung der Haltung der Arme befaßt, tragen gewisse Befunde zu einer Schwächung der Position von *Woods und Cook* bei. Tatsächlich stellte *Leclerc* (1955) bei einer Gruppe von 35 Jungen im Alter von 15 Jahren fest, daß 15 von ihnen die männliche Person mit versteckten Händen zeichneten, aber nur 6 die Hände der weiblichen Person nicht darstellten. »Soll die weibliche Hand für Jungen technisch leichter zu zeichnen sein als die männliche Hand?«, fragt *Osterrieth*.

Nach *Machover* und *Osterrieth* verstecken Jugendliche häufig die Hände ihrer Personen vor allem aufgrund von Schuldgefühlen, die sie wegen Onanie haben. Das Phänomen tritt noch deutlicher zu Tage bei Mädchen dieses Alters. Es kommt vor, daß sie die Hände zwar nicht verstecken, statt dessen werden sie verkürzt, womit sie eine noch stärkere autoplastische Reaktion zeigen als die Jungen. *Cotte, Roux und Aureille* (1951) stellen häufig »Männchen mit abgeschnittenen Händen« bei Kindern fest, die wegen Diebstahls verklagt sind und im allgemeinen eine neurotische, ängstliche, depressive und gehemmte Persönlichkeit zeigen. Die Autoren interpretieren diese Art von Zeichnungen in der Richtung einer Tendenz zur Selbstbestrafung aufgrund von Schuldgefühlen.

Nach unserer Erfahrung sind diejenigen, die Personen mit abgeschnittenen Händen zeichnen, meist kleine Delinquente in Konflikt mit ihren Familien, denen die Zuwendung ihrer Eltern fehlt; zuweilen sind es auch solche Kinder und Jugendliche, die stehlen, damit sie für den Diebstahl bestraft werden, und nicht für ihre noch bedeutend schlimmeren Phantasien. Diejenigen, die ihre Diebstähle akzeptieren und sich mit einer Art »Diebes-Persönlichkeit« identifizieren, benutzen eine solche Ausdrucksweise nicht. Derselbe Auslassungstyp findet sich auch bei jugendlichen Delinquenten in Japan (*Utsugi* u. a., 1956). Die Informationen aus unterschiedlichen Ländern und Kulturen entsprechen somit den Resultaten von *Woods* und *Cook* und beleuchten Prozesse, die der Psychologe interpretieren kann, ohne auf die künstlerischen Qualitäten der Zeichnungen achten zu müssen.

Der Einfluß der künstlerischen Begabung stellt trotz alledem eine sehr reale Gefahr für den Psychologen dar. Man muß unterscheiden zwischen dem durch die Zeichnung hervorgerufenen künstlerischen und dem psychologischen Eindruck. Vor der Auswertung der Testergebnisse müssen möglichst vollständige Informationen über den künstlerischen Bildungsweg des Probanden erfragt werden. Hat er an einer speziellen Ausbildung teilgenommen oder mangelt es ihm selbst an der elementaren Übung, welche die Gruppe, der er angehört, im allgemeinen erhalten hat?

Es besteht kein Zweifel mehr, daß seit 10 Jahren beachtliche Forschungsarbeit am Mensch-Test geleistet worden ist. Diese große Anstrengung zeugt von dem Interesse, das diesem Test entgegengebracht wurde, von seiner Ausbreitung und dem Bedürfnis, ihn zu überprüfen und zu verbessern. Gleichwohl befriedigen die Ergebnisse weder den Psychologen, der über eine festgelegte Bewertungs- und Interpretationstechnik verfügen möchte, noch denjenigen, der sowohl die Methode der verstehenden Exploration der persönlichen Dynamik als auch seine eigene Wahrnehmungssensibilität gegenüber tiefgreifenden Zügen und ihren spezifischen Beziehungen verfeinern möchte. Für denjenigen, der aus eigener Erfahrung die Nützlichkeit und die reichen Möglichkeiten des Tests kennt, bleibt die Diskrepanz zwischen der Fülle der Forschungen und der Magerkeit oder Inkohärenz der Resultate ein Rätsel. Vielleicht muß man dieses Faktum den Forschungsmethoden selbst zuschreiben.

1. Wenn eine gewisse Anzahl von Personen als Stichprobe für eine Untersuchung ausgewählt wird, so bleiben diese Versuchspersonen praktisch unbekannt, abgesehen von gewissen allgemeinen Charakteristiken wie Alter und Geschlecht. Der Mißstand erreicht seinen Höhepunkt, wenn man mit diesen so unbestimmten Kriterien eine Kontrollgruppe von »normalen« Versuchsperonen auswählt, die dem Vergleich mit der Gruppe der Kranken dient. Die Normalität ist schwer definierbar. Im alltäglichen Leben betrachtet man sie als definiert durch die Beziehung zwischen dem Individuum und seiner Umwelt. Der Psychologe jedoch müßte sich vergewissern, ob die sogenannte »Normalität« psychologisch akzeptiert werden kann. Andererseits darf er nicht überrascht sein, mit einem so sensiblen Instrument wie dem Mensch-Test in beiden Gruppen gleichermaßen Konflikt- und Angstanzeichen zu finden. Die Einschränkung ist besonders wichtig, wenn man nicht beabsichtigt, ein vollständiges Bild der untersuchten Person zu erhalten, sondern wenn man sich mit der Verteilung bestimmter, in der Zeichnung zum Ausdruck kommender Zeichen und Symptome befaßt. *Holtzberg und Wechsler*, von denen wir bereits sprachen, fanden eine relativ kleine Anzahl von Charakteristiken, die zwischen der Gruppe der weiblichen Schizophrenen und derjenigen der weiblichen Normalen gut differenzieren. Am Ende ihrer Darstellung schreiben die Autoren, daß die Stichprobe der normalen Frauen sich aus jungen Mädchen zusammensetzt, die vielleicht noch nicht ihre Pubertätskonflikte gelöst hatten. Man kann daher gegenüber dem Wert der Resultate skeptisch sein, wenn sie unter solchen Bedingungen gewonnen wurden, auch dann, wenn sie positiv ausfallen. Skepsis ist ebenso angebracht gegenüber der wissenschaftlichen Strenge einer Untersuchung, die die Definition ihrer wichtigsten unabhängigen Variablen im Ungewissen und Vagen läßt. Dies hindert jedoch *Swensen* (1957) nicht, in seiner Übersicht der Arbeiten über den Mensch-Test bis zum Jahre 1956 die von uns kritisierten Daten der Untersuchung als gültig anzusehen.

Wir haben nicht den Eindruck, das *Royal* (1949) bei der Wahl seiner Stichprobe glücklicher gewesen wäre. Sind Patienten einer Zahnklinik die bestgeeignete Kontrollgruppe für eine Gruppe von Kranken, die an Angstneurose leidet? Im allgemeinen glaubt kein Psychologe, daß die Ergebnisse eines Tests unabhängig sind von den Bedingungen, unter denen sie gewonnen wurden.

2. In anderen Untersuchungen ist die Anzahl der Versuchspersonen zu gering, um den Schluß zu erlauben, daß dieses oder jenes Zeichen, das von *Machover* als spezifisch für eine bestimmte Krankheit angesehen wird, im allgemeinen keine Gültigkeit hat.

Z. B. konnte eine Untersuchung bei einer begrenzten Gruppe Normaler und einer begrenzten Gruppe Paranoid-Schizophrener die diskriminative Fähigkeit bestimmter Zeichen, die nach den Hypothesen von *Machover* die paranoide Schizophrenie anzeigen sollten, nicht bestätigen. Man kann daraus jedoch nicht schließen, daß diese Zeichen kein Indiz für diese Krankheit sind. Es scheint uns, daß man die Hinweise hätte validieren können, indem man diejenigen Fälle, bei denen sie auftraten, analysiert und festgestellt hätte, ob diese Zeichen vor allem bei den Paranoid-Schizophrenen auftraten. Dieses Vorgehen ist auch durch die Tatsache gerechtfertigt, daß die Aspekte der Zeichnung, durch welche eine Ausdrucksmöglichkeit gegeben ist, sehr unterschiedlich sind. *Hammer* (1954) findet diese Vielfalt in den Zeichnungen männlicher Probanden, die sich einer Sterilisation unterziehen. Das phallische Symbol kommt hier in stark unterschiedlicher Weise zum Ausdruck. Diejenigen, die ihr Gefühl der Kastration z. B. in einer Verzerrung der Nase ausdrücken, befassen sich nicht mit dem Fuß, der Hand oder mit Baumästen.

3. Die in der Mehrzahl der Untersuchungen verwendete Messungsart ist zu grob, als daß sie einem projektiven Test angemessen wäre. Eine Gruppe von Normalen und Kranken auf der Grundlage der durch eine solche Messung erhobenen Daten zu vergleichen, bringt mehr Unklarheit als Klarheit. Die Feinheit der Messung ist unerläßlich in einer Untersuchung, in welcher es wichtig ist zu wissen, nicht ob z. B. eine Schattierung vorhanden ist oder nicht, sondern ob sie zu ausgedehnt ist, ob sie als Nuance übertrieben wurde oder ob sie mit feinen oder dicken Strichen ausgeführt wurde. Ebenso bringt uns die Kenntnis der mittleren Tendenz keinen Nutzen, wenn wir wissen wollen, ob das Gesicht zu groß oder zu klein ist, ob die Anzahl der vorhandenen Details ungenügend oder übertrieben groß ist, wobei die Abweichung nach beiden Richtungen als pathologisch anzusehen ist. Ein Kenner der statistischen Methoden spricht unserer Ansicht nach genau die Gefahren bei der Verwendung dieser Methoden aus, vor welchen sich die von uns kritisierten Autoren anscheinend nicht zu hüten wußten. »Die Entwicklung und die Anwendung statistischer Methoden, welche an die Komplexität des von Klinikern behandelten Materials angepaßt sind, müssen die menschliche Neigung zurückhalten, sich mit Erklärungen zufriedenzugeben, die uns mit Genugtuung erfüllen, deren Gültigkeit aber nicht von der Realität bestätigt wird. Es besteht immer die Gefahr, die statistische Methodologie eher als einen Ersatz denn als ein Hilfsmittel der fundamentalen Prozesse der Intuition, der Logik und der Erfahrung zu betrachten« (*Kogan,* 1952).

4. Der größte Teil der angeführten Untersuchungen verwendet die Blindanalyse. Wenn wir in diesem Fall zu negativen Ergebnissen gelangen, ist nicht sicher, ob der Fehler bei der Methode oder beim Psychologen liegt. In der täglichen Praxis ist die Methode des Psychologen keine »blinde«. Dies stünde im Gegensatz zum Geist der klinischen Arbeit, welche alle verfügbaren Daten verwendet, die ihr bei der Bewertung der Testresultate dienlich sind. Aus diesem Grunde sagen die mit einer Blindmethode gewonnenen Daten nichts über diejenigen Resultate aus, die man im Rahmen der gewöhnlichen Arbeit gewinnt; die determinierenden Faktoren sind hier und dort nicht dieselben. Die Blindinterpretationen bringen andere Bewertungsfunktionen mit ins Spiel als diejenigen, die bei der täglichen klinischen Praxis eine Rolle spielen. Die negativen Ergebnisse des Blindversuchs von *Fisher* – die Psychologen waren nicht in der Lage, die paranoischen Züge in den Zeichnungen festzustellen – geben keine Legitimation für die Schlußfolgerung, eine gleiche Unfähigkeit gelte auch für die klinischen Psychologen unter den gewohnten Bedingungen ihrer Arbeit. Die Heterogenität der Bedingungen hier und dort verbietet die Generalisierung. Bei der Blindanalyse fehlt eine Bewertung der Testdaten vor dem Hintergrund eines Bildes, das sich zusammensetzt aus den Grunddeterminanten persönlicher, sozialer und physischer Natur. Es fehlt ihr ebenso die Kenntnis der spezifischen Gegebenheiten der Untersuchungssituation, aus der die Zeichnung hervorgegangen ist. »Es ist die Interaktion des Tests und eines Individuums im Kontext einer gegebenen interpersonellen Situation (die Untersuchungsumgebung), aufgefaßt als die Geschichte der globalen Entwicklung dieses Individuums, die die komplexe Resultante hervorbringt, welche man als die Testreaktion bezeichnet« (*Hult*, 1958).

5. Auf die gleiche Unkenntnis der holistischen Interpretationsweise des Klinikers, der den Mensch-Test verwendet, treffen wir bei bestimmten, bereits zitierten Autoren, welche Auswertungsblätter mit Kategorien verwenden und im Rahmen ihrer Untersuchungen einen Vergleich zwischen isolierten Charakteristiken der Zeichnung anstellen. Man kann nicht leugnen, daß diese Methode der Feststellung spezifischer Eigenschaften einer definierten Gruppe dienen kann, z. B. hinsichtlich Geschlecht oder Alter. Sie kann jedoch nicht die Grundlage für die individuelle Diagnostik liefern. Die Fragmentierung schließt jede Gesamtbetrachtung der Konfiguration aus, was im diagnostischen Prozeß keinen Sinn hat, weil dem Vorhandensein eines bestimmten Zuges in der Zeichnung nur eine untergeordnete Bedeutung zukommt. Wichtig ist die Kenntnis und Bewertung der unterschiedlichen Teile der Zeichnung in den unterschiedlichen Kontexten. Mehrere Forscher haben daraus bereits den Schluß gezogen, daß komplexere Maße bessere Ergebnisse erbringen.

6. Nimmt man eine Untersuchung verschiedener Hypothesen vor, so ist die Übertragung eines theoretischen Konzepts in ein operationales Konzept ein gefährliches Unterfangen, dem viele Forscher nicht gewachsen waren. Im gleichen Sinne besteht eine gewisse Gefahr beim Ziehen allgemeiner Schlüsse aus einzelnen Daten, eine Gefahr, die unserer Ansicht nach z. B. von *Jolles* (1952) ignoriert wird, wenn er schließt, daß die Mädchen im ganzen genommen dazu neigen, mehr Figuren des entgegengesetzten Geschlechts zu zeichnen als die Jungen. Seine Schlußfolgerungen zieht er ausschließlich aufgrund der bei Gruppen von 5- bis 12jährigen Kindern gewonnenen Daten.

7. Analysiert man die Zeichnung mit Hilfe von Skalen, die sich auf Züge wie »Tendenz, sich aus der Gesellschaft auszuschließen«, oder »Aggressionsprobleme« beziehen, so kann die Untersuchung um so eher scheitern, je weniger der Beurteiler die semantische Verschiedenheit derselben Terminologie beherrscht. Es kommt vor, daß es eben dieser Unterschied ist, der erklärt, daß keine negativen Resultate auftreten. Es ist durchaus berechtigt, gegen die Subjektivität des Psychologen, der die projektiven Tests verwendet, zu Felde zu ziehen. Man muß aber zumindest eine analoge Subjektivität aufgespürt und ausgemerzt haben, wenn man Untersuchungen durchführt, die Objektivität anstreben. Dies wird weitgehend abhängig sein von der Fähigkeit der Beurteiler, sich über den Sinn der verwendeten Wörter und ihre eigenen täglichen Erfahrungen zu einigen, wie es in einer Untersuchung von *Cassel* (1958) belegt wird. Dieser Autor fordert drei Beurteiler auf, herauszufinden, ob ein bestimmtes Zeichen in der Mensch-Zeichnung vorhanden ist, wie etwa: Grundlinie, ausgeprägte Schattierungen, falsche Mittelachse usw. In einer ersten Phase erreicht der Reliabilitätskoeffizient für den Vergleich zwischen den Beurteilern lediglich einen Wert von .33; nach einer ersten erklärenden Zusammenkunft steigt er auf .71; nach einer zweiten Zusammenkunft erreicht der Koeffizient einen Wert von .90. Dies veranlaßt den Autor zu der folgenden Schlußfolgerung:

»Ein Teil der Unzuverlässigkeit der aus projektivem Material gezogenen Schlußfolgerungen mag eher aus einer fehlenden Übereinstimmung über das Vorhandensein von interpretierbarem Material hervorgehen als aus der Unzuverlässigkeit der Interpretation selbst« (*Cassel*, 1958).

Je größer die Komplexität der experimentellen Aufgabe ist, um so notwendiger ist die vorausgegangene Übereinkunft der Beurteilenden, um die auftretenden Schwierigkeiten zu überwinden. Es hat übrigens den Anschein, daß die grundlegende Erfahrung der Psychologen, ihre Praxis und ihr besseres Erkennen einer Krankheit vermittels des Mensch-Tests die leichtere Identifizierung dieser oder jener Krankheit unter den Bedingungen der Blindarbeit in dieser oder jener Untersuchung erklären können.

Semantische Probleme derselben Ordnung können sich durch das gewählte Kriterium stellen, welches abgesichert sein muß, wenn man es für die Validierung verwenden will. Eine gute Validität ist notwendig, aber Validität zu welchem Zweck? Zum Zweck der einfachen Beobachtung eines Psychiaters, der seine Meinung ändern wird, sobald er den Kranken besser kennt? Oder aber zum Zweck einer gründlichen Diagnose, der die Übereinstimmung zwischen einer Testbatterie und der Meinung des Psychiaters zu Grunde liegt? Die Untersuchungen, die auf diese Frage eine Antwort geben, sind selten. Man kann auch die Klarheit und die Unterscheidungsfähigkeit der aktuellen Terminologie (Schizophrenie, Delinquenz . . .) in Zweifel ziehen. Beim gegenwärtigen Stand unseres Wissens sollte man es vermeiden, die Validierung unter dem Aspekt einer Korrelation zwischen dem Test und einer knappen Diagnose zu sehen. Vielmehr sollte man sie als einen vollständigeren Vergleich zwischen dem gewählten Kriterium und dem Test auffassen, wobei jedes auf das Gesamtporträt der untersuchten Persönlichkeit hinweist.

Die Untersuchung muß außerdem ein schwieriges Problem lösen. Warum ist das, was in einer klinischen Studie valide war, nicht mehr gültig, wenn man Gruppen untersucht? *Silverstein* (1956) stellt die Schwierigkeiten der Forschung mit Gruppen deutlich heraus. Drei Viertel der Kinder, die unter den Folgen der Kinderlähmung leiden, stellen Zeichnungen her mit einem oder mehreren Zeichen, die als spezifisch für ihre Krankheit angesehen werden. Diese Zeichen diskriminieren, statistisch gesprochen, zwischen der Gruppe der Polio-Kranken und der Gruppe der Normalen. Vermischt man jedoch die Zeichnungen der beiden Gruppen und bewertet man jede Zeichnung blind nach einer Liste von 55 Elementen, die im voraus als am besten geeignet zu einer Unterscheidung der Gruppen angesehen werden, so erweisen sich lediglich neun dieser Elemente als geeignet, eine Unterscheidung auf dem 5%-Niveau zu ermöglichen. Drei Kliniker, welche die allgemeine Definition der Gruppen und die Hypothesen der Untersuchung kennen, sind nicht in der Lage, die Zeichnungen der beiden Gruppen mit Hilfe der Blindmethode zu trennen. Diese Untersuchung liefert einen methodischen Beitrag zur Rolle der spezifischen Faktoren, die man nicht in Erwägung gezogen hat, die aber entscheidend sind für die unterschiedlichen zur Anwendung gekommenen Methoden.

Man hat sich wenig mit der Methode der globalen Interpretation beschäftigt, wie sie für die gewöhnliche Arbeit des Psychologen, der den Mensch-Test verwendet, charakteristisch ist. Zudem hat man sich nur wenig damit befaßt, unterschiedliche Interpretationen in ihrer Abhängigkeit vom Alter, vom Geschlecht und von der sozialen Gruppe zu untersuchen.

Die Untersuchung von *Ponzo* (1957) kann uns als gutes Beispiel dienen für den Vorteil, den man aus einer Veränderung der Bedingungen oder der Anweisungen einer Untersuchung ziehen kann. Man fordert die Probanden auf, einen Mensch zu zeichnen, »wie es ein Schwachsinniger tun würde«, nachdem man mit ihnen den Test mit der üblichen Anweisung vorgenommen hat. Es läßt sich eine gewisse Anzahl von charakteristischen Veränderungen feststellen:

a) Vereinfachung und Verminderung der Anzahl von Details;
b) Übertreibung der die Sexualität und die Aggressivität betreffenden Details;
c) Veränderung des Ausdrucksaspekts durch einen stärkeren Strick;
d) Vergrößerung der Figur im allgemeinen und des Kopfes im besonderen;
e) Wegfall von Profil- und Rückenposition.

Diese Veränderungen vermitteln den Eindruck einer Art von Enthemmung und decken Aspekte der Persönlichkeit auf, die unter normalen Bedingungen schwieriger zu erfassen sind. Ginge man den Dingen noch mehr auf den Grund, so könnte man mit Hilfe einer solchen Methode beobachten, wie sich individuelle Veränderungen zeigen, entsprechend den spezifischen Kontrollmechanismen, die jedem zur Verfügung stehen, und man würde die Richtung und die Intensität der Enthemmung feststellen. Es kommt darauf an zu sehen, daß die Veränderungen in dieser Untersuchung eine Tendenz haben, die man als Resultat einer verminderten Ich-Kontrolle oder regressiver Tendenzen interpretieren kann. Die Abänderung der Anweisung hat eine größere Freiheit des Ausdrucks und eine Verminderung der Zensurkräfte ermöglicht. Die Charakteristiken der unter speziellen Anweisungen angefertigten Zeichnungen bestätigen somit die Richtigkeit der gewöhnlichen Interpretationen. Diese letzteren würden tatsächlich entkräftet, wenn Defekte wie die Verringerung der Größe, der Zeichnung, die stärkere Betonung der Symmetrie oder andere Anzeichen einer Einengung auftreten würden.

Der Gegenstand der Forschung zur Mensch-Zeichnung ist ein komplexes Produkt. Man erfaßt ihn nicht leicht, und es ist auch nicht leichter, ihn im Katalog unserer Kenntnisse zu klassifizieren und zu etikettieren. Die individuellen Ausdrucksmöglichkeiten treffen auf diesem Gebiet auf eine sehr reichhaltige Sprache. Hierin liegt einerseits die Bedeutung der Zeichnung als Mittel zur Untersuchung der Persönlichkeit begründet. Gleichzeitig aber auch gehen aus diesem Faktum die Beschwerlichkeiten des Tests hervor. Es fällt nicht leicht, die Trennungslinie zwischen dem, was den Individuen eigen und was ihnen gemeinsam ist, zu ziehen. Der Grund liegt in der dem Ausdruck möglichen Feinheit und Subtilität. Z. B. können mehrere Kinder den Daumen betonen. Das eine Kind macht ihn rund, das andere trennt ihn von den übrigen Fingern, ein drittes verstärkt seine Umrißlinien, ein anderes dreht ihn auf sich selbst zurück, wieder ein anderes schließt ihn durch einen betonten Nagel ab, ein weiteres schließlich radiert ihn mehrmals aus und hat ihn zum Schluß verstümmelt usw....

Ebenso kann eine einzelne Darstellung den Ausdrucksarten verschiedener Niveaus entsprechen. Die gezeichnete Person kann die Projektion derjenigen Persönlichkeit darstellen, die man zu besitzen glaubt, wie z. B. Esther (Fig. 2), klein, übertrieben aktiv und bedrängt von ihrer Umgebung; die Projektion der Person, die man werden möchte, wie bei einem kleinen Jungen, schmächtig und furchtsam, der uns einen kräftigen und imposanten jungen Mann gezeichnet hat; oder die Projektion der Person, zu der man werden kann oder die zu werden man fürchtet, wie es bei dem gesunden Jungen feststellbar ist, der ein Kind mit Krücken zeichnet. Mit den gleichen Schwierigkeiten haben wir zu kämpfen, wenn wir von der Strichführung auf das Vorhandensein von starker Aggressivität schließen; tatsächlich bleibt offen, ob diese Aggressivität manifest oder latent ist. Diese Probleme sind übrigens von der gleichen Art wie diejenigen, die durch die übrigen projektiven Tests gestellt werden. Die Validitätsuntersuchungen allein werden diese Probleme nicht lösen, weil sie gebunden sind an den Stand unserer Kenntnisse in den unterschiedlichen Bereichen der Psychologie. Sie sind abhängig vom Stand der Persönlichkeitstheorie, von der Erforschung psychosomatischer Prozesse oder von Problemen der Sozialpsychologie.

Unsere ausgedehnte Betrachtung der Konzepte der Projektion, des Körperbildes und des Ausdrucks ist hauptsächlich durch die Tatsache motiviert, daß es unserer Ansicht nach genügt, den theoretischen Horizont so auszuweiten, daß die Anwendung des Mensch-Tests daraus ihren Vorteil zieht. Einerseits können die Untersuchungen, die diese Bereiche betreffen, die theoretische Erforschung der Phänomene, die diesem Test zugrunde liegen, bereichern. Zudem können sie dazu beitragen, das Feld der Anwendung des Tests zu erweitern. Andererseits werden die unterschiedlichen, vom Psychologen erworbenen Kenntnisse, die er ja bei der täglichen Anwendung gebraucht, ihm zu einer Verbesserung seiner Arbeit verhelfen.

VII. Der Platz des Mensch-Tests in einer Testreihe und seine verschiedenen Anwendungsmöglichkeiten

In der Hand eines erfahrenen Klinikers kann der Test von *Machover* eine Quelle bedeutsamer Informationen über die untersuchte Persönlichkeit sein. Seine Ergebnisse tragen zu der Erklärung bei, wie das Individuum die Welt und sich selbst erlebt und in welcher Form seine eigenen Bedürfnisse, Konflikte und Ziele sich in seinen Beziehungen zu den anderen und sich selbst darstellen. Es wäre deshalb ein Irrtum zu glauben, daß ein einzelner Test uns behilflich sein könnte, ein angemessenes Bild der Persönlichkeit zu erstellen: Die gesamte Persönlichkeit läßt sich niemals allein aufgrund irgendeines isolierten Elements ihres Verhaltens rekonstruieren. Aus diesem Grund wendet der klinische Psychologe gewöhnlich Testbatterien an, die eine große Vielfalt von Verfahren enthalten. Entsprechend dem Charakter, der seinem Material eigen ist, stellt jedes Verfahren besondere Aspekte der Persönlichkeit heraus: verbaler Reichtum und Phantasie (TAT), Körperbild und motorischer Ausdruck (Mensch-Test), Denkvermögen und Wahrnehmungsprozesse *(Rorschach).* Neben Übereinstimmungen mit anderen Tests zeigt jeder Test neue Aspekte der Natur und des Niveaus unterschiedlicher Dimensionen der Persönlichkeit; zudem führt er zu einer Variation der Spannungsintensität, der sich der Proband unterzieht, und ebenso der Art der zwischen dem Probanden und dem Psychologen entstehenden interpersonellen Situation.

Abgesehen davon, daß jeder Test Aspekte der Persönlichkeit zum Tragen bringt, die von anderen Tests nicht angesprochen werden, lehrt uns die Erfahrung, daß die Individuen unterschiedlich auf denselben Test reagieren. Im allgemeinen wird es einem schüchternen und schweigsamen Kind leichter fallen, sich auf zeichnerischem Wege auszudrücken, und es wird eine an Bedeutungen reichere Antwort im Mensch-Test geben als im *Rorschach.* Es kann umgekehrt vorkommen, daß das weiße leere Blatt auf das Kind angsterregend wirkt; es wird die Aufgabe als zu unstrukturiert erleben und den Appell an seine eigene Kreativität als zu anspruchsvoll; in diesem Fall kann es die Zeichnung verweigern und es wird lieber die Deutung von Tintenklecksen wählen, was von ihm als etwas mehr Festgelegtes, Reales und an eine Prüfung Erinnerndes betrachtet wird.

Der Aufforderungscharakter eines gegebenen Tests ist somit eine Größe, die mit den Individuen variiert. Wenn es zuweilen vorkommt, daß der Mensch-Test wenig Informationen liefert, so könnte es ein Irrtum sein, dies der Unzulänglichkeit des Psychologen oder des Tests zuzuschreiben, wenn die einfache Begründung in der Reaktion des Probanden liegt. Dies kann auch bei anderen projektiven Verfahren vorkommen, und hier liegt auch einer der Gründe für die Verwendung einer Testbatterie. Aber selbst im üblichen Fall, wenn der Psychologe eine Testbatterie verwendet und die durch jeden Test gegebenen Informationen ausreichen, geben ihm eine gewisse Parallelität und Übereinstimmung der Resultate eine größere Sicherheit bei der Beschreibung und dem Verständnis der Persönlichkeit.

Je vollständiger die Informationen über das Leben des Probanden, je detaillierter der Vergleich mit den Ergebnissen der übrigen Tests, um so besser läßt sich das zeichnerische Material auswerten, um so leichter gelangt man zum Verständnis der verwendeten Symbole und ihrer latenten Bedeutung. Die so bewerteten Daten des Mensch-Tests ermöglichen ihrerseits eine Einsicht in vorher unverständlich gebliebene Hinweise, und es treten die subtilsten Verhaltensnuancen zutage, deren sich der Proband und die Person seiner Umgebung nicht bewußt sind. Die Interpretation eines einzelnen Tests führt uns zunächst auf eine Ebene der Allgemeinheit und der Hypothesen; die Kenntnis der Resultate einer Testbatterie ermöglicht es, die erste Interpretation zu vertiefen, sie zu ergänzen und aus ihr ein kohärentes System zu erstellen, das einen Zugang zur dynamischen Realität des Individuums ermöglicht.

Die Verwendung des Mensch-Tests in einer Testreihe läßt seine Vor- und Nachteile hervortreten. Unserer Ansicht nach darf die Zusammenstellung einer Testbatterie nicht auf Routine beruhen. Im Gegenteil, die einzig gültige Regel verlangt, daß man die Testbatterie im Hinblick auf die interpersonelle Beziehung zusammenstellt, auf die man im Verlauf der Durchführung voraussichtlich treffen wird und im Hinblick auf das praktische Ziel, das man verfolgt. Es scheint jedoch, daß in den meisten Fällen der Mensch-Test, eingeleitet durch ein kurzes Gespräch, ein ausgezeichnetes Instrument darstellt, um Kontakt aufzunehmen und die Untersuchung zu beginnen. Da dieser Test keine »Lösungen« verlangt, haben die meisten Kinder und Erwachsenen nicht allzu sehr das Gefühl, einer üblichen und starren Prüfung unterworfen zu werden. Achtet man darauf, ihnen zu versichern, daß es sich nicht um eine Prüfung künstlerischer Fähigkeiten handelt, so macht ihre anfängliche Unsicherheit und Befangenheit rasch der Spontaneität und einer Atmosphäre des Vertrauens Platz. Da man bei diesem Test in einer relativen Isoliertheit arbeiten kann, haben die Probanden weniger den Eindruck, beobachtet zu werden, und ihre Scheu läßt dadurch nach.

Das Material, das der Mensch-Test liefert, betrifft das Funktionieren der Persönlichkeit in gleicher Tiefe wie die übrigen projektiven Tests, und wie diese erfaßt er Aspekte, die der Beobachtung des manifesten Verhaltens zugänglich sind. So stellt *Waehner* (1940) fest, daß die verschiedenen Mensch-Zeichnungen, die von Studenten angefertigt wurden, mit ihren Antworten im Rorschach übereinstimmen, viel weniger aber mit der Meinung, die ihre Professoren von ihnen hatten. Die beiden Testmethoden ermöglichten die Aufdeckung persönlicher Probleme, die im Rahmen der gewöhnlichen Situationen, in denen die Studenten und ihre Professoren zusammenlebten, verdeckt blieben. Aber auch im Vergleich mit den übrigen projektiven Tests ermöglicht der Mensch-Test einen freieren und unmittelbareren Ausdruck der verschiedenen Strebungen und Konflikte, die in den anderen Tests eher verborgen bleiben oder in veränderter Form erscheinen. In den verbalen Tests sind die Äußerungen in stärkerem Maße kontrolliert, verklausuliert und gehen verhältnismäßig häufiger als im Zeichentest in stereotype Formen über (z. B. die im TAT üblichen stereotypisierten Themen). Damit ist jedoch nicht gesagt, daß im Zeichentest keine Kontrolle wirksam wird, jedoch geschieht dies in geringerem Ausmaß.

Ein Kind kann seine Aggressivität gegenüber seiner Mutter ziemlich direkt durch die Zeichnung ausdrücken, indem es die weibliche Person verstümmelt. Im TAT kann es diese Aggressivität auf Phantasiepersonen übertragen, die sich von der mütterlichen Person sehr stark in bezug auf Alter und Geschlecht unterscheiden, oder es kann sie auf mehrere Figuren verteilen. Seiner Ablehnung kann es einen rationalisierten Ausdruck geben, indem es von der Schlechtigkeit der Personen spricht, oder es kann seine Ablehnung auf verschiedene Art verkleiden, was zur Klärung des Bildes kaum beiträgt. *Gallese und Spoerl* (1954) vergleichen die im Mensch-Test und im TAT gewonnenen Resultate. Diese Ergebnisse stimmen weitgehend überein, und häufig findet sich eine Verdoppelung des Themas. Nicht immer werden die gleichen Merkmale angetroffen, aber die häufigsten Bedürfnisse und Konflikte des Probanden wiederholen sich. In bezug auf den Mensch-Test führen die Autoren folgendes aus:

»Der größte Teil des mit Hilfe des Mensch-Tests gewonnenen Materials steht in Beziehung zu einer unbewußten Ebene und stellt mehr oder weniger intakte Grundbedürfnisse dar.«

Beim TAT liegen die Dinge für die Autoren anders. Hier hat der Proband mehr Möglichkeiten zum Ausdruck seiner Reaktionsweisen gegenüber Bedürfnissen und der Ebene, auf der sie funktionieren; oder anders ausgedrückt, der Art ihrer Integration und ihres Ausdrucks im Rahmen der Gesamtpersönlichkeit. Nach Ansicht dieser Autoren würde der Mensch-Test somit im Vergleich zum TAT in geringerem Maße Auskunft geben über das Niveau der Bedürfnisse und Konflikte oder über die Art ihrer Veränderung und Beziehung im Verhalten. Der Mensch-Test würde eher die Triebimpulse als die Abwehrformen akzentuieren.

Diese Kritik erscheint uns nicht voll gerechtfertigt, und wir halten ihr die Ergebnisse entgegen, über die wir in den vorausgegangenen Kapiteln berichtet haben. Zum Teil ist sie dennoch plausibel, wenn man die speziellen Bedingungen des Tests analysiert. Tatsächlich erfordert die Durchführung des Tests ein Denken in Bildern, was einem primitiveren Niveau entspricht als bei einem Denken auf verbaler Ebene. Nicht nur die Art des Denkens, sondern auch die des Ausdrucks bringt in diesem Test primäre Ebenen zur Geltung: Denken in Bildern und motorisches Verhalten. In einem gewissen Sinne handelt es sich um denselben Bereich wie bei dem des unbewußten Denkens. Die Psychoanalytiker, die die Zeichnung in freierer Form in der Kindertherapie verwenden, haben die Mensch-Zeichnung in dieser Hinsicht in die Nähe des Traumes gerückt.

Durch das Ansprechen des Körperschemas und durch den bildlichen Ausdruck bleibt der Test verbunden mit Konkretem, Physischem, den am weitesten in die individuelle Entwicklung zurückreichenden kindlichen Impulsen und Erfahrungen und so mit den für jede Erinnerung verlorenen Ereignissen. Die verwendete Sprache ist eine »Körpersprache«, wie sie in den ersten Lebensabschnitten frei verwendet wurde, im Verlauf der Sozialisation in Vergessenheit geriet und noch als Gegenstand tiefer oder halbwacher Träume auftaucht. In der derzeitigen Situation ist unser Interpretationsvermögen noch weit davon entfernt, das auszuschöpfen, was der Proband ohne sein Wissen in die Zeichnung hineingelegt hat.

Kennt man die Lebenserfahrungen des Zeichners aus der Nähe, so ist man überrascht, eine große Anzahl von Details anzutreffen, die mit all ihrer präzisen, spezifischen und einstimmigen Bedeutung erscheinen. Kein Zeichen tritt »zufällig« auf. Die unscheinbarste Linie geht auf eine innere Logik zurück, die zu erhellen allein die Beschränktheit unserer Analysemethoden verhindert.

Eine Untersuchung von *Zucker* (1948) belegt, daß der Mensch-Test tiefe, primitive und wenig differenzierte Erfahrungen aktiviert. Es handelt sich um eine fettsüchtige Person, die nach 13 Monaten Psychotherapie weiterhin negative Anzeichen der Krankheit im Mensch-Test zum Audruck bringt, während der Rorschach Zeichen für Fortschritte ergibt. In diesem Sinne hebt *Hammer* (1943) hervor, daß eine günstige Prognose dann gestellt werden kann, wenn die Mensch-Zeichnung ein gesünderes Bild der Persönlichkeit zeigt als der *Rorschach.*

Die klinische Erfahrung lehrt, daß die Ergebnisse aus verschiedenen Tests sich zuweilen widersprechen. Ist dies der Fall, sofern die Zeichnung deutliche pathologische Züge aufweist, so wird man hier zu einer zurückhaltenden Prognose neigen. »Obwohl sie hier sehr selten auftreten, müssen Zeichen einer schweren Psychose, die sich in der Zeichnung manifestieren, immer ernstgenommen werden. Außerdem ergeben sie in annähernd 5 % der Fälle die einzigen Indikatoren einer Psychose inmitten relativ harmloser Daten« (*Gurvitz*, 1958).

Eine erste Folge der Sensibilität des Tests gegenüber den problematischsten und konflikthaftesten Bereichen der Persönlichkeit ist die Gefahr, daß er zu einer übertriebenen Bewertung der negativen Aspekte der Persönlichkeit führt. Man wird demnach versucht sein, die Bemühungen um Verarbeitung und Unterstützung der Ich-Kräfte durch andere Elemente der Persönlichkeit zu vernachlässigen, z. B. die Fähigkeiten oder Begabungen intellektueller Natur. Eine derartige Übertreibung wird durch eine Untersuchung, die mit Hilfe des »Haus-Baum-Mensch-Tests« durchgeführt wurde, nahegelegt (*Hammer*, 1953). Drei Psychologen beurteilten unabhängig voneinander 400 Zeichnungen weißer und farbiger Kinder anhand einer 6stufigen Entwicklungsskala. Der mittlere Wert, den die weißen Kinder erhielten, entspricht einer Einstufung zwischen den Kategorien »neurotisch« und »leichtneurotisch«. Der vom vorausgegangenen Wert signifikant unterschiedliche Mittelwert der schwarzen Kinder führt zu deren Einordnung in die Kategorie »sehr neurotisch«. Die Tatsache, daß schwarze Kinder in den USA bedeutend größere emotionale Schwierigkeiten haben als die weißen Kinder, stimmt mit dem überein, was wir über dieses Thema aus anderen Untersuchungen wissen. Somit ist es den Psychologen gelungen, mit Hilfe des »Haus-Baum-Mensch-Tests« diese Tatsache zu erfassen. Das Erstaunliche an den Resultaten ist jedoch die *Überbetonung* der Gefährdung des psychischen Gleichgewichtes bei allen Kindern. Sind die Psychologen aufgrund einer »déformation professionelle« etwa dazu geneigt, Neurotizismus selbst da zu sehen, wo er nicht vorhanden ist? Wir neigen eher zu der Auffassung, daß der Test Konflikte und neurotische Züge (im Sinne von *Karen Horney*) bei Kindern zum Ausdruck bringt, die wir trotzdem nicht als neurotisch betrachten können. Demnach würde der Test reale Probleme widerspiegeln, jedoch müßte man das Kind als normal ansehen, wenn seine Integration ausreichend ist. In diesem Fall kann der von uns angeführte »Fehler« der Psychologen mit dem Wesen des Tests im Zusammenhang stehen, der negative Züge herausfiltert, nicht jedoch deren Integration. Der Psychologe, der den Mensch-Test anwendet, muß daher wissen, daß er sich zuweilen auf andere Tests zu stützen hat, um etwas über die Möglichkeiten, die das Kind zur Realisierung seiner fundamentalen Bedürfnisse hat, zu erfahren. Dies widerspricht natürlich nicht der Forderung, daß er die geringfügigsten Störungen, auf die der Test hinweist, beachten sollte.

Die Verwendung des Materials ist immer den Zielen der Untersuchung untergeordnet. Nachdem wir die Übertreibungen und die Gefahren, auf die man zuweilen treffen kann, beleuchtet haben, müssen wir noch einmal sagen, daß nach unserer Erfahrung der Mensch-Test die Möglichkeit bietet, ein vollständiges Bild zu erstellen, in dem die wechselseitigen Beziehungen zwischen den unterschiedlichen psychologischen Kräften klar und deutlich erscheinen. Der Ausdruck unterdrückter Kräfte, die Abwehrmechanismen, der spezifische modus vivendi der Versuchsperson und ihr psychisches Gleichgewicht werden als Ganzes widergespiegelt.

Eine weitere Charakteristik des Mensch-Tests besteht in der Einfachheit seiner Durchführung und seiner Sensibilität gegenüber Persönlichkeitsveränderungen. Der Test ist gut geeignet zu einer wiederholten Anwendung innerhalb kurzer Zeit, weil es hier kein Material gibt, das man wiederholt vorlegt und welches durch seine Wiederholung die Resultate im Retest beeinflussen könnte. Wiederholt man die Untersuchung mit diesem Test, der dem Individuum eine freie Entfaltung seiner Kreativität ermöglicht, so treten keine Probleme wie etwa die Gefahr der wiederholten Übung auf, wie sie etwa beim Gestalt-Test nach *Bender* besteht. Ebenso ist die Gefahr der Gewöhnung oder der Langeweile wie beim Rorschach oder beim TAT nicht gegeben. Allerdings hat man bisher noch nie untersucht, ob die Wiederholung der Tätigkeit mit der gleichen Anweisung die zeichnerische Gestaltung beeinflußt. Obwohl die Zeichnung die dynamischen Richtungen der Persönlichkeit zum Ausdruck bringt, kann man sich fragen, ob der Proband sich nicht an ein bereits gezeichnetes Bild klammert und sich daran orientiert.

Im Vergleich mit anderen projektiven Tests ist der Mensch-Test besonders gut zu einer wiederholten Durchführung geeignet, und seine Einfachheit oder die Schnelligkeit seiner Anwendung erhöht noch diesen Vorteil. Verfolgt man während längerer Zeit die Veränderungen der Persönlichkeit mit Hilfe einer Testbatterie, so erweist sich der Mensch-Test als sehr gut geeignet, diese Veränderungen widerzuspiegeln. In dem Fall der lobotomisierten psychotischen Zwillinge, die wir bereits erwähnten*, ist der Mensch-Test im Vergleich zum Rorschach »von größerer Sensibilität gegenüber subtilen progressiven Veränderungen, die sich von Monat zu Monat vollziehen, insbesondere in den Bereichen des zunehmenden Ich-Bewußtseins und der Differenzierung des Verhaltens« (*Calden*, 1953). Im Fall des mit ACTH (*Cramer-Azima*, 1956) behandelten Patienten erwies sich der Mensch-Test ebenfalls als ein Instrument, das besonders gut geeignet ist, temporäre und fluktuierende Befindlichkeiten widerzuspiegeln.

Widersprechen diese Feststellungen nicht der Meinung, daß der Test das Fortbestehen bestimmter Züge akzentuiert? Verfolgt man mit Hilfe des Mensch-Tests Veränderungen, die zuweilen dramatisch verlaufen, so wie sie in den Untersuchungen erfaßt wurden, die über mehr oder weniger lange Perioden fortgeführt wurden, so finden sich zeichnerische Züge, die unverändert bleiben und in Beziehung stehen zum Anteil der Persönlichkeit, der so geblieben ist. In den unterschiedlichen Zeichnungen etwa, die der im vorausgegangenen Kapitel erwähnte, mit ACTH behandelte Kranke anfertigte, blieb eine große Anzahl von Charakteristiken unverändert und gab damit den Hinweis auf die Tatsache, daß der Kranke furchtsam ist, sich in der Defensive hält und abhängig ist (starre und druckstarke Körperlinien, Betonung des Mundes, dominantes und feminines Gesicht usw.). Weil der Test das konstant Gebliebene widerspiegeln kann und gleichzeitig auch die Veränderungen in der Persönlichkeit aufzeigt, ist er gut geeignet, den Fortschritt einer Behandlung oder die Folgen einer Krankheit aufzuzeigen.

Verschiedene Anwendungsbereiche des Tests

Der Mensch-Test findet seine Anwendung im wesentlichen bei der klinischen Untersuchung, deren Ziel die Beschreibung und das Verstehen der untersuchten Person ist. Gleichwohl bewährt er sich aufgrund seiner problemlosen Anwendbarkeit in Gruppen für andere Zwecke als lediglich klinische. In diesem Sinne können wir heute die Ausbreitung seiner Anwendung auf Reihenuntersuchungen feststellen: z. B. kann der Test bei einem sehr geringen Arbeitsaufwand auf ein Individuum hinweisen, das unter schweren Störungen leidet oder bestimmte Probleme hat (gestörte Kinder einer Klasse, Studenten mit psychologischen Problemen, die auf eine Beratungsstelle hingewiesen werden sollten). Die Anwendung des Tests in Gruppen und die Bestimmung spezifischer zeichnerischer Charakteristiken des Tests erlaubt es, Mitglieder einer Gruppe ausfindig zu machen, die von der Norm abweichen. Die Pilotstudie von *Feather* (1953) wurde auf dieses Ziel hin angelegt. Der Autor analysiert die Zeichnung von 175 amerikanischen College-Studenten. Er findet 10 für diese Gruppe eigentümliche Charakteristiken:

1. korrekte Zentrierung der Zeichnung;
2. mittlere Größe;
3. die gezeichnete Person ist vom selben Geschlecht wie der Zeichner;
4. ausgewogene Bekleidung der Person;
5. Person en face;
6. Fehlen eines Hutes;
7. Haare ohne Besonderheiten;
8. detaillierte Hände;
9. Schuhe dargestellt;
10. Linien von mittlerer Stärke.

Die Unterhaltungen mit den fraglichen Studenten haben zum Ergebnis, daß die in ihrer Anpassung gestörten Studenten Zeichnungen angefertigt haben, die sich grundlegend von denjenigen der anderen unterscheiden. *Feather* kommt zum Schluß, daß Zeichnungen, die hinsichtlich mindestens dreier Anzeichen von der Norm abweichen, ein Indikator für eine tiefergehende Untersuchung der persönlichen Anpassung des Zeichners sind.

Wir möchten jedoch auf folgende Punkte hinweisen:

1. das verwendete Kriterium erscheint als ungenügend (die Unterhaltung war zu kurz und zu oberflächlich);

2. der Autor analysiert nicht die Zeichnungen der männlichen Studenten getrennt von denjenigen der Studentinnen, wenn er die allgemeinen Charakteristiken bestimmt.

Die Erfahrung hat aber gelehrt, daß die Übereinstimmung der Geschlechter des Zeichners und der gezeichneten Person ebenso wie die Darstellung en face nicht als spezifisch für alle Studenten anzusehen sind und daß andere Charakteristiken in Funktion des Geschlechts gleichfalls differenziert werden können.

Die Untersuchung, von der wir berichten, ist nichtsdestoweniger interessant, weil sie den in der Gruppe angewendeten Mensch-Test benützt, um diejenigen herauszufinden, bei denen eine Gefährdung hinsichtlich persönlicher Anpassungsprobleme besteht. Die einer solchen Verwendungsweise zugrunde liegende Hypothese ist die folgende: Die Zugehörigkeit zu einer Gruppe setzt die Übernahme bestimmter Lebensweisen voraus, die sich in den Zeichnungen der Gruppenmitglieder widerspiegeln. Es bleibt dann nur noch übrig, genau die allgemeinen zeichnerischen Charakteristiken zu unterscheiden, um in der Lage zu sein, diejenigen Personen herauszufinden, bei denen diese Charakteristiken fehlen. Es genügt eine Betrachtung der von *Feather* vorgelegten Liste von Indizes, um festzustellen, daß seine Gruppe als wesentliches Charakteristikum eine Reife aufweist, wie sie nach Überwindung der Adoleszenzkrise erreicht wird. Diese kommt in der Mensch-Zeichnung durch Charakteristiken zum Ausdruck wie unvollständige Figur, Überwiegen des Profils, Vorhandensein eines Hutes usw. Obwohl die in dieser Untersuchung gewonnenen Ergebnisse in dieser Hinsicht nicht als zufriedenstellend angesehen werden können, hat die Schlußfolgerung doch eine gewisse Berechtigung, daß die Bedingung für eine gelungene Anpassung an eine Gruppe in der Überwindung der Adoleszenz besteht. Man fragt sich demnach, ob eine verlängerte Adoleszenz mit der Struktur der in Frage stehenden Schule vereinbar ist.

Noch allgemeiner lautet die Frage, in welchem Maße ein Anderssein im Vergleich zur Gruppe, zu der man gehört, die normale persönliche Entwicklung im Rahmen dieser Gruppe behindert. Wir haben den Eindruck, daß die Antwort nicht mit Hilfe der Anzahl der gemeinsamen Charakteristiken gefunden werden kann, sondern durch die Analyse der Interaktion zwischen den Anpassungsmöglichkeiten der untersuchten Persönlichkeit und dem Zustand der Gruppe. Ein neuer Schüler, der aus einem fremden Land kommt, und ein neurotisches Kind, so sehr sie sich in ihren Zeichnungen von den für ihre Klasse »festgestellten Normen« unterscheiden mögen, werden nicht die gleiche Chance zur Anpassung haben aufgrund der Fähigkeiten ihrer jeweiligen Persönlichkeit. Andererseits tragen die Persönlichkeit des Lehrers, die Anforderungen von seiten der schulischen Umgebung und der Disziplin in der Klasse weitgehend zum Gelingen oder Scheitern der Anpassung unterschiedlicher Schüler bei, die sich nicht »innerhalb der Norm der Gruppe« befinden; z. B. kann man davon ausgehen, daß die Chancen für die Integration eines aggressiven delinquenten Schülers sich stark unterscheiden von den Chancen eines zwangsneurotischen Klassenkameraden. Gewiß steigt die Starrheit der Forderungen innerhalb der Gruppe in dem Maße an, je größer die Uniformität der soziokulturellen Basis der untersuchten Gruppe ist. Um so angemessener ist auch eine solche Untersuchungsmethode, weil die Atmosphäre einer Gruppe durch ihre rigiden Forderungen eine Anpassung des abweichenden Kindes nach »seinem eigenen Muster« verhindert. Extrem starre Gruppen sind jedoch selten, und der Mensch-Test kann somit niemals als einfaches Auswahlmittel verwendet werden. Nichtsdestoweniger ist der Test ein ausgezeichnetes Instrument, um solche Fälle zu ermitteln, die man sich näher anschauen sollte. Der Psychologe, der die der Gruppe eigenen Anforderungen und Existenzbedingungen kennt, wird sich zudem mit dem Leiter der Gruppe, mit den betreffenden Gruppenmitgliedern selbst und den verantwortlichen Bezugspersonen der Umgebung in Verbindung setzen. Der Test kann somit vorzugsweise von dem Psychologen zur Anwendung gebracht werden, der als Berater einer Schule oder einer anderen Art von Einrichtung fungiert. Mit Hilfe einer solchen Untersuchung und den daraus folgenden Maßnahmen könnte in vielen Fällen ein Anfang unter negativen Vorzeichen vermieden werden. Dem Psychologen, der einer neuen Gemeinschaft gegenübersteht, sei es eine Schule, ein Industriebetrieb oder ein Stadtviertel, kann der Test wertvolle Basisinformationen für die individuellen Fälle liefern, die ihm später vorgestellt werden.

Die Tatsache, daß die moderne Gesellschaft den Beginn der schulischen Unterweisung auf ein bestimmtes Alter festgelegt hat, stellt ein ganz besonderes Problem. Gewisse Kinder, die sowohl über die geforderte Intelligenz als auch über das entsprechende Alter verfügen, sind in ihrer affektiven Reifung und in ihrer sozialen Entwicklung hinter den Gleichaltrigen zurück. Die Anpassungsstörungen, die durch ihren Zustand hervorgerufen werden, können in einen chronischen Zustand übergehen und die gesamte Entwicklung des Kindes hemmen. Hier läßt sich eine Auswahl der schwierigen Fälle mit Hilfe des Mensch-Tests vornehmen, wodurch es möglich wird, vom Beginn der Schulzeit angemessene psycho-pädagogische Maßnahmen zu ergreifen. Unter diesem Gesichtspunkt stellen *Koppitz u. a.* (1959) die Zeichnungen von 143 Grundschulkindern zu Beginn des Schuljahres den Ergebnissen gegenüber, die bei denselben Kindern sieben Monate später gewonnen wurden. Der Test sollte das Ausmaß der durch den schulischen Lernprozeß hervorgerufenen Fortschritte messen. Die Autoren kommen zu dem Schluß, daß die Zeichnungen den Schulerfolg vorhersagen können. Die Genauigkeit der Vorhersage nimmt zu, wenn der in der Gruppe gegebene Test kombiniert wird mit dem individuell durchgeführten *Bender*-Test. Es lassen sich bestimmte Zeichen zusammenstellen, die die Kinder mit guter schulischer Entwicklung charakterisieren:

1. Kopf dicker als der Körper;
2. Sonne, Gras, Blumen, Baum; oder
3. Himmel, Sonne oder Wolken – spontan hinzugefügt;
4. Zähne;
5. extrem langer Hals;
6. Darstellung des Blicks, Schielen.

Diese Züge bringen den Druck zum Ausdruck, der hinsichtlich Ehrgeiz und Durchführung ausgeübt wurde, sowie eine gewisse Ängstlichkeit, aggressive Tendenzen und eine übermäßige Kontrolle innerer Impulse. Mit anderen Worten: Es hat den Anschein, als ob ein sechsjähriges Kind »brav«, gut kontrolliert, arbeitsfreudig und fähig sein muß, seine Angst in Richtung auf ein ehrgeiziges Verhalten zu kanalisieren, um in dieser Schule erfolgreich zu sein. In keinem Fall können jedoch diese Charakteristiken auf eine andere Gemeinschaft von Kindern übertragen werden. Jedesmal stellt sich erneut die Aufgabe, die dem untersuchten kulturellen Milieu eigenen Charakteristiken aufzudecken. Unserer Ansicht nach charakterisieren die ersten vier Zeichen ebenfalls die Zeichnungen von israelischen Kindern im Alter von etwa sechs Jahren, die von ihren Lehrerinnen als geeignet eingestuft wurden, den Vorbereitungskurs zu durchlaufen und sich in angemessener Weise dem schulischen Milieu anzupassen. Das Zeichen »zu langer Hals« gehört jedoch nicht zu den Zeichnungen dieser Kinder, und man könnte versucht sein, diesen Unterschied in Verbindung mit der größeren Freiheit zu erklären, derer sich der kleine Israeli in der Grundschule im Vergleich zum kleinen Amerikaner erfreut.

Abschließend möchten wir zur Untersuchung von *Koppitz* erwähnen, daß auch Charakteristiken solcher Kinder gefunden worden sind, deren Zeichnungen ein geringes Niveau aufweisen. Leider hat *Koppitz* nicht unterschieden, ob dieses geringe Niveau auf emotionale Faktoren zurückgeht oder auf einen Mangel an geistigen Fähigkeiten. Die Zeichen sind:

1. spontane Zeichnung von drei oder mehr Figuren;
2. groteske, nichtmenschliche Figuren;
3. fehlender Körper;
4. keine Augen;
5. leere Augen ohne Pupillen;
6. kein Mund;
7. winzige Zeichnungen;
8. Neigung der Figur um 30° oder mehr;
9. Kritzelei oder unvollendete Zeichnung;
10. starre Verbindung der Arme mit dem Körper;
11. Fehlen der Arme;
12. grob gegliederte Zeichnungen.

Angesichts seiner Einfachheit und Leichtigkeit der Anwendung in einer Gruppenuntersuchung ist die Mensch-Zeichnung ein wertvolles Instrument für Längsschnitt- oder Querschnitt-Untersuchungen unterschiedlicher Art. Führt man eine Allgemeinuntersuchung bei einer großen Zahl von Kindern durch, so ist das Objekt der Untersuchung eher das manifeste Verhalten dieser Kinder. Ein projektiver Test wie der Mensch-Test ermöglicht es, mit wenig Zeitaufwand tiefe Schichten zu erreichen, ja sogar die Hypothesen der unterschiedlichen Entwicklungstheorien zu bestätigen oder bisher wenig beachtete Aspekte der kindlichen Entwicklung hervorzuheben. *Machover* (1953) gibt uns ein Beispiel für diese Möglichkeit in ihrer Studie über die Latenz und deren Ausdruck in den Zeichnungen von Kindern in den USA. Ebenfalls kann der Test zum psychologischen Wissen über die unterschiedlichen sozialen Klassen und vor allem über primitive Gesellschaften und Zivilisationen beitragen. *Weider und Noller* (1950) beziehen sich auf diese Tatsache, wenn sie bemerken, daß acht- bis zehnjährige Kinder aus der »Unterschicht« in ihren Zeichnungen mehr Zeichen des Bewußtseins ihres eigenen Geschlechts aufweisen als Kinder der »Mittelklasse«. Dieser Unterschied kann in Verbindung stehen mit dem im allgemeinen durch größere Freiheit gekennzeichneten Klima, in dem die ersteren leben. Diese Kinder lernen schneller die Unterschiede zwischen den beiden Geschlechtern kennen und bringen sie unmittelbar zum Ausdruck.

Ein anderer Aspekt des Unterschiedes zwischen den Klassen, die man mit Hilfe der Zeichnung ermitteln kann, wurde durch die Arbeit von *Koppitz u. a.* herausgearbeitet. Kinder der Mittelschicht im Alter von sechs Jahren wurden einem beträchtlichen Leistungsdruck unterworfen, was eine Erhöhung des schulischen Erfolgs bewirkte; andererseits zeigten ihre Mensch-Zeichnungen und ihre Reproduktionen von Figuren im *Bender*-Test eine verstärkte Neigung zum Ausbruch emotionaler Probleme. Die Resultate der Kinder aus ärmeren Schichten wiesen ganz andere Charakteristiken auf. Ihr geringer Fortschritt im schulischen Lernen war nicht zurückzuführen auf eine schwache Intelligenz, sondern vielmehr auf Unreife ihrer Wahrnehmung und ihrer motorischen Koordination, verbunden mit der ungenügenden Pflege, die man ihrem Körper hatte zukommen lassen. Darüber hinaus fehlte eine entsprechende Leistungsmotivation. Was die sechsjährigen Kinder der »*oberen* Mittelklasse« betrifft, so hatte ihre Intelligenz ein gutes Niveau und das Gleichgewicht zwischen dem ausgeübten Druck und den emotionalen Problemen war zufriedenstellend.

Man kann den Test von *Machover* auch verwenden, um die Veränderungen einer spezifischen Charakteristik der Persönlichkeit in unterschiedlichen Gruppen (Alter, Geschlecht, sozialer Klasse) zu untersuchen. Die Aggressivität, die Beziehungen zwischen den beiden Geschlechtern und die Konformität sind Themen, die in dieser Hinsicht von Interesse sind. Mehrere amerikanische Untersuchungen beschäftigen sich mit einem solchen Forschungsobjekt, das nach unserer Meinung in dieser Kultur von besonderer Bedeutung ist: der »sozialen Resonanz« oder der »Popularität«. Diese Untersuchungen befassen sich mit Kindern im Schulalter und setzen ihre soziometrischen Daten in Beziehung zur Interpretation ihrer Mensch-Zeichnungen. Um nach der Zeichnung zu entscheiden, ob ein Kind von seinen sozialen Partnern akzeptiert oder abgelehnt wird, orientiert sich der Psychologe an Persönlichkeitsdimensionen wie: Grad der Extraversion, Grad der Anpassung, Ich-Stärke usw., so wie sie sich in unterschiedlichen Aspekten der Zeichnungen ausdrücken: Größe, Integration, Details, Position, Proportionen, Art der Strichführung (*Tolor*, 1955). Im allgemeinen gelingt es den Psychologen, mit Hilfe der Zeichnung die nach dem Soziogramm der Klassenkameraden ermittelten »beliebten« Schüler von den »abgelehnten« zu unterscheiden. In einer der Untersuchungen (*Orgel*, 1959), die auf der Grundlage der Haus-Baum-Mensch-Zeichnung durchgeführt wurde, fand sich eine statistisch signifikante positive Korrelation zwischen der Einschätzung der Zeichnungen und den soziometrischen Daten mit dem Haus oder mit dem Mensch, während dieselbe Korrelation mit der Baum-Zeichnung negativ war. Im Lichte dieser Ergebnisse hat es den Anschein, daß in der Baum-Zeichnung die tiefsten Impulse und Persönlichkeitsschichten zum Ausdruck kommen (siehe Kap. IX), während sich in der Mensch-Zeichnung und in der Haus-Zeichnung die ausgeprägteren Persönlichkeitszüge widerspiegeln, die eine Rolle bei der Popularität des Kindes spielen, so wie sie sich im Soziogramm darstellt.

Hinsichtlich der Methodologie dieser Forschungen (*Tolor*, 1955, u. *Tolor † To-*

lor, 1955) kann man feststellen, daß die Übereinstimmung zwischen den Beurteilern bei der Einschätzung der Zeichnungen der weniger beliebten Kinder deutlicher ist. Die Ursache hierfür könnte darin liegen, daß die negativen Züge besser erkennbar sind, oder aber, daß man von Kindern, die »beliebt« sein möchten, einen größeren und weniger festgelegten Fächer von Charakteristiken verlangt.

Die Darstellung der verschiedenen Möglichkeiten der Anwendung des Tests mag verwegen erscheinen, solange die Validierung des Tests noch lückenhaft ist. Wir meinen jedoch, daß man sich mehrere Ziele stecken kann, daß sie durch umsichtiges Vorgehen auch erreichbar sind, wenn man praktische und theoretische Forschungen miteinander kombiniert.

VIII. Der Einfluß des Psychologen bei der Anwendung des Mensch-Tests

Streng genommen kann man nicht von einer Untersuchung mit Hilfe des Mensch-Tests sprechen. Immer wird der Test von einer bestimmten Person vorgelegt, und somit handelt es sich um den von X durchgeführten Test. Untersucher und Test bilden eine diagnostische Einheit, der sich die Versuchsperson gegenübersieht. Der Psychologe ist in gleicher Weise wie das spezielle Testmaterial ein Element der Untersuchungssituation. Die Untersuchung von *Cassel u. a.* (1958) verdeutlicht unsere Auffassung.

Die Untersucher geben zwei Gruppen von Erwachsenen die Anweisung: »Zeichnen Sie ein Haus, einen Baum und einen Mensch.« Der Psychologe ist während der Arbeit der ersten Gruppe anwesend, während die zweite Gruppe allein arbeitet. Es zeigt sich, daß die Gruppe, die in Gegenwart des Psychologen arbeitet, ärmlichere Mensch- und Haus-Zeichnungen aufweist. Die Zeichnungen waren im allgemeinen kleiner als diejenigen der anderen Gruppe. Die Gegenwart des Psychologen hatte eine Erhöhung der Selbstkontrolle und eine Verringerung der Leistungsfähigkeit zur Folge.

Natürlich befindet sich in der normalen Praxis während der Testdurchführung immer ein Psychologe bei den untersuchten Personen, jedoch ist dies nicht von derselben Bedeutung. Die Testanweisung ist immer die gleiche, sie wird aber von unterschiedlichen Personen formuliert. Man sagt oft, daß die Fruchtbarkeit des Tests vom Psychologen abhängig ist, der diesen Test anwendet. Diese Einsicht, die noch nicht den ihr zukommenden Platz im Bereich der psychologischen Forschung erhalten hat, stellt nicht allein die Fähigkeiten des Psychologen in Frage, die sich aus seiner Erfahrung, der Qualität seiner Kenntnisse oder seiner Ausbildung ergeben. Vielmehr geht es um seine Begabung, eine interpersonelle Beziehung herzustellen, die besonders günstig für die Ziele der Untersuchung ist, und darüber hinaus um seine Fähigkeit, die bestmöglichen Interpretationen des erhaltenen Materials zu finden.

In der anfänglichen Testpraxis hatte man zum Ziel, eine größtmögliche Konstanz der Bedingungen in der Testsituation zu erreichen. Alle Variablen, die für den »Stimulus« von Bedeutung waren, sollten kontrolliert und festgehalten werden, so daß nur noch die Aufzeichnung und Beobachtung der Reaktion der Versuchsperson übrigblieb, die abhängige Variable. Die Konstanz der Bedingungen wurde in der Haltung des Untersuchers gesehen, der immer »neutral oder von einer wohlwollenden Neutralität« sein sollte, in der Unveränderlichkeit der Anweisung und in einer möglichst geringen Ermüdung der Versuchsperson. Schließlich mußte man sich der aktiven Mitarbeit dieser letzteren versichern, weil – dies war fundamentales Prinzip – sie ihr Bestes geben sollte.

In Wahrheit gehören alle diese Forderungen in das Reich der Utopie. Die Bedingungen a priori als konstant zu betrachten, wenn man die in Frage stehende Konstanz definiert hat, wie wir es beschrieben haben, bedeutet soviel wie die Augen vor ihrem tatsächlich variablen Einfluß und der Bedeutung dieser Variabilität für die Resultate des Tests zu verschließen. Die wissenschaftliche Haltung besteht somit nicht darin, um jeden Preis Konstanz anzustreben, sondern die

Gründe und die Charakteristiken der Inkonstanz zu beschreiben und zu analysieren, um sie dann kontrollieren zu können.

Die Persönlichkeit des Psychologen ist eine die Inkonstanz der Testsituation determinierende Variable. Die Anweisung des Tests bleibt unverändert, was die Worte betrifft. Die Stimme des Psychologen, seine Haltung, sein ganzes Verhalten schaffen den spezifischen Kontext, der für die untersuchte Person von entscheidender affektiver Bedeutung ist. Auch kann im Verlauf der Durchführung die Haltung des Psychologen durch die Versuchsperson auf unterschiedliche Weise wahrgenommen und interpretiert werden. Dies geschieht in Abhängigkeit von der Beziehung, die zwischen ihr und dem Untersucher aufgebaut wurde. Die Beobachtungsweise und die »Neutralität« variieren von einem Psychologen zum anderen, und diese selbst können wiederum aus der Sichtweite der Versuchsperson als kritisch oder wohlwollend, feindlich oder sympathisch interpretiert werden.

Die gesamte Situation mit ihrem Spiel der zwischenmenschlichen Beziehungen zwischen einem Probanden und einem bestimmten Untersucher kann niemals frei von spezifischen Bedeutungen sein. (Diese verändern sich z. B. gegenüber einem männlichen Untersucher, der vom Probanden als eine feindliche Vaterfigur angesehen wird.)

Es ist ziemlich unwahrscheinlich, daß ein Psychologe sich gegenüber seinem Probanden völlig neutral verhalten kann. Sicherlich drückt er eine nach einer bestimmten Richtung orientierte Einstellung, die auch als solche aufgefaßt wird, nicht bewußt aus. Trotzdem ist eine solche Einstellung unbewußt vorhanden. Sie wird entweder durch den Blick oder durch eine flüchtige Geste zum Ausdruck gebracht und somit wahrnehmbar und bedeutungsvoll für den Probanden. Zweifellos ist der Psychologe keine Testmaschine, sondern ein lebendiger Mensch, der mit einem anderen Menschen in Kontakt tritt. Mit seinen persönlichen Problemen, seiner Grundstimmung und seiner Weltanschauung tritt der Psychologe an seine Arbeit heran, in deren Mittelpunkt komplexe und schwierige menschliche Prozesse stehen. Was er auch tun mag, seine »Neutralität« wird niemals dieselbe sein wie die eines anderen Psychologen, ebensowenig wie sie selbst die qualitativ gleiche bleiben wird, wenn sich der Psychologe einem anderen Probanden gegenübersieht.

Bei einem Test, der wie dieser projektiven Charakter hat, bildet sich in der Testsituation eine kleine Gruppe mit ihrer eigenen »Atmosphäre« oder ihrem »Klima«, begründet und definiert durch die spezifische Interaktion zwischen den beiden anwesenden Personen. Diese Tatsache beeinflußt die Ausführung der Zeichnung. Ohne Zweifel zielt man bei der Anwendung des Mensch-Tests auf eine Beschreibung und ein Verständnis der Persönlichkeit ab, eine Struktur, die sich durch Stabilität und Dauerhaftigkeit auszeichnet. Diese sind aber beide relativ, weil es keine Persönlichkeit im luftleeren Raum gibt und weil die Persönlichkeit in gewissem Sinne aufgrund ihrer Auseinandersetzung mit der psychologischen Umgebung in Bewegung ist. Allein die Kenntnis der Interaktion zwischen dem Probanden und dem Untersucher erlaubt es uns, die durch die Zeichnung vermittelten Äußerungen einer Persönlichkeit einzuschätzen, inwieweit sie spezifisch und grundlegend sind, wobei es wichtig ist, die Bedeutung der Paarsituation für den Probanden zu kennen.

Durch experimentelle Untersuchungen läßt sich feststellen, daß das Klima der Untersuchung und infolgedessen die Zeichnungen selbst durch die Einführung zusätzlicher Faktoren verändert werden. Z. B. kündigte man 39 männlichen und weiblichen Assistenten eines psychiatrischen Krankenhauses vor dem Retest an, daß die Anzahl der Arbeitsstunden zugenommen habe. Sieben Details der Zeichnungen dieser Gruppe charakterisieren diese Intervention: schiefer Mund, sehr detaillierte Zähne, spitze Finger, Fäuste, betonte Nasenlöcher, eckige Schultern, Zehen dargestellt bei einer bekleideten Person. Die klinische Erfahrung sieht in diesen Details den Ausdruck von Aggressivität, und die Autoren der Untersuchung (*Goldstein u. Rawn*, 1957) führen ihr Erscheinen im Retest auf die zwischenzeitlich hervorgerufenen aggressiven Gefühle zurück.

Die Zeichnungen einer Gruppe von Kindern, die zwischen den beiden Untersuchungen gespielt und Geschenke erhalten hatten, waren besser proportioniert, detaillierter und wiesen auf eine verbesserte motorische Koordination hin. Die Zeichnungen der Kontrollgruppe, die nicht auf die gleiche Weise belohnt worden war, hatten sich beim Retest nicht verbessert (*Reichenberg u. Hack*, 1953).

Selbstverständlich versprechen wir unseren Probanden in der gewöhnlichen Untersuchungssituation keine Bestrafungen oder Belohnungen. Andererseits beziehen sich die Resultate der zitierten Untersuchungen zum einen auf Gruppen, zum anderen handelt es sich um ziemlich grobe Messungen. Für den Probanden, der sich einer Untersuchung unterzieht, genügt ein Lächeln des Psychologen, um als Belohnung zu wirken. Wir haben persönlich festgestellt, daß die für den Psychologen übliche Aussage: »Macht ganz, wie ihr wollt« für gewisse Kinder frustrierend ist, vor allem für solche, deren Abhängigkeitsbedürfnis groß ist. Der richtige Weg, sich diese Faktoren bewußt zu machen und sie zu kontrollieren, kann nicht darin liegen, die Interaktionen während der Untersuchung auf ein Minimum zu reduzieren oder sie durch eine formale Vorgehensweise auszugleichen. Die Arbeit des Psychologen bleibt solange eine »Kunst«, wie sich das Interesse der Forschung in stärkerem Maße auf den Test als auf die Situation der Untersuchung richtet. Die durch diese gestellten Probleme hängen z. T. zusammen mit dem Bereich der Sozialpsychologie, d. h. der zwischenmenschlichen Beziehungen von Individuen. Die theoretische Erforschung dieser Beziehungen, deren Fundament in den Arbeiten von *Lewin* und seinen Schülern belegt wurde, kann den Weg für Forschungen auf diesem Gebiet öffnen. Sie kann der Sensibilisierung des Psychologen gegenüber menschlichen Beziehungen dienen, die im Rahmen der klinischen Untersuchung entstehen und sich entwickeln und für deren Ablauf und Folgen der Psychologe verantwortlich ist.

Eine erste Forderung dieser Konzeption wäre die systematische Variation nicht nur der Gruppen und der Untersuchungsbedingungen, sondern auch der Kliniker selbst. Nur auf diesem Wege könnte man etwas über den Beitrag dieser letzteren zu der Vielfalt der gewonnenen Resultate erfahren, unter der Bedingung, daß die Gruppen von Probanden und die Untersuchungsbedingungen vergleichbar sind, wenn man einen Kliniker gegen einen anderen austauscht.

In seiner täglichen Praxis bemüht sich der Psychologe, die Probleme, die durch die Untersuchungssituation speziell bei jedem Proband gestellt werden, dadurch anzugehen, daß er die Resultate Stück für Stück im Lichte dessen interpretiert, was er in bezug auf die Einstellungen des Probanden und seine Weise, auf die Untersuchungssituation zu reagieren, herausgefunden hat. Er wird jedoch nur dann zu einer zutreffenden Bewertung der ausgeführten Zeichnung gelangen, wenn er sich selbst als einen entscheidenden Faktor der Untersuchung betrachtet und die Antworten in dem Sinne analysiert, daß sie mehr oder weniger eindeutig durch seine eigenen Einstellungen und seine eigenen Reaktionen beeinflußt sind.

Die Persönlichkeit des Psychologen spielt eine wichtige Rolle vor allem hinsichtlich zweier Momente: während der Untersuchung und wenn er die Zeichnung interpretiert. Die diesem Problem gewidmete Forschung ist wenig umfang- und aufschlußreich. Man hat den Test in Gruppen durchgeführt und die Untersucher gewechselt; in diesem Fall ist die Aufgabe schwieriger, weil eine gesamte Gruppe dem Psychologen gegenübersteht. Andererseits ist der Einfluß, den seine Persönlichkeit auf die Zeichnungen der unterschiedlichen Personen ausübt, zu geringfügig, als daß man ihn ohne weiteres in den in Gruppen gewonnenen zeichnerischen Darstellungen feststellen könnte. Zieht man die Lokalisation der Zeichnung in Betracht, das Geschlecht der ersten gezeichneten Person, das Vorhandensein oder das Fehlen von sexuellen Zeichen, die Perspektive, wichtige Auslassungen und die Proportionen des Kopfes im Vergleich zum Körper, so können *Sparr und Marcuse* (1959) keine Unterschiede in den Zeichnungen von 193 Studenten als Funktion der Persönlichkeit des Untersuchers feststellen. *Holtzmann* (1952) stellt seinerseits keine Veränderungen fest, die der Persönlichkeit oder dem Geschlecht des Psychologen zugeschrieben werden könnten. Er untersuchte eine Stichprobe von 40 Studenten, die auf vier Untersucher, jeweils zwei vom selben Geschlecht, verteilt wurden. Für *Sinnet* und *Eglash* (s. *Holtzman*, 1952) ist die Größe der gezeichneten Person vielleicht ein wichtiger Hinweis für die Beziehung zwischen dem Psychologen und dem Proband. Es hat den Anschein, daß die in diesen Untersuchungen angewendete Methode noch unzureichend ist. Eine angemessene Methode könnte darin bestehen, die Veränderungen in den Zeichnungen ein und desselben Probanden festzustellen, wobei man die Wahl derjenigen Aspekte der Zeichnung berücksichtigen müßte, durch die dieser ausdrückt, was bei ihm durch die Beziehung zum Psychologen ausgelöst wurde.

Die zeichnerischen Darstellungen, die der Psychologe interpretiert, können bei ihm zu besonderen emotionalen Reaktionen führen. Der durch eine Zeichnung ausgelöste Affekt dringt tiefer in das Unbewußte ein als einer, der aus verbalem Material hervorgeht. Das Erfassen des Materials und seiner Hinweise in diesem Test vollzieht sich nicht automatisch, und der Psychologe verfügt über keinen Katalog mit vorgefertigten Rubriken. Er muß aufnehmen und interpretieren. Es kann daher vorkommen, daß der Psychologe besonders empfänglich für bestimmte Aspekte der Zeichnung ist und daß Abwehrmechanismen ihn daran hindern, andere wahrzunehmen. Seine Erfordernisse und seine Projektionen können seine Wahrnehmung stören und seine Interpretation verfälschen. Der Mensch-Test ist in dieser Hinsicht besonders störungsempfindlich. Das Körperschema, das durch ihn vermittelt wird, kann tiefgehende Wirkungen auslösen und neuralgische Punkte verdrängter Konflikte berühren. Auch dies trägt dazu bei, die Interpretation zu subjektivieren und zu verzerren.

Vergleicht man den Mensch-Test mit dem *Rorschach*-Test, so tritt ein weiterer

Nachteil des ersteren hervor. Dieser besteht darin, daß kein Bewertungsschema vorliegt, das verhindern könnte, daß bestimmte Aspekte »vergessen« werden, obwohl die abschließende Synthese der *Rorschach*-Daten analoge Probleme stellt wie die Daten des Mensch-Tests. *Frenkel-Brunswik* (1951) bemerkt, daß die Tendenz des Psychologen, sich selbst in dem Test zu projizieren, verstärkt auftrete, wenn er Kinder vom eigenen Geschlecht untersucht. Im allgemeinen »müssen wir beachten, daß es verschiedene subjektive Faktoren gibt, welche die Wahrnehmung des anderen zu beeinflussen scheinen, selbst die des geübten Beobachters bei der klinischen Arbeit«.

Andererseits unterliegt der Psychologe der Tendenz, in Zeichnungen vor allem das hervorzuheben, was seinen eigenen Charakterzügen entspricht, wenn sie eine zentrale Bedeutung haben oder Ursache von Störungen innerhalb seiner eigenen Persönlichkeit sind. *Hammer und Piotrowsky* (1953) stellen fest, daß die Interpretation von Aggressivität aufgrund von Zeichnungen des Hauses, des Baumes und des Menschen, die von 400 Kindern angefertigt wurden, teilweise bedingt war vom Grad der Aggressivität des Psychologen selbst. Sie ermitteln eine hohe Korrelation (. 94) zwischen dem Grad der Aggressivität der Kliniker, bestimmt aufgrund von Schätzungen der Vorgesetzten und der Resultate im Szondi-Test, und dem Grad der Wahrnehmung von Feindseligkeit, wie sie in den Zeichnungen der Kinder zum Ausdruck kamen. Dieses Resultat ist ein beredtes Zeugnis der Bedeutung der Persönlichkeit des Psychologen. Das schließt nicht aus, daß die Übereinstimmung zwischen den Urteilen der untersuchten sechs Kliniker relativ hoch ist (eine Reliabilität von . 74 und . 84). Die Beurteilungen variieren zwar sehr stark von einem Psychologen zum anderen. Einer von ihnen teilte den Probanden eine mittlere Note der Feindlichkeit zu, die doppelt so hoch lag wie diejenige, die von den fünf anderen Beurteilern gegeben wurde. Hier handelt es sich sicherlich nicht um eine geringe Sensibilität gegenüber einem gegebenen Persönlichkeitszug, sondern um eine massive Projektion. Eine Lehranalyse könnte dem Kliniker helfen, sich mit seinen persönlichen Problemen auseinanderzusetzen, um bei der angemessenen Bewertung zeichnerischer Darstellungen durch diese nicht behindert zu sein. Eine solche Lehranalyse wurde bei den Psychologen üblich, die in psychiatrischen Krankenhäusern oder Kliniken arbeiten, weil eine solche Analyse eine objektive Bewertung der Untersuchungsergebnisse erleichtert. Sie kann darüber hinaus von Vorteil sein bei der Lösung bestimmter Konflikte des Psychologen selbst, vor allem aber erleichtert sie das Bewußtwerden seiner eigenen Einstellungen und derjenigen der anderen. Darüber hinaus erweitert sich die Skala der menschlichen Gefühle, mit denen er sich auseinandersetzt.

Die Arbeit mit dem Mensch-Test erfordert auf der Seite des Psychologen eine ausgeprägte psychische Feinfühligkeit. Ein zweifacher Prozeß ist für die Interpretation der Resultate von Bedeutung. Einerseits läßt man den von der Zeichnung ausgehenden globalen Ausdruck auf sich wirken. Man erfaßt die Symbolik eines bestimmten Details der Zeichnung in Beziehung zu der Haltung und dem verbalen Verhalten des Probanden während der Durchführung, man nimmt die subtile Mitteilung auf, die durch die Veränderung des Drucks des Striches oder eine flüchtige Schattierung vermittelt wird. In diesem Prozeß kann der Psychologe das wahrnehmen und miteinander verknüpfen, was ihm vorgelegt wird, und ihm einen Sinn geben. Er muß frei von Angst sein, denn sonst bestünde die Gefahr, daß irgendein Aspekt und die psychologischen Bedeutungen der Zeichnung bei ihm Abwehrmechanismen mobilisieren. Andererseits muß der Psychologe seine Eindrücke im Lichte der Logik und der Beschaffenheit des gewonnenen Materials kontrollieren, ebenso durch den Vergleich mit den Ergebnissen, die bei Forschungen über diesen Test gewonnen wurden. Das Verständnis des Probanden hängt ab vom Gleichgewicht zwischen diesen beiden Prozessen. Eine mechanische Analyse wird der untersuchten Persönlichkeit ebensowenig gerecht wie eine Analyse, die lediglich aus einer zu sehr emotionsgeladenen Intuition besteht. Die Hartnäckigkeit, mit der eine bestimmte Hypothese »verifiziert« werden soll, ist häufig nicht weniger bezeichnend für eine subjektive Störung wie die Unachtsamkeit gegenüber bestimmten Charakteristiken der Zeichnung. Wenn auch der Test im allgemeinen reichhaltige Informationen liefert, so muß man zuweilen anerkennen können, daß man keine Schlüsse daraus ziehen kann. Dann sollte man sich, anstatt um jeden Preis nach Interpretationen zu suchen, vielmehr fragen, warum das Material in diesem Fall so wenig zufriedenstellend ist. Handelt es sich hier um den Ausdruck einer speziellen Haltung des Probanden, der gegenüber der zeichnerischen Aufgabe gehemmt ist, oder spielt ein Gefühl unbewußter Abwehr auf der Seite des Psychologen eine Rolle?

Die Tatsache, daß wir auf der Wechselwirkung zwischen der Persönlichkeit des Psychologen mit der Untersuchung selbst und mit der Interpretation des Tests insistiert haben, ist nicht so zu verstehen, daß wir mögliche Störungen und die dem Test oder der Untersuchung durch den Test eigene Subjektivität betonen wollten. Diese Wechselwirkung ist allen Arten von menschlichen Beziehungen eigen. Die Anwendung des Tests erfordert weder auf seiten des Psychologen ein Gleichgewicht noch außergewöhnliche Fähigkeiten: Es genügt, daß der Psychologe eine normale Persönlichkeit ist, die gegenüber der Bewußtmachung seiner eigenen Reaktionen ebensowenig verschlossen ist wie gegenüber der Selbstkritik, der Anpassungsfähigkeit und dem Reichtum des menschlichen Lebens. Die Handhabung des Tests kann mit Hilfe von Lehrbüchern erlernt werden, durch Untersuchungen, die dem Test gewidmet wurden, und durch Unterweisung und unter Kontrolle einer geübten Person. Der Erwerb eigener Erfahrung, die Ausübung und die Kenntnis der Phänomene der Sozialpsychologie und die Lehranalyse können geeignete Faktoren bei der Verbesserung der Arbeit des Psychologen darstellen, der wie gesagt ein wesentliches Element der Untersuchung ist.

IX. Die Mensch-Zeichnung in anderen projektiven Tests

Es war nicht allein *Machover*, welche die Mensch-Zeichnung als projektives Verfahren anwendete. Im folgenden wollen wir andere Ansätze vorstellen, bei denen der Proband dieselbe Rolle spielt, wenn auch die Testanweisung etwas anders ist, sei es, daß die Zeichnung in Verbindung mit anderen Themen erscheint, sei es, daß die Methode der Interpretation oder die in Betracht gezogenen Aspekte nicht mehr ganz die gleichen sind. Diese Ausweitung des Horizonts bringt nach unserer Ansicht nicht nur Vorteile für den Test von *Machover*, sondern auch für jede Methode, die in der Zeichnung eine Möglichkeit sieht, die menschliche Natur kennenzulernen und zu verstehen.

1. Der »Ich, meine Familie, mein Haus«-Test

In Frankreich war *Minkowska* die erste, welche die Methode des »Ich, meine Familie, mein Haus«-Test bei jüdischen Zwillingen, die aus Polen stammten und nach Israel übersiedelten, anwendete. Diese Kinder hatten in besonderem Maße unter rassischen Verfolgungen gelitten. Eine zweite Gruppe von Kindern, die von der Autorin untersucht wurde, litt unter Persönlichkeitsstörungen. Die Methode konnte schließlich ihren eigenständigen Charakter unter Beweis stellen. Sie ermöglicht einen Zugang zum Verständnis der normalen und der gestörten kindlichen Persönlichkeit. *Minkowska* (1949) gelangte sehr bald zu der Überzeugung, daß die Zeichnungen im allgemeinen und vor allem die drei ausgewählten Themen »unsere Kenntnis der Weltsicht des Kindes erweitern und bereichern und darüber hinaus neben dem geistigen Alter und dem Inhalt auch die formale Welt mit ihren Defiziten und ihren Reserven hervortreten lassen«.

Die formale Welt ist nach *Minkowska* nicht nur der Ausdruck der Art, mit der das Kind die Welt sieht, sondern sie zeigt insgesamt seine Art zu leben, zu reagieren und sich in unterschiedlichen Lebenssituationen zu verhalten. Es ist eben dies, was das Kind ausdrückt und was mit Evidenz aus seinen Zeichnungen ebenso hervorgeht wie aus seinen Interpretationen des *Rorschach*-Tests, wenn der Psychologe die »formale« Begabung, die sich in beiden Arten von Produktionen äußert, berücksichtigt. Die Identität der formalen Charakteristiken ein und desselben Kindes in den unterschiedlichen Zeichnungen und seinen Antworten im Rorschach-Test steht mit etwas ganz Wesentlichem in Verbindung: mit seinem Konstitutionstyp.

Minkowska unterscheidet zwei Konstitutionstypen, die sich anhand der Art des graphischen Ausdrucks unterscheiden lassen. Der sensorische Typ ist konkret, er sieht die Welt in Bildern, Farben und Bewegungen; er hält sich an große, lebende Details; er sammelt und verbindet die Formen zu einem Ganzen, von dem er sich nicht lösen kann. Der rationale Typ ist abstrakt, analytisch, zerstükkelnd; bei ihm bleibt die Bewegung spärlich und kann sogar gänzlich erstarren;

er bevorzugt die Symmetrie und liebt die Differenzierung, die Darstellung kleiner Details, die Genauigkeit und den kleinen Unterschied. Beim sensorischen Typ dominiert der Mechanismus der Verbindung, beim analytischen der der Trennung. Die Epilepsie ist die pathologische Form des sensorischen Typs, bei dem das Visuelle und das Sensorische dominieren. Die Schizophrenie andererseits entspricht dem pathologischen Extrem des rationalen Typs, der die Visualität, die Abgrenzung und die Rationalisierung zur Grundlage hat. Der Epileptoide und der Schizoide stellen Mischformen zwischen dem normalen und dem pathologischen Bereich dar. Dieser typologische Unterschied läßt sich verdeutlichen durch den Vergleich zwischen dem Werk von *Seurat* und demjenigen *van Goghs*. Die Maltechnik des ersteren ist vorwiegend starr, geometrisch und rational; die Technik *van Goghs* ist im Gegensatz dazu geprägt durch Bewegung, Farbe und Verbindung. *Seurat* ist ein Vertreter des rationalen Typs, *van Gogh* dagegen dem sensorischen Typ zuzuordnen.

Wir wollen an dieser Stelle weder die Typologie noch die sich daraus ergebende spezielle Interpretation der formalen Aspekte von Zeichnungen diskutieren. Diejenigen, die sich durch die widersprüchlichen Meinungen der Forscher entmutigen lassen und schließlich große Skepsis gegenüber dem Wert der Zeichnung als Mittel der Erforschung der Persönlichkeit hegen, sollten berücksichtigen, daß jede menschliche Äußerung, ebenso wie irgendein anderes Naturphänomen, auf unterschiedliche Weise beobachtet und interpretiert werden kann. Hier, wie überall sonst in der Wissenschaft, sind das theoretische Konzept und die verwendeten operationalen Begriffe nichts anderes als Hilfsmittel, um zu praktischen Zwecken bestimmte Realitäten zu verstehen und zu handhaben, ohne daß die sehr unterschiedlichen Konzepte, deren man sich bedient, diesen realen Gegebenheiten etwas von ihrem inneren und absoluten Wert nehmen.

Man kann in der Mensch-Zeichnung viele Dinge »sehen«, weil sich das Kind mit seiner ganzen Vielfalt darin ausdrückt. Die Wahl der »Linse« jedoch, d. h. des psychologischen Konzepts des Untersuchers, beeinflußt das, was man entdecken wird.

Von *Minkowska* können wir lernen, für die »formale« Welt der Zeichnung empfänglich zu sein: Weist die Zeichnung Bewegung auf, sind die gezeichneten Personen selbst in Bewegung, sind sie gebeugt, lebendig oder starr und unbeweglich? Sind die Dinge und die Lebewesen miteinander verbunden, isoliert oder ist etwa jede graphische Einheit von der anderen getrennt? Wird ein Weg oder eine aufsteigende Rauchfahne dargestellt oder fehlt jede Bewegung? Wurden die unterschiedlichen Bereiche durch senkrechte, horizontale, scharfe Linien unterteilt, oder bestehen Verbindungen zwischen diesen Bereichen und zeigt das Ganze einen inneren Zusammenhang? Welches ist die dominierende Qualität: die Plastizität, die Bewegung, oder die Vielfältigkeit der Eingrenzungen und ihr Charakter der Fülle? Sind die Details großflächig, ungenau, lebendig, oder zu zahlreich, geometrisch und mit zu großer Genauigkeit ausgeführt?

Man könnte anführen, daß die formalen Charakteristiken, die von *Minkowska* berücksichtigt werden, sich nicht mit denjenigen decken, auf die die verschiedenen Forscher, die sich mit der Zeichnung befaßt haben, ihr Augenmerk gerichtet haben. Nach *Minkowska* handelt es sich bei diesen um wesentliche formale Charakteristiken, weil sie nicht vom Inhalt der Zeichnung abhängig sind. Die Autorin setzt den Akzent auf das »Wie« der Zeichnung und nicht auf das »Was«, auf die Weise, wie man organisiert, und nicht auf die ausgewählten Themen. Diese formale Welt, auf die sich die Analyse der Zeichnung durch *Minkowska* richtet, ist jedoch begrenzter als der gesamte graphische Bereich, mit dem man sich gewöhnlich befaßt. Die Proportionen im allgemeinen, die motorische Kontrolle, die Analyse der Strichführung, ihre Veränderung, vor allem in bezug auf den Druck, der zu unterschiedlichen Zeitpunkten ausgeübt wird, all dies sind einige Gegebenheiten, die nicht in die formalen Kategorien von *Minkowska* fallen. Liegt der Grund hierfür in der Annahme, daß sie nicht zu den von ihr gewählten psychologischen Typen gehören? Im allgemeinen ist man jedoch der Ansicht, daß diese Gegebenheiten sowohl zum Verständnis des Kindes notwendig sind als auch die spezielle Qualität seines Ausdrucks hervorheben.

Wie wir im Kap. V gezeigt haben, sind diese Charakteristiken von Bedeutung für die Struktur der Persönlichkeit, und sie sind nicht weniger veränderlich als diejenigen der »formalen Welt«, wie sie von *Minkowska* beschrieben werden.

Man ist ebensosehr erstaunt, wenn man sieht, daß die Typologie von *Minkowska* das Alter des Kindes bei der Bewertung von formalen Charakteristiken der Zeichnung unberücksichtigt läßt. Wir fragen uns, wie es möglich ist, auf einheitliche Weise die Bewegung, die Verbindung und die Gliederung in den Zeichnungen von Kindern unterschiedlichen Alters interpretieren zu können? Gibt es ein ernstzunehmendes Argument, das dafür sprechen würde, aus der Sicht ein und desselben polarisierten Kriteriums Intelligenz und Sensibilität zu vergleichen, wie sie in den Zeichnungen eines neunjährigen Kindes und denjenigen eines Jugendlichen zum Ausdruck kommen?

Die Methode von *Minkowska* ist der *Rorschach*-Technik verwandt, indem sowohl die eine wie auch die andere sich mit dem formalen Prinzip des psychologischen Prozesses im projektiven Test befaßt. *Usteri* hat jedoch gezeigt, daß man u. a. kinästhetische Reaktionen von Erwachsenen und Kindern nicht auf die gleiche Weise beurteilen kann. Wenn man von einem normalen Erwachsenen ein Minimum an kinästhetischen Antworten erwartet, so kann man diese Situation nicht mit derjenigen eines gesunden 10–13jährigen Kindes vergleichen. *Usteri* hat den Nachweis geführt, daß das Kind in diesem Alter (in der Schweiz) sich von introversiven Tendenzen lösen muß, die sich in den kinästhetischen Antworten äußern und die andererseits das Kind in seiner Entfaltung und seinen Bemühungen um möglichst gute Realitätsanpassung behindern. Es handelt sich somit um ein unangepaßtes Kind, wenn es in diesem Alter kinästhetische Antworten gibt.

Minkowska (1949) ließ ein Mädchen im Alter von 4 Jahren bis zum Alter von 6½ Jahren mehrere Zeichnungen anfertigen. Die Analyse ergibt, daß sich ein Wandel von einem vorwiegend sensorischen Modus zu einer eher rationalen Ausrichtung vollzieht: »Im Alter von 6 Jahren hat sie sehr schnell lesen und schreiben gelernt ... Ihre Kommunikation mit den Erwachsenen erfolgt vorwiegend auf rationaler Ebene.« Es fällt jedoch schwer, der Ansicht zuzustimmen, daß das formale Vermögen sich früh manifestiert, sich beim Durchlaufen der Entwicklungsphasen des Kindes verfestigt und schließlich in einen konstitutionellen Typ mündet, der seine Charakteristiken unveränderlich beibehält. Unserer Ansicht nach ist die Form, in der Zeichnung sowie im Leben, nicht etwas Unveränderliches, sondern sie steht in wechselseitiger Beziehung zum Inhalt der Zeichnung, zum Kind als lebendigem Wesen, zu seiner Persönlichkeit, die als Schauspiel einer fortlaufenden Interaktion zwischen konstitutionellen Gegebenheiten und den Einflüssen des Lebens aufzufassen ist.

Die Lebenserfahrungen drücken ihren Stempel sowohl dem Inhalt als auch dem formalen Aspekt der Zeichnung auf. Dabei spielt der Einfluß, den diese oder jene Gesellschaft auf das Kind in unterschiedlichen Entwicklungsstadien ausübt, eine große Rolle. Wir haben die Zeichnungen immer in unmittelbarer Verbindung mit dem Ausdrucksverhalten analysiert. Der soziale und kulturelle Kontext, in den hinein ein Kind geboren wird und in dem es aufwächst, schafft die Bedingungen, welche die menschlichen Beziehungen ermöglichen und gleichzeitig deren Inhalt bestimmen. Daraus folgt z. B., daß ein Kind sich selbst in Zeichnungen widerspiegeln kann, welche die Familie zum Gegenstand haben. Dieses Thema spricht alle Eigenschaften an, die den Beziehungen zu einer solchen Gruppe und dieser Gruppe selbst zukommen.

Diese Beziehungen werden in der Untersuchung von *Reznikoff* (1956) herausgearbeitet. Dieser Autor analysiert die Zeichnungen der »Familie« und des »Ich« von einem gleichzeitig für die Form und den Inhalt bedeutsamen Gesichtspunkt aus. Der soziale und rassische Rahmen beeinflußt die Zeichnungen der untersuchten Kinder (100 Kinder im Alter von 7–9 Jahren). Im Vergleich zu Kindern, die aus Familien der Mittelschicht stammen, zeichnen Kinder aus einem ärmlichen Milieu ihre Familien so, wie wenn »sie in der Luft hingen« (Gefühl der Unsicherheit und Unterlegenheit); der Vater ist derjenige, dem am häufigsten die Arme fehlen (die Kinder sehen in ihm vorwiegend einen unzulänglichen Menschen). Die Kinder aus Negerfamilien zeichnen bedeutend seltener die Finger (der Kontakt mit der Umgebung ist problematischer) und sie schließen ihre Brüder und Schwestern aus der familiären Konstellation aus (stärkere Rivalität). Damit soll jedoch nicht gesagt werden, daß jedes Kind, das einem bestimmten Milieu angehört, unbedingt die allgemeinen Charakteristiken dieses Milieus zur Darstellung bringen muß; die Verknüpfung individueller Erfahrungen ist komplexer. Die zitierte Untersuchung interessiert uns insoweit, als sie mit Klarheit zeigt, wie sehr das Schicksal der sozialen Gruppe, zu der das Kind gehört, sich ebenso in der Form wie im Inhalt seiner Zeichnung äußert.

Schließlich sei noch erwähnt, daß die Autoren *Cain und Gomila* (1953) sich bei der Anwendung der Zeichnung der Familie, des Hauses und des Ich mit folgenden Aspekten befassen:

1. die Zahl der gezeichneten Personen (Vergessen anderer Personen oder auch der eigenen, Hinzufügung von Personen, die nicht zur Familie zählen);
2. die Anordnung der Personen (isoliert oder in Gruppen);
3. Figur–Grund–Beziehung;
4. Vorhandensein oder Fehlen kinästhetischer Elemente.

Die Autoren heben die Tatsache hervor, daß die Familie meist so gezeichnet wird, wie sie tatsächlich ist, wie das Kind sie sich wünscht oder aber wie sie sich ihm aus seiner Sicht darstellt.

2. Die Bewegung in der Mensch-Zeichnung und ihre Verwandtschaft mit den Bewegungsantworten im Rorschach-Test

Wir haben bereits betont, wie wichtig es für den Psychologen ist, sich die von *Minkowska* herausgestellten formalen Aspekte in den Kinderzeichnungen anzueignen und sie sehen zu lernen. Die Untersuchung dieser Autorin liefert jedoch noch einen weiteren wichtigen und originellen Beitrag zur Auswertung der Zeichnung. Es handelt sich um die Entdeckung einer unmittelbaren Parallelität zwischen den in den Rorschach-Antworten aufgefundenen Elementen und den formalen Komponenten der Zeichnung. *Minkowska* bleibt nicht bei Vergleichsuntersuchungen stehen, die sich auf die Persönlichkeitsbilder der Kinder beziehen und einen groben Überblick über die Gegebenheiten der beiden Tests geben. Ein solcher Vergleich wurde bereits von mehreren Forschern vorgenommen; die Autorin versucht vielmehr herauszufinden, was in den beiden Verfahren als äquivalent angesehen werden kann.

Den *Rorschach*-Test betreffend stellt *Minkowska* vier Punkte heraus:

1. die Bedeutung der Tatsache, daß in Bildern gesehen werden muß, daß diese Bilder im Gedächtnis behalten werden müssen und daß man sich nicht von ihnen lösen kann;
2. die Bedeutung des Tastsinns, d. h. des sensorischen Kontakts durch den Tastsinn;
3. die Wahrnehmung von Formen in Bewegungen;
4. die Reaktion auf die Farbe.

Diese Merkmale sind Bestandteil der formalen Welt, wie sie charakteristisch ist für Epileptoide und Epileptiker des sensorischen Typs, um deren Studium und Verständnis sich *Minkowska* lange Zeit und auf hervorragende Weise bemüht hat. Sie haben ihr Äquivalent in den folgenden zeichnerischen Charakteristiken: Sinn für das Konkrete, hervorragende Bedeutung der Farbe, Verbindung, Flüssigkeit, Auf- und Abstieg und vor allem Bewegung.

Minkowska nimmt an, daß die Identität der psychologischen Prozesse eine Bestimmung äquivalenter Reaktionen in den beiden Tests ermöglicht. Diese Vergleichsstudie eröffnet ein reiches Forschungsgebiet, das es ermöglichen müßte, Ergebnisse und Präzisierungen zu erhalten, die der Erarbeitung theoretischer Grundlagen dieses oder jenes projektiven Tests dienen.

Wir möchten uns insbesondere mit dem Problem der möglichen Verwandtschaft zwischen der in der Mensch-Zeichnung ausgedrückten Bewegung und der auf den Rorschach-Tafeln gesehenen Bewegung befassen. Im Rorschach-Test handelt es sich bei den kinästhetischen Antworten um Projektionen des Bildes einer Bewegung, die durch den Probanden selbst ausgeführt werden kann. Das wesentliche Kriterium für die Kinästhesie ist die Verschiebung eines Körperteils in bezug auf die übrigen Teile.

„Diese Antworten gehen auf eine normale Orientierung zurück, die als Introversion bezeichnet wird; sie werden von solchen Personen gegeben, die eher ›drinnen‹ als ›draußen‹ leben, die sich mehr oder weniger von der Realität distanzieren, denen es nicht leicht fällt, einen affektiven Kontakt mit ihresgleichen herzustellen, deren affektive Beziehungen jedoch stabil und intensiv sind, sobald sie einmal hergestellt sind" (*Usteri*, 1957).

Die Beziehung zwischen der aus den beiden Tests hervorgehenden Bewegung, wie sie von *Minkowska* angenommen wird, wird von *Landisberg* bestätigt:

»Die Qualität der menschlichen Bewegung im Rorschach steht in Verbindung mit der körperlichen Erscheinung und der motorischen Haltung der gezeichneten Person« (1953).

Wir glauben jedenfalls, daß das Erscheinen der Bewegung in der menschlichen Figur an sehr unterschiedliche Prozesse gebunden ist, und wir hoffen, daß diese deutlich werden. Genauso wie im *Rorschach* kann die Bewegung in der Zeichnung zuweilen eine Neigung zur Introversion, Reichtum des Innenlebens und kreative Möglichkeiten ausdrücken. Auf eben diese Tendenz geht die Tatsache zurück, daß Erwachsene und vor allem Jugendliche sehr viel mehr menschliche Figuren in Bewegung zeichnen, als kleinere Kinder dies tun.

In den Fig. 7 und 7a ist die Bewegung eines der dominierenden Elemente. Sie wurden von einem Mädchen im Alter von 13½ Jahren gezeichnet, das weitgehend im Bereich der Phantasie lebte, anderen Kindern mißtraute und wenig Kommunikation mit ihnen unterhielt. Einen Monat später bringen ihre Zeichnungen ebenso deutlich die gleiche Bewegung zum Ausdruck (Fig. 7b und 7c).

Es handelt sich um ein Beispiel für eine Bewegung, die im allgemeinen von solchen Individuen dargestellt wird, die überwiegend in der Welt ihrer eigenen Phantasien leben; die konstruktiven oder pathologischen Qualitäten können im Licht der übrigen Charakteristiken der Zeichnung beurteilt werden. Es ist jedoch nicht weniger wichtig, die Qualität der Bewegung zu studieren. Weist sie nach außen oder führt sie in sich selbst zurück? In der Zeichnung ebenso wie im *Rorschach* findet sich die Expansion bei aktiven Personen, die zwar gehemmt sein können, aber mit tiefgehenden und reichen kreativen Fähigkeiten begabt sind. Die in sich zurückfallende Bewegung hat meist die Bedeutung einer gewissen Passivität und einer geringen Vitalität.

Das Motiv der Bewegung kann der Zeichnung auch eine spezielle Qualität verleihen: eine Tänzerin, ein Mann, der spazieren geht, oder ein Kind, das einen Stein wirft, all dies sind Inhalte, die nicht dieselbe psychologische Bedeutung haben.

Wenden wir uns den Zeichnungen der Fig. 7 – 7c erneut zu, so stellen wir fest, daß die Bewegung eine stark expansive Tendenz hat; das Motiv ist ausgearbeitet und trägt sozialen Charakter (die weibliche Person tanzt, die männliche Person spielt Ball). Die gezeichneten Personen drehen uns den Rücken zu, wodurch der negative Charakter der phantasiebezogenen Konzentration des Probanden auf sich selbst verstärkt wird. Die Harmonie der Proportionen und die ausreichende Qualität der Details kommen jedoch zu der expansiven Tendenz hinzu und vermitteln den Eindruck konstruktiver Fähigkeiten der Persönlichkeit dieser Jugendlichen. Berücksichtigen wir zudem, daß die Bewegung beiden gezeichneten Geschlechtern gemeinsam ist, jedoch bei der weiblichen Figur vollständig zurückgeführt wird auf diese selbst. (»Sie tanzt eine Pirouette«.) Bei der männlichen Figur ist die Bewegung frei ausgeführt. In der Realität fühlte diese Jugendliche sich aufgrund ihrer Identifikation mit ihrer Mutter am meisten blockiert in bezug auf ihre Weiblichkeit. Es ist somit die Qualität der auf die beiden Geschlechter auf unterschiedliche Weise projizierten Bewegung, welche die grundlegende Hemmung unserer Probandin, die sich auch in anderen Tests ausdrückt, zutage treten läßt.

Wenn der Charakter des Scheiterns vorherrscht, wenn eine sichtbare Richtung der Bewegung »einfriert« und wenn gleichzeitig die Figur verschlossen und in Selbstbetrachtung befangen ist, so kann man mit Recht eine bedeutsame Anpassungsstörung annehmen. Diesen Charakter trifft man vor allem bei schizoiden oder schizophrenen Individuen an.

Unsere bisherige Betrachtung richtete sich auf die Bewegung hinsichtlich ihres introversiven Charakters und ihrer Bedeutung, wie sie auch in den kinästhetischen Antworten im Rorschach enthalten ist. In der Zeichnung findet sich noch eine andere Art der Bewegung, die in Wirklichkeit funktionalen Charakter hat und die man vorwiegend in Mensch-Zeichnungen kleiner Kinder antrifft. Die Jungen zeichnen einen Polizisten, der den Verkehr regelt, einen Cowboy, der seine Peitsche einrollt, einen turnenden Akrobaten. In all diesen Fällen ist es mehr das gewählte Motiv, das die Bewegung bestimmt, und diese gehört eher zum gedanklichen Inhalt als zur Form. Die zweite gezeichnete Person (weiblich) ist in diesen Fällen meist statisch dargestellt.

In einem unserer Fälle zeichnete ein kleiner Junge einen Fußballspieler. Er ist kein brillanter Schüler, spielt jedoch meisterhaft Fußball. Seine gute soziale Position in seiner Klasse geht vorwiegend auf sein Verhalten in den Pausen zurück; jede Fußballmannschaft reklamiert ihn für sich. In der Zeichnung stellt er sich so dar, wie er sich sieht, und zwar an seinem besten Tag: als triumphierender Sportler.

In diesem Fall steht die Bewegung in unmittelbarer Verbindung mit der motorischen Aktivität des Probanden; es ist der Wert seines Ich-Ideals, Sportler und von Kraft strotzend zu sein, was er in der Zeichnung ausdrückt. In einem gewissen Sinne ist die Bewegung hier die Folge eines Prozesses, der sich grundlegend von demjenigen unterscheidet, der in den kinästhetischen Antworten im *Rorschach* zum Ausdruck kommt. In der Zeichnung, von der wir sprechen, geht die Bewegung unmittelbar aus derjenigen Bewegung hervor, die eine reale und funktionale Bedeutung hat, während im *Rorschach* »der Mensch, der Kinästhesien hat, ein solcher ist, der hinsichtlich der motorischen Aktivität eher starr ist; ein lebendiger Mensch ist arm an Kinästhesien« (*Rorschach*, 1953).

Wie *Usteri* feststellte, geben normale jüngere Kinder im *Rorschach* keine kinästhetischen Antworten. Dies bestärkt uns in der Ansicht, das in der Zeichnung unterschieden werden muß zwischen der funktionalen Bewegung und der nur vorgestellten und introversiven Bewegung. Die funktionale Bewegung findet sich häufiger in den Zeichnungen von Jungen als in solchen von Mädchen. Beim *Rorschach* ist das Gegenteil der Fall: die Mädchen im Alter von 10 – 13 Jahren (die von *Usteri* in der Schweiz untersuchten Kinder) geben mehr kinästhetische Antworten als die Jungen. Wir glauben, daß diese Differenz auf die Tatsache zurückzuführen ist, daß die Jungen ein aktiveres Leben führen, das geprägt ist durch Sport, Kampfspiele und manifeste Aggressivität, während die Mädchen eher zu einem statischen und verinnerlichten Lebensstil neigen. Die Phantasiefiguren, die auf stereotype Weise von Jungen im Latenzalter gezeichnet werden und mit denen sie sich identifizieren, werden ebenfalls entsprechend ihrer physischen Stärke und ihren Handlungen ausgewählt. Sie werden in Bewegung gezeichnet, weil hierin ihre hauptsächliche Eigenschaft liegt. Selten sieht man einen Cowboy, einen Tarzan oder einen Polizisten, der in starrer Haltung gezeichnet ist. Zeichnet dagegen ein Junge dieses Alters eine Figur ohne Bewegung und mit starren Zügen und finden sich darüber hinaus auf der Blattfläche viele und starke Schattierungen, so wird man nach den Hemmungen suchen, die seinen feinmotorischen Ausdruck und seine männliche Identifikation behindern.

Wie ist es nun möglich, zwischen der introversiven und der funktionalen Bewegung zu unterscheiden? Es existiert kein sicheres Kriterium; aber es hat den Anschein, daß bei der ersteren der Akzent stärker auf der Bewegung selbst liegt als auf der Person, die sich bewegt. Der befragte Proband wird die Antwort geben, daß es sich »um ein Kind« handelt oder »jemand, der spazieren geht, der tanzt« usw. Das Verb, die Aktion herrschen vor. Umgekehrt ist es bei der funktionalen Bewegung die gewählte Person, die vom Proband besonders beschrieben wird, die Bewegung spielt nur am Rande eine Rolle: »ein Soldat in der Schlacht«, »die Ankunft eines Forschers«, »ein Dieb, der flieht«, usw. Im ersteren Fall macht der Proband aus der Bewegung eine subjektive und originelle Äußerung, im zweiten hebt er die im allgemeinen stereotypisierte Person hervor. Bei dem einen tritt die Bewegung bei den gezeichneten Personen beiderlei Geschlechts auf, bei der anderen ist die weibliche Person statisch gezeichnet, wenn die Zeichnung von einem Jungen angefertigt ist.

Untersuchen wir nun die Zeichnungen, in denen die Bewegung eine sehr spezifische Funktion übernimmt: die der Kompensation.

Um einen solchen Fall handelt es sich bei dem fettsüchtigen Kind im Alter von 10 Jahren, das zuerst einen Säugling in einer Wiege zeichnet, worin sich sein Bedürfnis, ernährt zu werden, und seine Abhängigkeit von seiner Mutter äußert. Es läßt sich dann ein neues Blatt geben, kritisiert seine erste Produktion und zeichnet diesmal einen Fußballspieler, der hinter dem Ball herläuft.

In diesem Fall drückt die Bewegung das Bedürfnis nach Selbstverwirklichung aus. Bei kranken Kindern kann man einen solchen Vorrang der Bewegung finden, worin sich ein Wunschbild von sich selbst, die Realisierung eines Bedürfnisses, ausdrückt, und nicht das Bild seiner selbst, so wie es tatsächlich ist. Sicherlich weist die Bewegung hier wie auch in den Zeichnungen der Jugendlichen auf introversive Fähigkeiten hin, die dem Kind das Ertragen seiner Krankheit erlauben; der unmittelbar kompensatorische Charakter ist jedoch zu deutlich, um ihn nicht erkennen zu können. Kinder, die unter einer Krankheit leiden und in ihrer Bewegungsfreiheit beeinträchtigt sind, jedoch eine solche Kompensation in der Phantasie nicht zeigen, reduzieren die Mensch-Zeichnung auf die gröbsten und einfachsten Elemente. Die gezeichnete Person hat einen entleerten, animalischen Charakter.

In den Fig. 2, 2a und 2b ist die Bewegung oder vielmehr die Aktivität der gezeichneten Personen von anderer Natur. Sie wurden angefertigt von einem 8 Jahre und 10 Monate alten Mädchen. Hier vermittelt die Bewegung in einer sehr einleuchtenden Weise die Qualität der Beziehungen zur Mutter. Dieses Mädchen wurde in der Tat mit einem sehr starren Programm erzogen durch eine Mutter, deren häusliche und mütterliche Aktivität einen zwanghaften Charakter hat. Die Ausführung der verschiedenen alltäglichen Aufgaben vollzieht sich nach einem bestimmten Ritual. Fieberhafte Aktivität tritt an die Stelle einer warmen und direkten affektiven Beziehung zum Kind. So sieht man auch in der

Zeichnung, daß das Übermaß an Aktivität den direkten Gefühlskontakt ersetzt (übermäßige Aktivität: eine weibliche Person, die Blumen pflückt; ein Junge, der einen Baum pflanzt; eine zweite weibliche Person, die sich nach der zum Trocknen aufgehängten Wäsche reckt; Fehlen des direkten affektiven Kontakts: die eine der weiblichen Personen wendet dem Betrachter den Rücken zu; das Gesicht, wenn es sichtbar ist, ist ohne Sorgfalt gezeichnet, und vor allem ist die Größe der menschlichen Figuren auf ein Minimum reduziert im Vergleich zu den dargestellten Objekten). Die Überfülle an Objekten und die Aktivität mit diesen Objekten ersetzt die Leere, die aus dem Fehlen echter Gefühlszuwendung von seiten der Mutter entsteht. Fieberhafte Aktivität ist zu einem charakteristischen Zug des Kindes geworden, sie projiziert sich in der Zeichnung und vermittelt das Bild einer vom Kind vollzogenen Identifikation mit seiner Mutter. In diesem Fall ist die Bewegung anders zu interpretieren als die von einem Jugendlichen oder einem kleinen Jungen dargestellte Bewegung. Die Bewegung symbolisiert hier nicht die Introversion und ebensowenig die Wertschätzung der motorischen Aktivität, sondern sie präsentiert sich als ein Hinweis auf einen Charakterzug, einen bestimmten Abwehrmechanismus, der die spezifische Funktion hat, die Beziehungen des kleinen Mädchens zu seiner Mutter zum Ausdruck zu bringen.

Man hat festgestellt, daß die Bewegung in der Zeichnung geistig behinderter Kinder im allgemeinen fehlt. Kann daraus der Schluß gezogen werden, daß die Intelligenz eine der Determinanten der Bewegung ist? Uns scheint, daß die Bewegung nicht unmittelbar mit dem Intelligenzniveau zusammenhängt. Ihre Abwesenheit bei geistig behinderten Kindern hat ihre Ursache vor allem in der »allgemeinen Rigidität« (*Lewin*, 1939) ihrer Persönlichkeit. In unmittelbarer Verbindung damit steht bei ihnen das Fehlen von Kreativität und von psychologischer Differenzierung, welche insbesondere ihre mitmenschliche Anpassung charakterisiert. Bei Probanden normaler Intelligenz ist die Bewegung ebensowenig ein unmittelbares Resultat ihrer intellektuellen Kapazität. Eine solche Verbindung kann nur in dem Fall in Betracht gezogen werden, wo die intellektuellen Fähigkeiten zur Erweiterung der kreativen Möglichkeiten der Persönlichkeit beitragen.

Gewisse Autoren glauben, daß das Fehlen von Übung die Bevorzugung von statischen menschlichen Formen erklärt, während die zeichnerische Darstellung von Bewegung einen gewissen Grad an Begabung voraussetzt. Was uns betrifft, so haben wir gute Darstellungen menschlicher Bewegungen mit rudimentären und zuweilen eindimensionalen Linien bei solchen Probanden gefunden, die aus einem wenig kultivierten Milieu kamen und aufgrund dessen weniger Möglichkeiten hatten, das Zeichnen zu erlernen. Allerdings trifft es zu, daß ein Kind, das von sich selbst glaubt, nicht zeichnen zu können, es vorziehen mag, eher eine unbewegliche und stereotypisierte Figur zu zeichnen als einen sich bewegenden Menschen. Dies kommt vor bei einem Kind, das seine spontane Kreativität erst dann verwirklicht, wenn es von dem Erwachsenen gelobt und ermuntert worden ist.

In Israel stellen die Psychologen in der Zeit des Purim-Festes, bei dem die Kinder sich verkleiden, eine Überfülle von Clownfiguren in den Zeichnungen der untersuchten Kinder fest. In dieser Zeit kreisen Ausschmückung und zeichnerische Arbeiten der Kinder vor allem in der Grundschule um solche Personen. Die Kinder ziehen es vor, im Mensch-Test einen Clown zu zeichnen, weil sie zu dieser Zeit sehr gut darin geübt sind, ihn darzustellen. Das Kind greift dieses Thema auf, weil es einerseits geübt ist in dieser Darstellung und andererseits das Bedürfnis hat, sich auf ein bekanntes Bild zu stützen und sich nicht dem Risiko einer neuen Darstellung auszusetzen, in die notgedrungen bewußte und unbewußte Inhalte einfließen. Aber selbst in diesem Fall können die Größe, die Lokalisation und die Strichführung eine Vielzahl an Auskünften über das Kind liefern. Daher sollte man das Kind ermuntern und die in Frage stehende Zeichnung anerkennend entgegennehmen, weil es geschehen kann, daß das Kind einen Clown wählt, »der an allem herummeckert«, um so eine gewisse Aggressivität auszudrücken. Im Anschluß daran kann man das Kind bitten, eine andere menschliche Person zu zeichnen, die diesmal »kein Clown« ist.

Verweilen wir schließlich bei dem Eindruck, den uns viele Mensch-Zeichnungen vermitteln, die von gesunden Kindern ausgeführt wurden. Es ist dies der Eindruck, vor der Zeichnung eines lebendigen menschlichen Wesens zu stehen, das sich auszeichnet durch Gewandtheit und die Fähigkeit, zu handeln und sich in eine Gemeinschaft einzugliedern. Wie es zu diesem unserem Eindruck kommt, erklärt eine minutiöse Analyse: die Linien sind eher gebogen als eckig, die Glieder und ihre Verbindungen flexibel, der Rhythmus der Strichführung ist nicht starr, nicht allzu wechselhaft, dennoch ausgeglichen in seiner unterschiedlichen Verwendung, die verschiedenen Partien des Gesichts müssen immer vorhanden sein und spontan dargestellt werden, wobei sie leichte Unregelmäßigkeiten und eine Asymmetrie aufweisen. Die gezeichnete Person kann in Handlung begriffen sein, die Bewegung kann aber auch kaum sichtbar dargestellt werden. *Minkowska* betrachtet die hier beschriebenen Charakteristiken als Teile der »auf die Bewegung hin ausgerichteten formal-sensorischen Welt«. Sie lassen sich jedenfalls unserer Ansicht nach von anderen Formen der Bewegung trennen, und der Begriff »Lebendigkeit« scheint uns geeigneter für ihre Abgrenzung.

Welches ist die Beziehung zwischen dieser Lebendigkeit und den im *Rorschach* gegebenen kinästhetischen Antworten? Die Lebendigkeit drückt auch eine Originalität aus, die in Verbindung steht zum Phantasieleben und zum Reichtum des inneren Lebens der Person. Was jedoch am meisten charakteristisch ist, ist die Tatsache, daß sie solchen Personen eigen ist, deren Beziehungen mit den anderen gut sind, unabhängig von ihrer Anzahl. Lebendigkeit ist nicht allein ein Zeichen der möglichen inneren Kreativität, sondern ebenso Ausdruck der affektiven Spontaneität. Sie hängt ab von stabilisierenden Faktoren des Gefühlsbereichs; sie kann in den Zeichnungen sehr kleiner Kinder fehlen, die noch nicht zu der geforderten Reife in ihren Beziehungen zum anderen gelangt sind. Ihre Entsprechung im *Rorschach* ist vielleicht ein gewisses Gleichgewicht zwischen den kinästhetischen und den Form-Farb-Antworten. Die Zeichnung, die einen der Lebendigkeit entgegengesetzten Eindruck vermitteln, kann wie folgt beschrieben werden: Die Person wird mit geraden Linien und spitzen Winkeln dargestellt, eine Modulation der Strichführung ist nicht gegeben, der menschliche Körper ist kein lebendiger Organismus, sondern eine starre Form, geometrisch, ohne Leben. Diese Züge sind niemals Hinweise auf einen Willen zur Abstraktion, sondern sie offenbaren vielmehr eine Persönlichkeit, die unter einer ernsthaften Blockierung leidet, die warme und spontane Beziehungen mit anderen verhindert. Wenn die Zeichnung aus einem Gefühl der Indifferenz heraus angefertigt wird, so bedeutet dies, daß die Konzentration des Probanden auf seine eigenen Bedürfnisse übermäßig stark ist. Für *Wehner* (1956) ist eine Zeichnung von dieser Art Zeichen für Tendenzen zur Depersonalisation. Außerdem findet sie sich bei depressiven, neurotischen und die Affektivität verdrängenden Erwachsenen.

Die Erfahrung lehrt, daß man zuweilen diese Art von Zeichnungen bei Kindern antrifft, die aus einem primitiven kulturellen Milieu stammen. Dadurch verändert sich die Interpretation. Auf den ersten Blick ist man versucht, die Einfachheit des Strichs, die extreme geometrische Vereinfachung mit einer ungenügenden Übung im Zeichnen zu erklären. In Wahrheit ist es nicht allein die diesen Kindern fehlende Ausbildung im Zeichnen, sondern ihnen fehlen auch die Möglichkeiten der Sublimierung, wie sie für eine Gesellschaft von höherem kulturellen Niveau charakteristisch ist. Der Ausdruck ihrer sexuellen und aggressiven Bedürfnisse ist viel unmittelbarer. Sie leben im Rahmen einer konkreten Welt, in der die Differenzierung und die Verfeinerung der Wahrnehmung und der Gefühle viel weniger ausgeprägt sind. Ein Kind, das auf diese Weise zeichnet, kann vollständig angepaßt sein, solange es in seinem gewohnten Milieu bleibt.

Die Kenntnis des Milieus allein, aus dem ein Kind stammt, kann nicht hinreichen bei der Interpretation der dargestellten Figur helfen. Wir müssen die übrigen Charakteristiken der Zeichnung hinzufügen. Die geometrische Darstellung der vom gestörten Kind gezeichneten menschlichen Figur geht mit einer Hemmung der Persönlichkeit einher; die Strichführung ist fein, aber starr, gewisse ungewöhnliche Details sind klein dargestellt, andere übertrieben groß, der Eindruck der Leere und der Unbeweglichkeit herrscht vor. Im *Rorschach* würde ein solches Kind als koartiert erscheinen. Diese Feststellung wird zum Teil von *Landisberg* bestätigt: »Das Fehlen oder die seltene Verwendung von Farben, vor allem in Verbindung mit dem Fehlen oder der seltenen Verwendung von M im *Rorschach* geht einher mit der Starrheit der Linien, der Leere und der Ausdruckslosigkeit der Zeichnungen« (1953).

Bei Kindern, die aus einem Unterschichtsmilieu stammen, hat die Strichführung den Charakter der Schwere, der Strich ist mit roher Kraft ausgeführt, die Bewegung kann vorhanden sein, die wesentlichen Details sind lebendig, die Person wird in geometrischen Formen, aber nicht starr gezeichnet, die Proportionen sind gut. Beim gestörten Kind drücken die geometrischen Formen eine Abwehr normaler Gefühlsbeziehungen aus; das Unterschicht-Kind gelangt aufgrund einer zu direkten Äußerung seiner Bedürfnisse nicht zur Darstellung einerirgendwie gearteten Sensibilität gegenüber der Komplexität des menschlichen Körpers, dessen Bild bei ihm auf brutale Weise auf seine elementaren funktionalen Charakteristiken reduziert ist.

Die Unterschiedlichkeit der Beispiele für Bewegung, die wir in der Mensch-Zeichnung antreffen, zwingt uns zu einer genaueren Differenzierung: Hinweis auf Introversion und aus der Form hervorgehend; unmittelbares Zeichen der Bevorzugung und der Bedeutung der Kinästhesie oder ihrer Wertschätzung, festgestellt anhand unterschiedlicher Figuren. Erkennbar am gedanklichen Inhalt, kann die Bewegung in anderen Fällen aus einer Kompensation oder dem Ausdruck einer zwanghaften Neigung zur Hyperaktivität hervorgehen. Zuweilen erscheint sie als eine der Komponenten der »Lebendigkeit« der Zeichnung. Zusammenfassend haben wir den Eindruck, daß die Bewegungsantworten der Zeichnung nicht so einfach zu interpretieren sind wie im *Rorschach;* sie müssen auf einer unterschiedlichen Grundlage bewertet werden.

Unter dem Einfluß des Werkes von *Minkowska* konnten wir hinsichtlich der Bewegung eine Parallele zwischen der Mensch-Zeichnung und dem *Rorschach*-Test finden. Man kann jedoch den gleichen methodischen Ansatz auf andere Aspekte der Zeichnung anwenden. Können die Auslassungen unterschiedlicher Körperteile in der Zeichnung nicht dem Do im *Rorschach* zur Seite gestellt werden? Liegt der gleiche Mechanismus zugrunde, wenn der Jugendliche lediglich die obere Hälfte des Körpers zeichnet und nur Menschen*köpfe* auf der dritten Tafel sieht, während die Mehrzahl der Probanden vollständige Personen wahrnimmt? Ist es das gleiche Bedürfnis nach Verleugnung der Existenz dieser sensiblen und konfliktgeladenen Region, die zur Übereinstimmung dieser Komponenten führt? Wir erinnern an das Kind, das sich weigert, die weibliche Figur zu zeichnen, und auf der siebten Tafel nicht die Frau erkennen kann, die hier von der Mehrzahl der Probanden gesehen wird.

Es hat den Anschein, daß eine unmittelbare Beziehung zwischen der Qualität der im *Rorschach* gegebenen Details und denjenigen in der Zeichnung besteht. *Landisberg* (1953) ist der Ansicht, daß »der Grad der Spezifität der Details im *Rorschach* der Menge der Details in den Zeichnungen und der auf ihre Darstellung verwendeten Sorgfalt entspricht. Eine unregelmäßige Sukzession der Lokalisationen scheint der verstreuten und vereinzelten Plazierung von Details auf der gesamten Zeichenfläche zu entsprechen«. Der Autor fährt fort: »Eine geringe Antwortzahl im *Rorschach* geht einher mit einer Armut an Details in den Zeichnungen.«

Eine zu große Zahl von unzusammenhängenden Details im Zeichentest und im *Rorschach* (Dd) ist in beiden Fällen als Symptom von Angst zu werten, man findet diese Charakteristik zuweilen bei in ihrer Entwicklung zurückgebliebenen Kindern, die überfordert wurden. Die Ängstlichkeit drückt sich in dem einen Test durch Schattierungen der Zeichnung aus, im anderen durch die Wahrnehmung von Schatten.

Wir haben diese Aufstellung von möglichen Vergleichen gegeben, um die Bedeutung der beiden Tests sowohl im klinischen Gebrauch wie auch im Bereich der theoretischen Forschung zu unterstreichen. Letztere kann Neues zur Validierung der beiden Tests beitragen unter der Bedingung, daß man nicht vergißt, daß bei jedem Test die Interpretation eines jeden Items abhängig ist vom Gesamtbild und den wechselseitigen Beziehungen zwischen den unterschiedlichen Gegebenheiten des Tests.

3. Der Haus-Baum-Mensch-Test

Buck (1949) verwendet die Mensch-Zeichnung als projektiven Test zusammen mit der Haus- und Baum-Zeichnung. Wir haben diese Methode bereits als Verfahren der Intelligenzprüfung beschrieben. Bei dieser Zielsetzung werden die in der Zeichnung des Hauses, des Baumes und des Menschen getrennt gewonnenen Werte miteinander verglichen, und dies ermöglicht eine wertvolle qualitative Einschätzung der Intelligenzfunktion. Tatsächlich erhält man nahezu in keinem Fall für jede Einheit die gleiche Summe der Bewertung für die Details, die Proportionen und die Perspektive. Jedoch ist eine bedeutsame Streuung der relativen Bewertungen für jede Einheit als ein Hinweis dafür anzusehen, daß die Bewertungen für diejenigen Zeichnungen, auf welche die meiste Mühe verwandt worden ist, wahrscheinlich durch die Bedeutung des Themas, die dieses tatsächlich oder auf symbolischer Ebene für den Probanden hat, beeinflußt wurden. Z. B. kann eine relativ niedrige Bewertung für den Baum bedeuten, daß der Proband seine Umgebung im allgemeinen als ungenügend erlebt, wobei er sich im Konflikt mit der Person sieht, die für ihn durch den Baum repräsentiert wird. Ein anderes Beispiel: der sehr negativistische oder psychopathische Proband, dessen Bewertungen sehr niedrig liegen, weil er auch gegenüber der Mensch-Zeichnung seine negativistische Haltung einnimmt, die bis zu einer vollständigen Ablehnung reichen kann.

In beiden Fällen ist das Verhalten des Individuums gegenüber jeder der drei Einheiten verschieden. Dies erklärt sich dadurch, daß die drei Einheiten unterschiedliche Wege der Projektion darstellen. Ihre Gemeinsamkeit besteht lediglich in ihrer nonverbalen Natur. Setzt man die Persönlichkeit eines Probanden Reizen aus, die sie auf unterschiedliche Weise beeinflussen, so provoziert man wechselseitige Wirkungen zwischen den emotionalen Faktoren und den in Frage kommenden intellektuellen Prozessen. Dies ist das Phänomen, das in der Streuung der relativen Bewertungen jeder der drei Einheiten zum Ausdruck kommt. Selbst der Platz, der von jeder Einheit in der Serie eingenommen wird, wobei das Haus zuerst kommt, gefolgt vom Baum und schließlich der Mensch-Zeichnung, kann zuweilen wichtige Charakteristiken enthüllen. Wenn etwa der Proband für die Darstellung des Hauses die niedrigste Note erhält und für die Mensch-Zeichnung die höchste Note, so kann man sich fragen: a) besteht eine initiale Hemmung oder eine initiale Furcht gegenüber dem Test, und/oder b) handelt es sich um eine aktuelle Unfähigkeit, sich neuen Situationen anzupassen?

Der spezifische Wert dieses Tests besteht darin, daß man mit seiner Hilfe die Mensch-Zeichnung mit derjenigen der beiden anderen Einheiten, die ihr vorausgegangen sind, vergleichen kann. *Buck* glaubt, daß die drei Einheiten Informationen desselben Charakters liefern, wenn man sie als Selbstporträts betrachtet; dagegen erhält man unterschiedliche Informationen, betrachtet man sie vom Gesichtspunkt der Qualität der vom Probanden entwickelten Konzeption, um zu einer Lösung des Problems zu gelangen, das ihm die Zeichnung des Hauses, des Baumes und des Menschen stellt.

Faßt man die Zeichnung des Hauses als Selbstporträt auf, so kann sie uns informieren:

1. über die psycho-sexuelle Anpassung (entsprechend den unterschiedlichen sexuellen Symbolen, die in ihr enthalten sind, z. B. der Schornstein);

2. über den Kontakt mit der Realität (Sukzession der Details, Qualität des Strichs usw.);
3. über die Offenheit des Probanden (Türen, Fenster, Kamin).

Im gleichen Sinne kann die Darstellung des Hauses das Gefühl des inneren Gleichgewichts, den Grad an Rigidität und die Rolle, welche die psychologische Vergangenheit und Zukunft innerhalb der Psyche des Probanden spielen, widerspiegeln.

Wenn andererseits die Zeichnung des Hauses als Abbild des familiären Lebens aufgefaßt wird, innerhalb dessen sich die wichtigsten zwischenmenschlichen Kontakte abspielen, so kann sie uns darüber informieren, was die Familie speziell für den Probanden in seiner Vergangenheit bedeutet, welches seine Einstellungen gegenüber seiner eigenen Familie sind und wie er die Gefühle interpretiert, die seine Familie ihm selbst gegenüber hat.

Der Baum ist diejenige Einheit, die sich am besten dazu eignet, dem Untersucher den Einblick zu vermitteln, den der Proband von der Beziehung zwischen sich selbst und seinem Milieu hat. Dies beruht darauf, daß die Struktur des Baumes und die Art seiner Darstellung weniger beeinflußt werden durch ein konventionelles Stereotyp als etwa die Darstellung des Hauses oder des Menschen. Wahrscheinlich hat der Proband weniger das Gefühl, ein eigenes Porträt zu zeichnen, wenn er die durch den Druck der Umgebung hervorgerufenen Schäden beim Baum darstellt, als wenn er dieselben Schäden bei der Darstellung des Hauses oder eines Menschen zum Ausdruck bringt. Die Beschädigung eines Baumes darzustellen, wird als weniger unangenehm und kompromittierend empfunden, als etwa einen verstümmelten Menschen zu zeichnen. Als Selbstdarstellung dürfte die Darstellung des Baumes am weitesten zu den tiefsten Schichten vordringen, zu der Vorstellung, die der Proband auf einem unbewußten Niveau von sich selbst in Beziehung zu seinem gesamten psychischen Feld hat und von der unbewußten Vorstellung von seiner Entwicklung, wie sie sich vor allem in »Beschädigungen« ausdrückt, oder aber durch abgebrochene Zweige, die traumatische Episoden symbolisieren können. Aufgefaßt als Selbstporträt kann der Baum weiterhin das Niveau der psycho-sexuellen Reife des Probanden symbolisieren, die Natur seines Realitätskontakts und das Gefühl seines inneren Gleichgewichts. Der Baumstamm entspricht dem fundamentalen Gefühl von der eigenen Kraft des Probanden; die Äste würden demnach entsprechend ihren Ausmaßen und ihrer räumlichen Beziehung zum Stamm und zum Zeichenpapier die Kraftquellen symbolisieren, über die der Proband auf der Suche nach Befriedigung seiner Bedürfnisse verfügt. Es hat den Anschein, daß die Beziehungen zwischen den Ästen die Flexibilität und die Organisation solcher personellen Eigenheiten bei der Suche nach Befriedigung zum Ausdruck bringen. Oberflächlich gesehen würden die Wurzeln die elementaren Quellen und die Kräfte zur Herstellung des inneren Gleichgewichts darstellen, während sie auf einem tiefergreifenden Niveau auf die elementaren und fundamentalen Triebe hinweisen würden.

Im Vergleich zur Darstellung des Hauses und des Baumes ist nach *Buck* in der Mensch-Zeichnung das unmittelbarste Selbstporträt zu sehen. Die Projektion des eigenen Körperbildes, die Auffassung, die der Proband von seiner Geschlechtsrolle hat, und seine Einstellung gegenüber den interpersonellen Beziehungen im allgemeinen nehmen hier zentrale Stellungen ein. Sieht man in der gezeichneten Person etwas anderes als ein Selbstporträt, so kann sie folgendes repräsentieren: 1. bestimmte spezifische Ängste, Zwangsgedanken usw.; 2. die Haltung des Probanden gegenüber der spezifischen Beziehung zu einer Person, der gegenüber er starke Gefühle der Liebe, des Hasses oder der Ambivalenz hegt.

Es scheint somit, daß jede der drei Einheiten unterschiedliche Ebenen und Aspekte der Persönlichkeit enthüllt, je nach der Bedeutung, die jeder der drei Begriffe im Rahmen unserer Kultur wie in der besonderen Existenz eines Individuums erworben hat. Jede der Einheiten kann daher eine spezifische Fassade enthüllen, und alle zusammen können über dieselben Bereiche Informationen liefern: psycho-sexuelle Reife des Probanden, Realitätskontakt und Gefühl vom eigenen psychischen Gleichgewicht.

Die von *Buck* verwendete Dichotomie (Selbstporträt oder »andere Dinge«) erscheint uns nicht plausibel. Sie wäre akzeptabel, wenn das Selbstporträt im Sinne des Selbstbildes von *Rogers* aufgefaßt würde. Dies ist aber nicht die Intention von *Buck*. Die sehr weite Konzeption des Begriffs Selbstporträt, welche sehr unterschiedliche Ebenen und Mechanismen umfaßt, wie es etwa die vielfältigen Beispiele von *Buck* nahelegen, schließt andererseits den Begriff »andere Dinge« aus. Der Baum, das Haus oder der Mensch stellen niemals »andere Dinge« dar, sondern immer die Beziehungen des Probanden zu anderen Dingen. Im gewissen Sinne ist es die Lebensweise des Probanden, sein eigenes Porträt, seine Einstellung gegenüber dem anderen, und wenn dieses »andere« auch etwas sehr Spezielles sein mag, so ist es niemals ohne Bedeutung für das Leben des Probanden.

Ein von *Buck* gegebenes Beispiel mag dies verdeutlichen: das von einem schizoiden Mediziner gezeichnete Haus. Es weist auf das Haus hin, das er früher bewohnte und das er nun peinlich genau zeichnet. Er drückt damit seinen Wunsch aus, dorthin zurückkehren zu können, wo er sich glücklich und in Sicherheit fühlte. Es ist nicht das Haus, woran uns seine Zeichnung erinnert, sondern vielmehr das Porträt seiner selbst, eines kleinen Kindes, das sich in seinem Haus glücklich fühlt. Diese Zeichnung vermittelt uns nicht die Realität, so wie sie gewesen sein mag, sondern ausschließlich das Bild von einem verlorenen Glück und von einem glücklichen Kind früherer Zeiten, das sich der Probeband jetzt macht, und wie diese Auffassung verbunden ist mit dem Wunsch, zu diesem Stadium zurückzukehren. Somit erscheint in der Zeichnung nicht das Haus, so wie es sich in der Realität darstellte; vielmehr sehen wir die Verbindung zwischen den aktuellen Bedürfnissen und Wünschen und dem Bild der Vergangenheit. Jedenfalls stellt der Test von *Buck* einen gangbaren Weg dar, die allgemeinen und spezifischen Bedeutungen, die den drei Einheiten vom Gesichtspunkt der Projektion eigen sind, zu erforschen und so auf die bestmögliche Weise die jeder Einheit eigenen Informationen zu ermitteln.

Hier ist ein Anknüpfungspunkt gegeben zu den Untersuchungen, die *Diamond* (1954) auf dem Gebiet des sprachlichen Ausdrucks durchgeführt hat. Der Autor analysiert die Geschichten, die von Studenten über ein Haus, einen Baum und eine Person geschrieben werden. Jede Einheit kann für sich selbst sprechen, ebenso aber auch mit den übrigen im Kontext dieser Geschichten in Verbindung treten und so ihre »Empfindungen« gegenüber den beiden anderen zum Ausdruck bringen.

Diamond findet unter anderem, daß die drei Einheiten Unterschiedliches symbolisieren können. Im allgemeinen werde jedoch der Baum als ein Symbol der Naturkraft angesehen und das Haus als das Symbol der durch die Gesellschaft aufgestellten Verhaltensnormen. In anderen Geschichten symbolisieren der Baum und das Haus miteinander in Konflikt stehende ethische Normen, wobei der Baum die freie Entfaltung des Individuums darstellt und das Haus die Konformität mit sozialen Erwartungen.

In einer anderen Untersuchung (*Diamond*, 1954), der die gleiche Methode zugrunde liegt, kommt der Autor zu dem Ergebnis, daß der Baum für Jungen ein Symbol der Identifikation mit dem Vater und für Mädchen der Identifikation mit der Mutter ist; er spielt die Rolle eines Selbstbildes, eines Selbstporträts, jedoch unter dem Aspekt eines Ideals, außer wenn eine schwerwiegende Mißachtung seiner selbst gegeben ist (zerbrechlicher Baum). Die Beziehung zwischen dem Haus und dem Baum bleibt somit auf dem verbalen Gebiet das, was sie in dem von *Buck* untersuchten zeichnerischen Bereich war; der Baum symbolisiert im Vergleich zum Haus ursprünglichere Züge, die von der Erziehung unberührt blieben. Wir glauben, daß man andererseits in der Unterschiedlichkeit der Wege der Projektion die Erklärung der Tatsache suchen sollte, daß die Selbstkontrolle bei der zeichnerischen Darstellung des Baumes geringer ist. In den Aufsätzen sind die darin enthaltenen Projektionen stärker beeinflußt von der bewußten Sorge, sich in ein gutes Licht zu rücken und das bestmögliche Bild seiner selbst zu geben.

Im Bereich des zeichnerischen Ausdrucks haben mehrere Untersuchungen die Hypothese von *Buck* bestätigt, daß gleichzeitig eine Homogenität und eine Heterogenität der persönlichen Bedeutungen gegeben ist, die von jeder der drei Einheiten aufgedeckt wird. Auf der Seite der Allgemeingültigkeit der Bedeutungen findet *Jolles* (1952), daß das Haus, der Baum und der Mensch Hinweise geben können auf Störungen sexueller Natur. (Wir wollen hier darauf hinweisen, daß der Haus-Baum-Mensch-Test lediglich die Zeichnung einer einzigen Person verlangt und daß die Methode von *Machover* eine umfassendere Information über die Identifikation und Probleme sexueller Natur gibt, weil hier um die Zeichnung von Personen beiderlei Geschlechts gebeten wird.) *Jolles* findet bei 2085 Kindern im Alter von 5–12 Jahren eine intraindividuelle Konstanz der in den drei Arten von Zeichnungen gegebenen Hinweise auf sexuelle Störungen.

Sloan (1954) bemerkt richtig, daß diese Untersuchung in keiner Weise beweist, daß diese Zeichen Hinweise für sexuelle Störungen sind. Was *Jolles* herausstellt, darin liegt der eigentliche Wert seiner Arbeit, ist der Befund, daß diese Elemente nicht isoliert erscheinen, sondern sich in eine einheitliche Gesamtheit eingliedern. Tauchen sie an der einen Stelle auf, so werden sie auch an anderen Stellen auffindbar sein. Zeigt z. B. der Baum eine phallische Form, so sind andere sexuelle Symbole auf die gleiche Weise in der Zeichnung des Hauses und des Menschen betont.

Die von *Jolles* herausgestellten Zeichen sind die folgenden:

Beim Baum: eine phallische Form, d. h. ein im Vergleich zu den Ästen sehr kräftiger Stamm.

Beim Haus: ein beschädigter Schornstein oder – was durch die Proportion zum Ausdruck kommt – seine Anordnung, eine starke Schattierung oder eine zu der übrigen Zeichnung im Kontrast stehende Strichführung.

Bei der Mensch-Zeichnung: eine zu lange oder zu breite Nase, lange Haare ohne Schatten, eine gewisse Qualität der Linie oder eine sehr schattierte Ausschmükkung; übermäßig große Brüste, die noch durch Schatten hervorgehoben sind; ungewöhnliche Darstellung der Taille oder der Beckenregion; übertriebene Proportionen von Objekten wie Revolvern, Pistolen, Spazierstöcken und Krawatten.

Der Autor stellt ferner fest, daß sich Zeichen einer sexuellen Störung in der Darstellung des Hauses und des Menschen finden können, auch wenn der Baum keine phallische Form hat. Er nimmt daher an, daß der Baum als Reizgrundlage in der sexuellen Sphäre nicht diejenigen Assoziationen hervorruft, die allein durch das Thema des Hauses und des Menschen angesprochen werden, wodurch diese eine Übereinstimmung zeigen.

Andere Untersuchungen von *Jolles u. Beck* (1953 a, 1953 b) bei denselben Kindern stellen heraus, daß die drei Einheiten auch unterschiedliche Wege der Projektion darstellen und daß ihnen verschiedene Eigenschaften zukommen. Die drei Einheiten unterscheiden sich in bezug auf die vertikale und die horizontale Dimension der Zeichnung. In bezug auf die horizontale Dimension nimmt *Buck* aufgrund seiner Erfahrungen mit Zeichnungen von Jugendlichen und Erwachsenen an, daß das psychologische Zentrum des Zeichenpapiers nicht mit dessen geometrischem Zentrum übereinstimmt, sondern etwas nach links verschoben ist. Seine Interpretation ähnelt vollkommen derjenigen, die wir in Kap. V gegeben haben. Diese Dimension wird vom Autor »zeitliche« genannt, weil die linke Seite des Blattes der Vergangenheit zugehört, die rechte Seite dagegen der Zukunft. Demnach kann man annehmen: Je weiter die Zeichnung nach links verschoben ist, um so mehr finden sich beim Probanden Tendenzen zu einem unmittelbaren emotionalen Ausdruck, und je weiter die Zeichnung nach rechts verschoben ist, um so mehr legt dies Zeugnis ab für die Stärke der intellektuellen Kontrolle. In einem gewissen Sinne entspricht dies dem Kontinuum Infantilismus-Reife, Erwachsenheit-Starrheit, wie es mit typischen Konstellationen im *Rorschach* zu finden ist.

Die Untersuchung von *Jolles* zeigt, daß auch bei Kindern das psychologische Zentrum nicht identisch ist mit dem geometrischen. Dies ist kein Zufall, sondern steht in Verbindung mit verschiedenen psychologischen Prozessen. Das psychologische Zentrum verschiebt sich z. B. mit dem Alter. Trotz wichtiger Abweichungen variiert diese Veränderung von einer Einheit zur anderen ($p > .01$). Das Zentrum der Mensch-Zeichnung verschiebt sich in umgekehrter Richtung wie das des Hauses, während die Position des Baumes nicht in Beziehung zum Alter steht.

Wir können die Interpretationen von *Jolles* gelten lassen oder aber sie ablehnen. (In bezug auf das Haus bedeuten sie: »je älter das Kind, um so eher ist es bereit, sich den ihm von den Eltern auferlegten Regeln unterzuordnen«; in bezug auf die Mensch-Zeichnung: »je älter die Versuchsperson, um so mehr ist sie sozialisiert«; in bezug auf den Baum: »der grundlegende Bereich der Reaktionen der Probanden verändert sich nicht mit dem Alter zwischen 5 und 12 Jahren«, *Jolles*, 1953.) Als Ergebnis bleibt, daß die drei Einheiten ihren eigenen Reaktionscharakter besitzen und daß der Baum, zumindest in bezug auf die Lokalisation, diejenige Einheit ist, welche die größte Stabilität in bezug auf das Alter bei Kindern zwischen 5 und 12 Jahren aufweist.

Die Resultate bezüglich der vertikalen Lokalisation sind von gleicher Natur. Bei den 5–12jährigen Kindern, die von *Jolles* untersucht wurden, zeigt die Veränderung im allgemeinen eine Orientierung von unten nach oben (*Jolles*, 1953). Mit zunehmendem Alter soll nach ihm die Fähigkeit zur Befriedigung im Bereich der Phantasie bis zu einem gewissen Grad ansteigen. Hier besteht eine Übereinstimmung mit der Hypothese von *Buck*, wonach die Lokalisierung des Zentrums der gezeichneten Einheit oberhalb des mittleren psychologischen Zentrums des Blattes auf eine Neigung hinweist, Befriedigungen in der Phantasie zu finden, oder auf Ehrgeiz, während die Lokalisierung des Mittelpunkts der Einheit unterhalb des Mittelpunkts des Blattes als Anzeichen gelten kann für Realismus, eine Tendenz zu Gefühlen der Unsicherheit oder eine Neigung zur Depression. Hier ist ebenfalls die Veränderung bei den 5–12 Jahre alten Kindern in den drei Einheiten nicht identisch. Es zeigt sich eine mit zunehmendem Alter wachsende Tendenz, das Haus auf dem Blatt immer weiter oben zu zeichnen, während die Mensch-Zeichnung tiefer lokalisiert wird. (Es ist das Haus, das am stärksten ein Gefühl der Sicherheit vermittelt. Die interpersonellen Beziehungen vermitteln dagegen nach der Interpretation des Autors am wenigsten ein solches Gefühl.) Man beachte außerdem, daß im Durchschnitt die Zeichnung der Mädchen höher plaziert wird als die der Jungen. Die Mädchen könnten demnach leichter Befriedigung im Bereich der Phantasie finden als die Jungen. Man könnte diese Tatsache außerdem im Sinne eines bei den Mädchen stärkeren Bedürfnisses interpretieren, über sich selbst hinauszuwachsen.

Die drei unterschiedlichen Einheiten stellen verschiedene Wege der Projektion dar und jede von ihnen eröffnet vor allem die Möglichkeit, unterschiedliche Schichten der Persönlichkeit aufzudecken. Diese Unterschiedlichkeit erlaubt uns in einem gewissen Maße, die Schwere oder Tiefe unterschiedlicher Störungen abzugrenzen. Eine Adoleszenzkrise, die in erster Linie durch den traumatisierenden Charakter der Umgebung hervorgerufen wurde, kann sich auf eine prägnante Weise in der Mensch-Zeichnung manifestieren, die relative Festigkeit des Baumes wird uns aber Auskunft geben über die grundlegenden Kraftreserven des Kindes.

In der Tat glaubt *Hammer* (1953) aufgrund seiner Erfahrung eine positive Prognose stellen zu können, wenn der Ausdruck in der Baum-Zeichnung gesünderen Charakter aufweist als der Ausdruck der Mensch-Zeichnung, weil die Baum-Zeichnung auf tiefere Schichten zurückgeht als die Mensch-Zeichnung. In Fällen dieser Art werden die latenten positiven Kräfte im allgemeinen überlagert von den Auswirkungen einer reaktiven, durch die Situation hervorgerufenen Verwirrung. »Umgekehrt wird man sich zu einer negativen Prognose veranlaßt sehen, wenn der gezeichnete Baum eher als die Mensch-Zeichnung auf Psychopathologisches hinweist. Wenn wir sagen, daß der Baum den Eindruck einer tiefgreifenden Psychopathologie vermittelt, so denken wir an Bilder, auf denen man z. B. einen Baum sieht, der auf seine seitlichen Linien reduziert, an der Spitze oder an der Basis offen ist und so den Eindruck eines explodierten Baumes vermittelt. Es kann sich aber auch um einen Baum handeln, dessen Äste oder dessen Stamm abgebrochen sind; ein Baum, der so gezeichnet ist, daß man sagen könnte, er schwankt; Blätter, von denen man glaubt, daß sie auf einem abgestorbenen Stamm verdorrt sind usw.« (*Hammer*, 1953).

Auch wenn man diese Bewertung als möglich annimmt, muß man dennoch eine große Sorgfalt walten lassen bei der Anwendung des Prinzips, wonach der Baum tiefere Schichten aufdeckt und die Mensch-Zeichnung stärkere Abwehrkräfte mobilisiert. Es ist möglich, daß die Veränderung des Ausdrucks der einen Figur im Vergleich zur anderen hervorgerufen wurde durch eine Veränderung der Einstellung des Probanden im Verlauf der Untersuchung. Ein gehemmtes Kind, das zunächst das Haus gezeichnet hat, dann den Baum, schließlich den Menschen, kann sich schrittweise von einer anfänglich übertriebenen Kontrolle befreien, indem es die Situation als weniger störend empfindet. Danach kann es sich in der Mensch-Zeichnung mit größerer Freiheit ausdrücken. In diesem Fall wird es die letztere Zeichnung sein, die dem Psychologen einen Hinweis auf zensierte oder negative tiefere Schichten geben wird.

Der Vorhersagewert, den *Hammer* jeder der drei Einheiten zuerkennt, kann sich zudem verringern, wenn z. B. der Baum in Verbindung mit einem glücklichen oder traumatisierenden Ereignis im Leben des Probanden eine spezielle Bedeutung erhalten hat, entweder in extrem positivem oder extrem negativem Sinne. Diese Einschränkungen verringern jedoch keineswegs den hier angesprochenen prognostischen Wert, ebensowenig die Bedeutung von Untersuchungen, die die Klärung der Beziehungen zwischen den drei gezeichneten Einheiten zum Ziel haben.

4. Die Rolle des Gesprächs im Anschluß an die Mensch-Zeichnung

Machover und *Buck* schlagen ein Gespräch mit dem Probanden im Anschluß an die Zeichnung vor. *Machover* mißt dem weniger Bedeutung bei als *Buck*. Letzterer ist der Ansicht, daß dieses Gespräch unbedingt notwendig ist und einen integrierenden Bestandteil des Tests darstellt. Er glaubt, daß der Proband die Gefühle und Einstellungen verbalisieren kann, welche die Zeichnung hervorgerufen hat. Die Rolle des Gesprächs ist eine doppelte. Da die Zeichnung im allgemeinen starke emotionale Reaktionen hervorruft, erlaubt die verbale Phase dem Probanden einerseits, Material, das er bis dahin verleugnete, deutlich hervortreten zu lassen. Andererseits erlauben die vorbereiteten Fragen dem Untersucher, genauer zu bestimmen, was die Zeichnungen für den Probanden bedeuten, und diejenigen Aspekte zu erhellen, die er nicht verstanden hat.

Es besteht noch eine weitere Differenz zwischen den beiden Methoden: Das von *Machover* vorgeschlagene Gespräch ist weitgehend direktiv, obwohl die Autorin so vorgeht, daß man eine Geschichte über die gezeichnete Person erfinden muß, als ob es sich um einen Romanhelden oder ein Theaterstück handelte.

Machover läßt den Probanden z. B. sagen, ob die gezeichnete Person nervös ist oder welches ihre wichtigsten Wünsche sind. Die Fragen, welche *Buck* stellt, bleiben mehr auf der Linie einer unstrukturierten Situation und fordern in stärkerem Maße die Projektion von Bedürfnissen, Gefühlen oder unterschiedlichen Einstellungen. Sie sind sehr verschiedenartig, zuweilen direkt, und sie beziehen sich dabei auf die gesamte Einheit (man kann z. B. fragen: »Ist dies euer eigenes Haus?«), manchmal mehr indirekt (»Wohin führt dieser Weg?«) oder von mehr abstraktem Charakter (»Wie ist das Wetter auf diesem Bild?«).

Die 64 Fragen, wie *Buck* sie vorschlägt, sind spiralartig angeordnet. Die erste wird zur Mensch-Zeichnung gestellt, die zweite zum Baum, die dritte zum Haus, und die Fragen kehren mehrmals auf dieselbe Einheit zurück, um die Bildung einer bestimmten Reaktionseinstellung zu vermeiden und an das zu erinnern, was vorher gesagt worden ist. In der Tat steht die Bedeutung, die diesem Gespräch beigemessen wird, selbst seine Länge, zu einem gewissen Grad in Beziehung zur Haltung, die *Buck* gegenüber der Interpretation der Zeichnung einnimmt.

Für *Buck*, ebenso wie für *Machover*, muß die Zeichnung in Verbindung mit der persönlichen Lebensgeschichte des Probanden und mit den aus verschiedenen Quellen stammenden klinischen Daten untersucht werden. Für *Machover* kann sich die Interpretation weitgehend auf den allgemeinen (psychoanalytischen und volkskundlichen) Sinn der verschiedenen Aspekte der Mensch-Zeichnung stützen. Der Kopf z. B. wird als das Zentrum des »Ich« angesehen, die Nase hat im wesentlichen eine sexuelle Bedeutung usw. Im Gegensatz dazu besteht *Buck* auf der Wichtigkeit der speziellen und subjektiven Bedeutung des jeweiligen Details, der jeweiligen Bewegung und der jeweiligen Position. Er lehnt die Methoden der Blindanalyse der Zeichnung mit Bestimmtheit ab und fordert die Kenntnis der Bedeutungen, wie sie einer bestimmten Person eigen sind, als ein unabdingbares Mittel zum Verständnis des Tests. Demnach ist es über die vorgeschlagene Liste von Fragen hinaus nützlich, im verbalen Austausch den möglichen Sinn von ungewöhnlichen Details zu bestimmen und vom Probanden selbst nähere Angaben über die Abwesenheit bestimmter üblicher Details zu erhalten, wie etwa der verschiedenen Teile des menschlichen Körpers oder der Tür eines Hauses.

In Wahrheit sind diese Unterschiede zwischen den beiden Methoden mehr gradueller Art, als daß sie einen echten Widerspruch beinhalten würden. In den von *Machover* dargestellten Beispielen von verschiedenen Fällen findet man immer wieder die verbale Phase erwähnt und Versuche, die Zeichnung in Verbindung zu setzen zum charakteristischen Verhalten oder zu früheren Erlebnissen des Probanden. In den Assoziationen eines 8jährigen Kindes, von dem *Machover* z. B. berichtet, war das Schlimmste, was über das gezeichnete Mädchen ausgesagt wurde, daß es nicht aß. *Machover* erklärt diesen Einfall als Hinweis auf eine für das Kind bedeutsame Tatsache: der große Mund der beiden Personen belegte seine oralen Probleme.

Was *Buck* betrifft, so enthält sein Buch nicht nur eine große Vielzahl idiographischer Interpretationen, sondern man findet hier auch Verallgemeinerungen, die den Interpretationen von *Machover* sehr nahekommen. *Buck* schreibt z. B.: »In der Haus-Baum-Mensch-Zeichnung bringt das Erscheinen von Wolken immer eine generalisierte Angst hinsichtlich der Beziehungen zur Umwelt zum Ausdruck«, oder auch: »Der auf der Spitze eines Höhenrückens gezeichnete Baum scheint häufig in Beziehung zu einer oral-erotischen Fixierung zu stehen, oft verbunden mit dem Bedürfnis nach elterlichem Schutz«.

Diesen beiden Methoden zufolge scheint es nicht möglich, daß der Psychologe an die Untersuchung mit einem bereits vorhandenen Wissen von den möglichen Bedeutungen der Zeichnungen herantritt. Die Lebensbedingungen und die spezifischen Erfahrungen sind jedoch in unserer Zivilisation gleichförmig genug, um einige Gebiete allgemeiner Ausdrucksweisen festzulegen. Dennoch müssen wir anerkennen, daß *Buck* den Nachdruck auf die Notwendigkeit legte, die spezielle Bedeutung der unterschiedlichen Aspekte dieses oder jenes Probanden zu verstehen.

Die Interpretationen, zu denen der Psychologe aufgrund seiner praktischen Erfahrung gekommen ist oder die er der Literatur entnimmt, haben jederzeit eine potentielle Gültigkeit. Sie treffen jedoch erst dann auf die Realität zu, wenn sie das Sieb der spezifischen Bedingungen in »diesem Fall« durchlaufen haben. Wenn der Psychologe einerseits keine der möglichen Vorgehensweisen ablehnen soll, die ihm zu einem besseren Verständnis der Zeichnungen verhelfen können, so muß er sich doch davor hüten, auf eine allzu naive Weise zu glauben, daß die verbale Phase ihm den Schlüssel für seine Interpretation liefern wird. Die Befragung dient lediglich dazu, dem Probanden die Möglichkeit zu geben, durch seine Erklärungen und seine verbalen Projektionen dasjenige zu präzisieren, was er bereits selbst in seine Zeichnungen hineingelegt hat. Was er jedoch mit Hilfe verschiedener zeichnerischer Symbole verschleiert hat, wird in der anschließenden verbalen Phase nicht plötzlich in vollem Lichte aufscheinen. Verschiedene Rationalisierungen und unterschiedliche Widerstände werden vielmehr im Verlauf dieses Teils der psychologischen Untersuchung zum Vorschein kommen. Die Befragung steht selbst unter dem Einfluß der gesamten Untersuchungssituation, und sie entzieht sich nicht der Kontrolle und der dem Probanden eigenen Rigidität. Je weniger zurückhaltend und feindselig der Proband eingestellt ist, um so produktiver wird diese zweite Testphase sein. In dem Maße, wie der Kontakt beruhigender wird, drücken die verbalen Antworten besser und weitergehend die tiefere Realität der Existenz des Probanden aus.

Morgenstern (1937) untersuchte freie Zeichnungen, die als Hilfsmittel bei der psychoanalytischen Therapie von Kindern verwendet wurden. Es zeigte sich, daß die Interpretationen der eigenen Zeichnungen bei den einzelnen Kindern von einer Sitzung zur anderen variierten, und zwar in Abhängigkeit von den Stadien der Analyse. So etwa sieht ein Kind zunächst in seiner Zeichnung Soldaten und Offiziere, die später zu Kindern und ihrem Vater werden.

Die verbale Phase gibt somit keine unmittelbare Antwort auf Fragen, die sich anhand der Zeichnung stellen; sie verhilft jedoch immer zu Präzisierungen und den notwendigen Erläuterungen im Kontext der Untersuchung. *Machover* schreibt: »Der Versuch, der Bedeutung des Symbols für ein Individuum, das eine Zeichnung anfertigt, auf den Grund zu kommen, war lediglich bei solchen Individuen erfolgreich, deren Unbewußtes genügend zugänglich war, etwa bei Schizophrenen oder bei Patienten in Analyse« (1949). Ohne den unmittelbaren Beitrag der Befragung zu überschätzen, kann und soll man sie für unabdingbar halten, wenn man zu einem lebendigen und verständlichen Bild der Persönlichkeit gelangen will. Im Rahmen der gesamten Konfiguration kommt es dabei zu einer Gegenüberstellung der Bedeutung der unterschiedlichen Items und der verschiedenen zeichnerischen Aspekte mit den Ergebnissen anderer Tests und der Lebensgeschichte des Probanden. Angesichts dieser Aufgabe hat man den Eindruck, daß die von *Buck* vorgeschlagene Befragung etwas schwerfällig ist. Es scheint uns, daß der Untersucher diese nicht allzu starr anwenden sollte. Vielmehr sollte man die Fragen entsprechend den Bedürfnissen jeder Untersuchung und ihrem jeweiligen Nutzen für diesen Teil der Untersuchung auswählen.

Die Interpretation der Zeichnung stellt somit immer das Problem einer Harmonie zwischen den Tests und innerhalb des Tests. Die beiden »Taktiken« von *Buck* und *Machover* beruhen gleichermaßen auf der Tatsache, daß jedes Item nur in Verbindung mit allen anderen Gegebenheiten der Zeichnung bewertet werden kann.

Es besteht jedoch ein feiner Unterschied zwischen der jeweiligen Darbietung der beiden Methoden. *Machover* verwendet getrennt für jeden Aspekt der Mensch-Zeichnung unterschiedliche Interpretationen, die eher einen Hinweis auf eine bestimmte allgemeine Hypothese geben und durch eine reiche persönliche Erfahrung verdeutlicht werden. *Buck* bewertet dagegen jedes Item in Funktion seiner Beziehung zu den übrigen Details. Zum Beispiel kann ein Minimum an Details in einer Zeichnung, die ansonsten ausgewogene Proportionen und räumliche Beziehungen aufweist (1. Kontext), folgende Hinweise geben:

1. Eine Tendenz des Rückzugs auf sich selbst;
2. Eine unübliche Geringschätzung der Konventionen.

Ein Minimum an Details, das jedoch einhergeht mit einer ungenügenden Darstellung der räumlichen Beziehungen und der Proportionen (2. Kontext), kann für den untersuchten Probanden bedeuten:

1. Eine geistige Behinderung;
2. Eine deutliche Verringerung der intellektuellen Leistungsfähigkeit, die reversibel oder irreversibel sein kann.

Über diese beiden bewerteten hauptsächlichen Kontexte hinaus besteht eine Abhängigkeit jeder Interpretation von den anderen unterschiedlichen Kombinationen, die diese allein in ihrer Gültigkeit bestätigen können.

Wie im *Rorschach* kann somit ein bestimmtes Item unterschiedliche Bewertungen entsprechend seiner quantitativen und qualitativen Beziehungen mit anderen Aspekten des Tests ermöglichen. Wir haben jedoch bereits mehrmals hervorgehoben, daß die Vielfalt der möglichen Kombinationen in der Mensch-Zeichnung die Systematisierung und die Festlegung von Bedeutungen in noch stärkerem Maße erschwert, als dies im *Rorschach*-Test der Fall ist. Wir meinen sogar, daß dasselbe zeichnerische Detail noch weniger als im *Rorschach* ein von einem Individuum zum anderen invariables Zeichen ist; sein Sinn und sein Gewicht lassen sich nur im Licht der Rolle feststellen, die es in der gesamten Konfiguration und in dem speziellen Fall spielt.

Aus dieser Schwierigkeit heraus erklärt sich die Methode von *Hammer* (1954), der das gewonnene Material auf der Grundlage seiner Erfahrungen mit dem

Haus-Baum-Mensch-Test in Funktion zu den vorausgegangenen verschiedenen Prinzipien anordnet. Weil unterschiedliche Aspekte der Persönlichkeit wie Negativismus, Depression, Aggressivität usw. sich auf sehr unterschiedliche Weise in der Zeichnung manifestieren können, wählt *Hammer* gerade diese Züge als Bezugspunkte, und er beschreibt für jeden von ihnen die unterschiedlichen Formen, mit denen sie sich in dem Haus-Baum-Mensch-Test ausdrücken. In einem gewissen Sinne sehen wir uns hier einer Neuauflage des Handbuchs von *Buck* gegenüber, allerdings in einer inhaltlichen Umkehrung. Wenn für *Buck* und *Machover* ein bestimmter Aspekt der Zeichnung bestimmten unterschiedlichen Verhaltensweisen entsprechen kann (A entspricht C 1 oder C 2 oder C 3 ...), so kann sich bei *Hammer* diese Verhaltensweise der Persönlichkeit in einer Vielfalt von zeichnerischen Aspekten äußern (C 1 drückt sich aus in A 1, A 2 oder A 3).

Die von *Hammer* als Bezugspunkte ausgewählten Segmente des menschlichen Verhaltens entsprechen keiner bestimmten Persönlichkeitspsychologie, sondern vielmehr solchen Aspekten der Persönlichkeit, die dem Autor zufolge der Haus-Baum-Mensch-Test zutage treten läßt. Die Bedürfnisse nach Autonomie, nach Abhängigkeit oder Sicherheit, Persönlichkeitszüge wie Introversion/Extraversion, Rigidität/Flexibilität oder Negativismus und schließlich unterschiedliche Konflikte und Symptome sind einige der Aspekte, um die sich die Indikationen von *Hammer* gruppieren.

Auch für *Hammer* besitzt keiner der Aspekte der Zeichnung eine einzige Bedeutung, und die Konstellation aller Gegebenheiten ist allein entscheidend. Im folgenden geben wir ein Beispiel, um das im vorausgegangenen Gesagte zu konkretisieren. Die Tendenz zum »Rückzug« kann sich auf unterschiedliche Art ausdrücken:

Die fehlende Tür oder eine Treppe, die an einer Mauer ohne Öffnung endet, markieren ein Bedürfnis nach Unzugänglichkeit und Rückzug auf sich selbst. Dies wird ebenfalls, allerdings in einem geringeren Grade, zum Ausdruck gebracht durch eine Tür, die sich nicht in der Verlängerung der Treppenstufen oder des Weges befindet, die dort hinführen, oder durch ein Haus ohne Fenster, oder eine zentrale Mauer ohne Fenster oder mit verhängten Fenstern, oder gar eine Tür mit schweren Angeln. Eine extrem kleine Tür, kleiner als die Fenster des Hauses, wird als ein Zeichen des Rückzugs des Probanden bewertet sowie seiner Ablehnung gegenüber der Möglichkeit, daß andere einen Zugang zu seinen wahren Gefühlen finden. Das gleiche gilt für ein insgesamt sehr klein gezeichnetes Haus, das nur wenige Zimmer aufweist, so wie es sich in Zeichnungen von Kindern findet, deren familiäre Situation sehr eingeschränkt ist.

Das Fehlen der Nase, der Ohren und/oder der Augen in der Mensch-Zeichnung oder eine insgesamt im Profil oder vom Rücken her gezeichnete Person drücken unterschiedliche Grade des Rückzugs auf sich selbst aus. Sehr winzige Einheiten (Haus oder Baum) zusammen mit dem Eindruck einer Distanz zwischen dem Haus, dem Baum oder dem Menschen spiegeln Gefühle der Isoliertheit des Probanden und seines Bedürfnisses nach Rückzug wider.

Angesichts einer solch gewissenhaft angelegten Liste erscheint es sinnvoll daran zu erinnern, daß es sich um einen Versuch handelt, eine reiche Erfahrung mit dem Haus-Baum-Mensch-Test zusammenzufassen. Keines der Zeichen entspricht einem einzigen Aspekt, und ein und dasselbe Element kann unter unterschiedlichen Rubriken eingeordnet werden. Andererseits kann ein als einzelnes aufgefaßtes Zeichen nichts mit Bestimmtheit anzeigen. Die Methode von *Hammer* interessiert vor allem den Psychologen, der zunächst die spezifischen Charakteristiken der Persönlichkeit untersuchen möchte, z. B. die Aggressivität von Kindern, die Gruppen angehören, die sich bezüglich ihres Erziehungsstiles unterscheiden. Selbst in diesem Fall muß die Interaktion der unterschiedlichen Aspekte der Zeichnung, d. h. das sogenannte Prinzip der Konfiguration berücksichtigt werden, wenn man den gewonnenen Daten gerecht werden will.

5. Der Test der acht sukzessiven Zeichnungen

Eine originelle Modifikation des Mensch-Tests stellt diejenige von *L. Caligor* (8 CRT) dar. *Caligor* fordert den Probanden auf, einen Mensch zu zeichnen. Daraufhin läßt er ihn noch sieben weitere Male eine Mensch-Zeichnung anfertigen. Der Proband kann seine Zeichnungen beliebig verändern, abgesehen davon, daß die Zeichnung jedesmal einen ganzen Mensch darstellen soll. Der Test besteht somit aus acht aufeinanderfolgenden Zeichnungen, wobei in jeder Phase immer nur die vorausgegangene Zeichnung für den Probanden sichtbar ist. Jeder Proband wird aufgefordert, seine Zeichnungen zu verändern. Die Veränderungen vollziehen sich nicht zufällig, sondern sie erweisen sich als kohärent und konsistent, entsprechend der Persönlichkeit des Zeichners. Nach Ansicht *Caligors* macht diese Methode es möglich, die Dynamik der Veränderungen entlang eines Kontinuums zu beobachten. Er meint, daß dieses Kontinuum in zunehmendem Maße unbewußt wird. Auf der Basis der von ihm gewonnenen Ergebnisse vertritt *Caligor* die Ansicht, daß die erste gezeichnete Figur auf die Tendenz zum Ausweichen hinweist, so wie die Antwort »Schmetterling« gewöhnlicherweise bei der ersten Tafel des *Rorschach* gegeben wird, eine Antwort, die jedenfalls stereotypen und kontrollierten Charakter hat.

In welchem Maße stellt diese These den Wert einer einzigen oder zweier Mensch-Zeichnungen in Frage, so wie sie im Test von *Buck* oder in demjenigen von *Machover* verwendet werden? Der Vergleich der ersten Zeichnung mit der Antwort »Schmetterling« im *Rorschach* scheint uns nicht haltbar. Diese Antwort, der trotz allem ein Wert in der Gesamtauswertung zukommt, stellt eine uniforme Reaktion dar, die nur begrenzten und ärmlichen Charakter hat im Vergleich zum Reichtum der Gegebenheiten und der Vielfalt der Gesichtspunkte, unter denen sich auch die schlichteste und stereotypisierteste Zeichnung darbietet. Die Plazierung auf dem Blatt, die Größe der Zeichnung und ihrer unterschiedlichen Partien, die auf die Zeichnung verwendete Zeit, die Analyse der Strichführung, dies alles sind Aspekte der Zeichnung, die selbst bei einer äußerst banalen Darstellung berücksichtigt werden können.

Sicherlich kann der Proband, der mehrere Personen zeichnet oder diese entsprechend unterschiedlichen Anweisungen verändert, verschiedene Aspekte seiner Persönlichkeit eröffnen, welche zuweilen nicht in der ersten Zeichnung zutage treten; dies ist jedoch kein überzeugender Beweis dafür, daß es sich bei der ersten Mensch-Darstellung um eine stereotypisierte Zeichnung handelt. Die vom Probanden beim Zeichnen ausgeübte Kontrolle hängt sowohl von seiner Persönlichkeit als auch von der Atmosphäre der Untersuchung ab.

Ein Test, der Situationen mit wenig Anreiz bietet, erlaubt es gewiß nicht, ein genügend reiches und bedeutungsvolles Material zu erhalten, um selbst zu einem minimalen Verständnis der Persönlichkeit zu gelangen. Eben diesen Vorwurf hat man dem Test von *Goodenough* gemacht. *Machover*, indem sie die Anweisungen erweiterte, erhöht die Information, die vom Gesichtspunkt der Projektion durch den Vergleich der Zeichnungen beiderlei Geschlechts gewonnen wird. *Buck* begnügt sich mit einer einzigen Mensch-Zeichnung, diese folgt jedoch auf die Darstellung des Baumes und des Hauses, die somit als Hintergrund für den Vergleich dienen.

Caligor (1951) konnte zeigen, daß die durch den »8 CRT« gewonnenen Informationen dreimal häufiger übereinstimmen mit einem auf das Unbewußte ausgerichteten Test (TAT in einer modifizierten Form) als mit einem Test, der stärker auf das Bewußtsein ausgerichtet ist (MMPI, Skalen M – F). Verschiedene Untersuchungen haben erwiesen, daß der Test von *Machover* oder derjenige von *Buck* tiefliegende Bereiche der Persönlichkeit enthüllen. Wir sehen nun, daß ein weiterer Zeichentest, der »8 CRT«, ein ähnlicher projektiver Test ist und daß er den Zugang zu solchen Einstellungen und unbewußten Problemen des Probanden ermöglicht, welche gleichfalls durch den Mensch-Test und den Haus-Baum-Mensch-Test erfaßt werden, ohne daß der erstgenannte den Wert dieser beiden letzteren Tests in Frage stellt.

In einer anderen Untersuchung vergleicht *Caligor* (1952) die Effizienz der Technik des »8 CRT« mit derjenigen des Tests mit lediglich einer oder zwei Zeichnungen. Von 20 paranoisch Schizophrenen konnten lediglich fünf anhand der Charakteristiken ihrer ersten Zeichnung identifiziert werden, während man 14 von ihnen nach der achten Zeichnung, 17 nach einer ganzen Serie von Zeichnungen identifizieren konnte. Wir haben dennoch nicht den Eindruck, daß »die Resultate die übliche Verwendung und Interpretation einer oder zweier unabhängiger Zeichnungen in Zweifel ziehen« (1953). Eine »übliche Anwendung« solcher Art kann nicht als ein Bestandteil der Methode von *Machover* angesehen werden, welche die Zeichnungen von beiden Geschlechtern zur Grundlage hat, ebensowenig wie diejenige von *Buck*, die auf der Zeichnung eines Hauses, eines Baumes und eines Menschen beruht.

Die Ergebnisse beweisen lediglich eines: daß es nämlich bedeutend einfacher ist, paranoische Züge anhand von acht aufeinanderfolgenden Zeichnungen festzustellen, selbst mit der Methode der Blindanalyse, als anhand allein der ersten oder letzten Zeichnung derselben Serie. Diese Untersuchung konnte außerdem zeigen, daß es möglich ist, eine dynamische Veränderung zu beobachten, die sich daraus ergibt, daß der Proband jedesmal seine Zeichnung verändern muß. Auf diesem Kontinuum neigen zeichnerische Aspekte dazu, wieder zu verschwinden, andere erscheinen später und verfestigen sich in den letzten Zeichnungen.

Diesen Veränderungen in der Untersuchung von *Caligor* kann man einen Zug entnehmen, der auf die Bedeutung der Persönlichkeit des Zeichners hinweist und nicht nur auf das Kontinuum zurückzuführen ist, das vom Autor des Tests angenommen wird. Die Tatsache, daß paranoische Züge in der achten Zeichnung deutlicher hervortreten als in der ersten, findet sich in bedeutend stärkerem Maße bei delirierenden Schizophrenen, die sich durch Phantasie, extreme

Flexibilität und bizarre Reizverarbeitung auszeichnen. Ganz anders verhalten sich solche Schizophrene, die primitive regressive Charakteristiken aufweisen und die – man kann das nicht genügend unterstreichen – auf rigide Weise immer wieder die gleiche Figur reproduzieren. Mit anderen Worten, die Probanden der ersten Gruppe wurden, von ihrer ersten Zeichnung an, mit einer relativen Leichtigkeit identifiziert: 44,4 % zutreffender Wahlen gegenüber 9,1 % bei den delirierenden Schizophrenen. Dies bedeutet, daß das Kontinuum der acht Mensch-Zeichnungen nicht zwingend zur Folge hat, daß in zunehmendem Maße unbewußte Ebenen ins Spiel kommen. Es ist die Persönlichkeit des Probanden, die bestimmt, ob sich unterschiedliche Aspekte und Variationen, deren Bedeutung noch zu bestimmen ist, in der Zeichnung manifestieren.

In einer seiner Studien findet *Caligor* (1953), daß 33 Details eine Differenzierung ermöglichten zwischen den acht sukzessiven Mensch-Zeichnungen einer Gruppe von 21 hospitalisierten paranoischen Schizophrenen und denjenigen von 21 normalen Studenten. Man soll es gewiß nicht unterlassen, auf die große Anzahl von untersuchten Items hinzuweisen und vor allem auf die Feinheit ihrer Bestimmung. Untersuchungen dieser Art existieren aber auch für die beiden anderen Tests, welche die Mensch-Zeichnung verwenden. Unserer Ansicht nach hat *Caligor* weder die Überlegenheit seiner Methode über die anderen zeigen können, noch erbrachte er den Beweis, daß getrennte Zeichnungen in stärkerem Maße ausweichende Tendenzen oder emotionale Blockierungen der Probanden ermöglichen als die gesamte Serie von acht aufeinanderfolgenden Zeichnungen. Seine Untersuchungen setzen lediglich den Akzent auf das Bedürfnis nach einer gewissen Vielfalt von Reizsituationen, ein Bedürfnis, dessen sich alle diejenigen wohl bewußt sind, die die projektiven Tests als Mittel der psychologischen Untersuchung verwenden.

In der normalen Praxis hat die Mehrzahl der Psychologen die Forderung nach einer angemessenen Ausweitung der Situationen akzeptiert, und sie verwenden den Test von *Buck* mit einer 2-Mensch-Zeichnung ebenso wie *Machover*. Ohne Zweifel würde die Einführung des Tests von *Caligor* zu einer Bereicherung ihrer Methode beitragen.

In der Zwischenzeit hat sich das Feld der Untersuchungen noch erweitert um die Ansätze von *Figuras u. a.* (1956). Die Anweisung besteht in der Aufforderung, »das Innere« einer Person mit allen ihren Organen zu zeichnen. Die Autoren stellen neun Fälle dar, die die Anamnese des Probanden, die Interpretation seiner Zeichnungen und die psychologische Diagnostik des Falles umfassen. Der Test soll sich als besonders nützlich erweisen in Fällen von Hypochondrie und psychosomatischer und organischer Erkrankungen.

Zusammenfassend haben wir den Eindruck, daß keine der in diesem Kapitel beschriebenen Methoden die andere ausschließt und daß jede, entsprechend den Bedingungen, die ihrer Anwendung zugrunde liegen, unterschiedliche Möglichkeiten bietet, sehr feine Unterscheidungen bei der Untersuchung der Mensch-Zeichnung zu finden und so zu ihrer bestmöglichen Verwendung beim Verständnis der Persönlichkeit zu gelangen.

Zweiter Teil
Eine praktische Anwendung des Tests

I. Die Bedeutung von Normen der sozio-kulturellen Gruppe in Beziehung zu Alter und Geschlecht der Untersuchten

Heutzutage ist man nicht mehr der Ansicht, daß die nonverbalen Tests in geringerem Maße von kulturellen Charakteristiken abhängig sind als die verbalen Tests. Die Mensch-Zeichnung unterliegt den Einflüssen des Milieus, zu dem die reale Person gehört, obwohl die hier verwendete zeichnerische Sprache auf den ersten Blick verständlicher erscheint als eine Fremdsprache und obwohl das dargestellte Objekt, der Mensch, in höchstem Maße allgemeinen und universellen Charakter hat. Tatsächlich ist das Körperbild und das, was man vom Menschen darstellt, ein Produkt der Interaktionen des Individuums mit seinem Milieu, seiner speziellen Sensibilität gegenüber unterschiedlichen Körperteilen, wie er sie im Verlauf seiner Sozialisation erworben hat, seiner Auffassung der Beziehungen zwischen den beiden Geschlechtern und von all dem, was die Kultur auszudrücken erlaubt oder verbietet. Es ist daher nicht möglich, die Zeichnungen eines malaiischen Jugendlichen angemessen auszuwerten, wenn man von den Normen und Interpretationen ausgeht, mit denen man vertraut ist, z. B. durch die Arbeit mit amerikanischen Jugendlichen. Die rohe Darstellung sexueller Charakteristiken kann bei einem Kind, das aus bürgerlichem Milieu stammt, auf eine Haltung der Rebellion hindeuten, während die gleichen Details für ein Kind, das eine anders geartete geschlechtliche Erziehung erfahren hat, durchaus natürlich sein können. Wir konnten in der Tat feststellen, daß die Darstellung geschlechtlicher Details häufiger vorkommt bei Kindern der Unterschicht, wo auf eine schamhafte Einstellung weniger Wert gelegt wird als im Kleinbürgertum.

Wir haben ferner beobachtet, daß es den Kindern aus einem intellektuellen Bürgermilieu in verhältnismäßig rascher Zeit gelang, ihre Zeichnung entlang der vertikalen Dimension anzufertigen und die Ränder freizulassen. Dies ist darauf zurückzuführen, daß die Gestaltung ihrer Beziehungen mit anderen es ihnen erlaubt, in kürzerer Zeit das Stadium zu durchlaufen, in welchem das Kind, da es sich als das Zentrum betrachtet, um das sich alle Dinge drehen, seine Mensch-Darstellung ganz frei zeichnet, in der Luft hängend, in Schrägstellung oder auf dem Kopf stehend.

Der Nabel wird recht häufig in den Zeichnungen israelischer Kinder im Alter von fünf bis sechs Jahren, Schülern des Vorschulkindergartens, gezeichnet. Er verschwindet jedoch fast vollständig bei den Kindern der Grundschule; er bleibt fast ausschließlich noch in den Zeichnungen von geistig behinderten Kindern oder bei solchen Erwachsenen bestehen, die in übermäßigem Maße mit ihrem körperlichen Befinden befaßt sind. Drückt sich hier ein Gefühl der Fähigkeit aus, die Nabelschnur, die das Kind mit der Mutter verbindet, zu durchtrennen? Wird dieses Gefühl dem Kind durch die schulische Umgebung vermittelt? Zeigt sich das gleiche Phänomen in anderen Kulturen?

Diese Beispiele machen deutlich, daß man den Test in einem bestimmten Milieu nur dann anwenden kann, wenn man aufgrund von Pilot-Studien und anhand von Norm-Tabellen über die Eigenschaften des Tests in dem in Frage stehenden Milieu unterrichtet ist: nationales Milieu, soziale Klasse, ländliches oder städtisches Milieu usw. Die Einführung des Mensch-Tests in Israel stellte uns dieses Problem in seiner ganzen Schärfe. Im Verlauf der anfänglichen tastenden Versuche gelangten wir zu der Schlußfolgerung, daß die normative Forschung notwendige Voraussetzung ist, wenn man wissen will, was charakteristisch und repräsentativ für die Kinder des Landes ist. Wir werden vor allen Dingen das herausstellen, was für diejenigen Kinder, die wir untersucht haben, in bezug auf ihr Alter und ihr Geschlecht typisch ist.

Der Psychologe, der den Mensch-Test anwendet, mißt zunächst der Tatsache nicht genügend Bedeutung bei, daß vom 10jährigen oder vor allen Dingen vom 14jährigen israelischen Kind nicht die gleiche Art der Anpassung gefordert wird wie vom altersgleichen amerikanischen Kind. Die Bedeutung der »Normen« ergibt sich aus der Tatsache, daß die moderne Gesellschaft genau umschriebene Forderungen an das Verhalten des Individuums stellt, und zwar in bezug auf die Konformität mit den charakteristischen kulturellen Modellen jeder Altersstufe. Der Imperativ, »sich so zu verhalten, wie es sich für das Alter gehört«, ist einer der Regulatoren der modernen Erziehung. Die Bücher über Kindererziehung liefern der Mutter Daten, anhand derer sie die Entwicklung ihres Kindes beurteilt. Dieses muß wichtige Etappen in genau abgegrenzten Altersphasen durchlaufen haben (Eintritt in den Kindergarten, Abitur, Heirat, Militärdienst), um nicht als »Retardierter« betrachtet zu werden, der Gefahr läuft, seine Chancen auf eine erfolgreiche Existenz zu verspielen. Die Bewertung des Kindes und die Interpretation seiner Testresultate im Licht dessen, was spezifisch für sein Altersniveau ist, wird für den Psychologen zu einer Notwendigkeit, selbst wenn er die von der Gesellschaft aufgestellte starre Verbindung zwischen der Rolle und dem Alter vom psychologischen Gesichtspunkt aus als schädlich und übertrieben ansieht.

Bezüglich des Geschlechts des Kindes möchten wir darauf hinweisen, daß die Vereinheitlichung des Unterrichts zuweilen vergessen läßt, daß das Ergebnis in einem Test etwas anderes ist als das Ergebnis einer schulischen Prüfung. Jungen und Mädchen unterscheiden sich von Geburt an bezüglich ihrer physischen Entwicklung, ihres Aussehens und ihres Verhaltens. Diese Differenzen werden kanalisiert und vertieft durch den sozialen Druck. Das soziale Milieu stellt sich für einen Jungen niemals in der gleichen Weise dar wie für ein Mädchen. Trotz der Angleichung der Bedingungen der intellektuellen Unterweisung legt jede Kultur die Reaktionen des Milieus auf die spezifischen Charakteristiken jedes Geschlechts fest, welches Verhalten man von dem einen oder anderen verlangt, welche emotionale Stimmung, welche Werte, welche Ziele, welche Qualitäten der sozialen Beziehungen erwartet werden; und jede Kultur stellt ihre eigenen Forderungen, die sich von anderen Kulturen unterscheiden. Zum Beispiel toleriert man in stärkerem Maße manifeste Aggressionen von seiten eines Jungen, »weil er ein Junge ist«, während das Mädchen eher zur Verdrängung neigt und sich weitgehend auf seinen verbalen Ausdruck zurückzieht.

Für den Psychologen ist es schwieriger, das Geschlecht des Kindes in Betracht zu ziehen als das Alter. Erstens ist der Psychologe nicht derselbe gegenüber einem Kind des gleichen Geschlechts bzw. gegenüber einem Kind des anderen Geschlechts. Dies kommt seiner Objektivität kaum zugute. Zweitens ist unsere Epoche dadurch charakterisiert, daß die Beziehungen zwischen den beiden Geschlechtern und ihr sozialer Status sich unablässig verändern. Auf diesem Gebiet herrscht Verwirrung, und die psychologischen Faktoren, welche die Veränderung vorantreiben oder behindern, sind stark und widersprüchlich. Die Verwendung und die Interpretation des Tests können in zweierlei Hinsicht zur Abweichung führen. Entweder man vernachlässigt den Faktor des Geschlechts, und das geschieht um so leichter, wenn die notwendige Information fehlt; in diesem Fall wird z. B. die Betonung unterschiedlicher Elemente des Gesichts für Mädchen und Jungen in gleicher Weise interpretiert. Oder aber man läßt sich durch die Stereotype der »Weiblichkeit« und »Männlichkeit« leiten. Diese in unserer Gesellschaft stark verwurzelten Stereotype müssen in ihrem Wesen als Ausdruck psychosozialer Abwehrmechanismen bewertet werden, die darauf abzielen, die Verteilung der Rollen, nach denen sich Mann und Frau richten müssen, sowie das althergebrachte Modell der Beziehungen zwischen den Personen der beiden Geschlechter zu untermauern. Die Untersuchung der Ergebnisse in projektiven Tests in Funktion des Geschlechts des Probanden bietet dem Psychologen eine wichtige Hilfe bei seiner Aufgabe, das Kind als ein Individuum zu verstehen, das sich auf eine Erweiterung seiner eigenen Möglichkeiten hin bewegt, und es gleichzeitig als ein Teil seiner Geschlechtsgruppe zu betrachten, ohne sich dabei von einer Parteinahme oder einem Vorurteil bestimmen zu lassen.

Goodenough war die erste, welche die Aufmerksamkeit auf die Unterschiede zwischen den Mensch-Zeichnungen von Mädchen und Jungen lenkte, und zwar im Alter zwischen vier und zehn Jahren. Wir werden einige Hundert anführen, die durch unsere eigenen persönlichen Erfahrungen und andere Untersuchungen bestätigt wurden. Wir wollen versuchen, sie in Beziehung zu setzen mit dem Verhalten der Kinder, sei es, daß sie beim Spielen beobachtet werden oder aber im Verlauf des alltäglichen Lebens. Wir fragen uns jedoch nicht, ob diese Verhaltenszüge ererbt sind oder im Rahmen einer bestimmten Kultur erlernt wurden. Wir beschränken uns hier auf die Feststellung, daß diese Unterschiede bestehen und daß sie in Betracht gezogen werden müssen. Zum Beispiel zeichnen die Mädchen häufiger Menschen en face und die Jungen häufiger im Profil. Die Beziehung zum Mitmenschen ist für die Mädchen bedeutsamer als für die Jungen; in ihren Spielen bevorzugen die Mädchen Puppen, und sie spielen soziale Beziehungen, während die Jungen zu Spielen neigen, welche Objekte zum Gegenstand haben ohne menschliche Thematik. Die Jungen verweigern häufiger den Gehorsam und achten weniger auf Bemerkungen des Erwachsenen, während die Mädchen Wertschätzung und Schutz der Großen suchen (*Hallwick*, 1937). Die funktionale Bewegung findet sich häufiger in den Zeichnungen der Jungen; sie bevorzugen Bewegungsspiele, Ortsveränderungen; die Mädchen dagegen bevorzugen Spiele in sitzender Haltung (*Conn*, 1951).

Wenn Mädchen zeichnen, interessieren sie sich mehr als Jungen für die Augen, und sie stellen die Augenbrauen, die Wimpern und die Pupillen dar. Sie widmen gleichfalls den Haaren und der Frisur, die zur äußerlichen Attraktivität beiträgt, große Aufmerksamkeit. Die Jungen interessieren sich mehr für Details wie Spazierstöcke, Pfeifen, Schirme, Krawatten, Hüte, sämtlich Symbole der Männlichkeit. Der Mund stellt in stärkerem Maße für das Mädchen als für den Jungen einen Bereich dar, an dem sich Konflikte und Beunruhigung kristallisieren; dies ist darauf zurückzuführen, daß in den Spielen ebenso wie in der Realität das Mädchen seine Aggressivität und sein Dominanzstreben in stärkerem Maße durch Worte ausdrückt (*Bach*, 1955; *Pintler*, 1946). Diese Charaktereigenschaft zeigt sich schon sehr früh in der Entwicklung. Die Mädchen verfügen außerdem über eine in stärkerem Maße und früher entwickelte Sprache, was in ihrer Überlegenheit in den verbalen Tests zum Ausdruck kommt (*McCarthy*, 1953).

Während für die Mädchen der Mund das Organ der Aggressivität darstellt, ist es für die Jungen die Hand. Sie zeichnen sie langgestreckt und mit festerem Strich, die Finger sind spitzer, und die gesamte Haltung wirkt aggressiver: bei den Spielen äußern die Jungen mehr manifeste Aggressivität, sie messen sich gegenseitig in stärkerem Maße durch Wettkämpfe und hervorragende Leistungen (*Moste*, 1947; *Levin*, 1956; *Bach*, 1945; *Pintler*, 1946). In den Zeichnungen der Mädchen sind die Arme kürzer, die Fäuste sind häufiger nach innen gewendet, die Hände sind oft wie abgeschnitten, der Kopf ist breiter als der Rumpf, der Hals länger: dies bedeutet, daß bei den Mädchen die Kontrolle der Impulse von größerer Starrheit ist, die Aggressivität ist kanalisiert und auf sich selbst gerichtet, die Beeinflussung des Milieus und die Möglichkeit der Selbstverwirklichung durch dieses ist geringer ausgeprägt.

Die Jungen zeichnen mit größerer Offenheit sexuelle Charakteristiken, und die Hosen der Personen sind häufiger durchsichtig: in ihren Spielen drücken sie in freierer Weise als die Mädchen ihr Interesse für geschlechtliche Dinge aus, und sie haben Gefallen an verbotenen Aktivitäten (*Bach*, 1945). Die von Mädchen gezeichneten Personen weisen eine kleinere Nase auf oder aber diese ist lediglich durch zwei Punkte angedeutet; der Fuß ist ebenfalls kleiner, während die Jungen ihn verlängern oder ihm größere Aufmerksamkeit widmen. In den Spielen stellen die biologischen Unterschiede und ihre Symbolik gleichfalls einen bedeutsamen Faktor dar.

In einem gegebenen kulturellen Kontext variieren somit die Aspekte der Zeichnung entsprechend dem Alter und dem Geschlecht des Kindes. Im allgemeinen verändert sich die Interpretation bestimmter Charakteristiken nicht, man kann sie jedoch für ein bestimmtes Kind nur in Funktion der Häufigkeit ihres Erscheinens in seiner kulturellen Alters- und Geschlechtsgruppe bewerten. Die »Normalität« der zutage tretenden Charakteristiken hängt hiervon ab. Wir haben gesehen, daß das Anwachsen der Köpfe und die genaue Darstellung der Zähne als ein normales Zeichen angesehen wird bei sechsjährigen Kindern amerikanischer Schulen und daß dies eine wertvolle Prognose für die schulische Leistungsfähigkeit ermöglicht. Solche Merkmale sind jedoch zumindest pathognomische Zeichen bei Kindern im Alter von 12 Jahren.

Andere Züge haben eine mit dem Alter wechselnde Bedeutung. Die Stärke des Strichs hat bei einem dreijährigen Kind ihren Grund in einer mangelnden Übung der Feinmotorig und andererseits in aggressiven Impulsen bei einem 15jährigen Individuum. Ob die Bedeutung wechselt oder nicht, man kann jedenfalls den Mensch-Test nur dann angemessen anwenden, wenn man bestimmt hat, was für die Alters- und Geschlechtsgruppen spezifisch ist.

II. Die Stichprobe und die Bedingungen der Untersuchungen

Es war unsere Absicht, gültige Charakteristiken für die Kinder in Israel bezüglich des Alters und des Geschlechts aufzustellen. Um dies zu erreichen, wurde der Test einer Population von Kindern im Schulalter von 5 bis 17 Jahren vorgelegt. Die Kinder von 6 bis 14 Jahren besuchten vier Grundschulen, deren Wahl dadurch bestimmt war, daß sie auf angemessene Weise für die unterschiedlichen sozioökonomischen Schichten repräsentativ waren. Die Eltern der Kinder sind in der Mehrzahl Einwanderer unterschiedlichster Herkunft. Die Mehrzahl der Kinder ist in Israel geboren, einige von ihnen jedoch sind Neuankömmlinge, welche die israelische Schule während eines oder mehrerer Jahre besuchten. Die Kinder von fünf bis sechs Jahren stammten aus vier Vorschulen, die einer der Grundschulen angegliedert oder ihr benachbart waren. Die Probanden von 14 bis 17 Jahren besuchten zwei Gymnasien, davon ein Abendgymnasium für Jugendliche, die tagsüber arbeiteten. Es handelt sich um Jugendliche, die nach Abschluß der Grundschule kein Studium aufnahmen und mit der Lehre oder Ausübung eines Berufes begonnen hatten. Die Grundschüler oder Gymnasiasten besuchten gemischte Schulen, wie es im Lande üblich ist, und sie stellten eine angemessene Stichprobe der israelischen Kinder aus ländlichen Gebieten dar. Insgesamt wurden alle Kinder untersucht, die am Tag der Untersuchung die jeweiligen Schulen besuchten; ihre Zahl betrug 1459. Von 12 Kindern wurde die Zeichnung verweigert bzw. vernichtet. 69 Zeichnungen wurden von der ersten Auswertung ausgeschlossen, weil man entweder vergessen hatte, das Geschlecht des Kindes festzuhalten oder weil die Reihenfolge der Zeichnungen nicht sicher war.

Der Test wurde im Rahmen der Klasse und in Anwesenheit eines Lehrers durchgeführt. Man verteilte an jeden Schüler ein numeriertes Blatt Papier in der Größe von 21 × 28 cm. Die Kinder wurden gebeten, einen Bleistift von mittlerer Stärke zu benutzen. Es wurde ihnen gesagt, daß sie an einem Test teilnähmen und daß ihre Darstellungen lediglich zu Zwecken der Untersuchung verwendet würden. Die Zeichnungen würden keinerlei Einfluß auf ihr schulisches Leben haben, außerdem würde man sie nicht dem Lehrer zeigen, und schließlich würden die Zeichnungen nicht nach ihrem künstlerischen Niveau beurteilt. Den Kindern wurde erklärt, daß wir an der Art, wie sie die Aufgabe ausführten, interessiert seien und daß jedes für sich arbeiten sollte, ohne vom Nachbarn abzuzeichnen oder sich von ihm beeinflussen zu lassen. Diese Anweisungen wurden immer dem Alter der jeweiligen Kinder angepaßt. Jedes Kind wurde aufgefordert, auf dem Blatt einige Angaben zu seiner Person zu machen und dann einen Mensch zu zeichnen. Es war erlaubt, einen Radiergummi zu benutzen, und die Zeit war nicht begrenzt. Nachdem die erste Zeichnung fertiggestellt war (nach durchschnittlich sechs bis acht Minuten), schrieben die Probanden neben die erste Figur »Junge« oder »Mädchen« entsprechend dem gewählten Geschlecht. Daraufhin gab man ihnen ein zweites Blatt mit der Anweisung, nun eine Person vom anderen Geschlecht zu zeichnen.

Bevor wir die gewonnenen Ergebnisse darstellen, möchten wir einige der Bedingungen, unter denen der Test durchgeführt wurde, spezifizieren. In jedem Fall war der Psychologe derselbe, eine Frau, und die Lehrer, in deren Anwesenheit die Kinder zeichneten, waren in der Mehrzahl Frauen. Die Untersuchung fand während der letzten Wochen des Schuljahres statt, und das allgemeine Klima war entspannt. Den ältesten Probanden mußte am stärksten versichert werden, daß die Testergebnisse geheim blieben. Mehr als die anderen achteten sie darauf, daß ihre Nachbarn ihre Zeichnungen nicht sehen konnten, und sie baten auch häufiger um zusätzliche Erklärungen über den Test und seine Funktion.

Der Test wurde in der Gruppe gegeben und nicht in einer individuellen Situation, wie es üblicherweise geschieht. Der allgemeine und der spezifische Einfluß der Gruppe auf die Wahl des Geschlechts der ersten gezeichneten Person läßt sich nicht leicht ermitteln. *Jolles*, der einige Kinder aus seiner großen Stichprobe herausnahm, fand keine Unterschiede, die der Art der Vorgabe des Tests zuzuschreiben wären. In gleicher Weise hat er einige Kinder, die unteren Klassen angehörten, in einem psychologischen Zentrum untersucht, und er konnte keine Unterschiede feststellen. Diese Ergebnisse sind jedoch in ihrer Aussagekraft zu sehr eingeschränkt, um eine endgültige Entscheidung zu ermöglichen. Sollten sich hier oder dort Einflüsse durch die Nachbarn ergeben haben, so denken wir, daß die statistische Behandlung der großen Zahl von gewonnenen Zeichnungen diesen Einfluß zum Verschwinden bringt. Demnach können wir den Akzent auf die großen Linien der Veränderungen in bezug auf Alter und Geschlecht legen. Wenn auch die Mehrzahl der derzeitigen Untersuchungen die Gruppenmethode aus Gründen der zeitlichen und der finanziellen Ökonomie verwendet, so glauben wir doch, daß unsere Ergebnisse mit einem Fragezeichen versehen werden müssen, solange die möglichen Konsequenzen einer solchen Untersuchungsmethode nicht bis ins letzte erhellt sind.

Schließlich möchten wir noch anführen, daß das Geschlecht des Psychologen unter Umständen eine Auswirkung auf die Wahl der ersten gezeichneten Person hat. Die Untersuchungen von *Starr u. Marcuse* (1959) und *Holtzman* (1952) mit jeweils zwei männlichen und zwei weiblichen Untersuchern erbringen jedoch keinen Beleg für einen solchen Einfluß. In unserer beruflichen Praxis konnten wir ebenfalls immer wieder feststellen, daß die Neigung, eine Person des eigenen oder des entgegengesetzten Geschlechts zu zeichnen, auf Projektionsmechanismen zurückgeht, die unabhängig vom Geschlecht der verschiedenen Psychologen sind, mit denen wir gearbeitet haben.

Die Ergebnisse

Wir stellen hier nur die Ergebnisse dar, die das erste gezeichnete Geschlecht betreffen. Hierbei haben wir die Angaben verwendet, die das Kind seiner Zeichnung hinzufügte. Bei den Probanden von 6 bis 17 Jahren fanden wir Widersprüche zwischen der aufgeschriebenen Bezeichnung und den Charakteristiken der Zeichnung. Wenn die jedem Geschlecht eigenen Charakteristiken auf ein Minimum reduziert waren oder etwa vollständig fehlten, nahmen wir die aufgeschriebene Bezeichnung als gegeben. Unser Interesse galt in der Tat der Absicht des Kindes, zuerst eine Person eines bestimmten Geschlechts zu zeichnen, und nicht der Frage, ob es ihm gelungen war, zwischen den Geschlechtern zu unterscheiden. Die von uns gewählte Methode weicht somit von derjenigen anderer Forscher ab, die sich mit dem gleichen Problem befaßten und die sich auf die eigene Beurteilung verließen. Damit öffnen diese Forscher einer großen Zahl von Irrtümern Tür und Tor; zum Kriterium der Bewertung wird hier die Qualität der Differenzierung zwischen den beiden Personen, so wie sie der Beurteiler sieht, und nicht die vom Probanden selbst getroffene Wahl des Geschlechts. Im Gegensatz dazu war es gerade diese Wahl, die uns interessierte.

Diesem Prinzip folgend, mußten wir die Kinder im Alter von fünf Jahren (5;0 bis 5;11), deren Zahl 38 betrug und die wir in der Vorschule untersucht hatten, bei der Auswertung ausklammern. Diese Kinder konnten nicht schreiben; wir sprachen sie deshalb direkt an und baten sie, das Geschlecht der gezeichneten Person anzugeben. Die Antwort auf diese Frage gab jedoch aus zwei Gründen zu Schwierigkeiten Anlaß. Einerseits antworteten viele Kinder, die offensichtlich unentschlossen waren: »Das ist ein Mädchen«, gleich darauf aber sagten sie: »Das ist ein Junge«. Andererseits zeichneten viele Kinder mehrere Personen auf das erste Blatt, bevor wir intervenieren konnten. Es war unmöglich festzustellen, welche Figur zuerst gezeichnet worden war, und so konnte auch das Geschlecht nicht bestimmt werden. Die Zahl der unklaren Fälle war im Vergleich zu den sicheren Fällen unserer Ansicht nach zu groß, um noch repräsentativ für die Kinder dieses Alters zu sein. Wir haben sie deshalb insgesamt ausgeschlossen, und wir glauben, daß in diesem Alter eine individuelle Untersuchung erforderlich ist. Daher sind wir der Ansicht, daß *Jolles* (1952) zu Unrecht Kinder dieses Alters in seine Population aufgenommen hat, obwohl er versichert, daß lediglich ein Prozent ihrer Zeichnungen vieldeutig war. *Butler u. Marcuse* (1959) sind sich der Bedeutung von Fehlern bei der Bewertung durchaus bewußt, sie glauben jedoch, nach unserer Meinung zu Unrecht, daß das Problem durch die Verwendung mehrerer Beurteiler gelöst werden könne (sie berichten, daß der eine 37 % und der andere 67 % Fehler in diesem Alter mache, die Proportion der ungenauen Beurteilungen nehme mit dem Alter der Probanden ab). Die Schwierigkeit liegt unserer Ansicht nach nicht bei den Psychologen, deren Zahl zu erhöhen kaum viel Sinn hat, um eine gültige Lösung zu erreichen, sondern man muß vielmehr das Kind unter veränderten Bedingungen untersuchen.

Die beiden Tabellen enthalten die Ergebnisse der gewonnenen Häufigkeiten getrennt für die Jungen und für die Mädchen. Sie betreffen das Geschlecht der ersten gezeichneten Person. Man kann sie zum Beispiel auf folgende Weise lesen: In der Gruppe der sechsjährigen Kinder sind es 45 Jungen, wovon 31 (68,8 %) zuerst einen Jungen und 14 (31,2 %) ein Mädchen zeichnen.

Die erste Frage, die wir an diese Daten stellen, ist die folgende: Zeigen die Kinder eine Tendenz, zuerst eine Person vom gleichen Geschlecht wie dem eigenen zu zeichnen? Von 681 Jungen entsprechen 506 (74,3 %) dieser Erwartung, und 546 von 659 Mädchen (82,8 %). Von 1240 Probanden beiderlei Geschlechts im Alter von 6 bis 17 Jahren zeichnen 1052 (78,5 %) als erstes eine Person des eigenen Geschlechts. Die Dominanz des Geschlechts des Probanden bei der Darstellung der ersten gezeichneten Person ist offensichtlich. Der Chi-Quadrat-

Wert, den man errechnen kann, ist hoch und eindeutig signifikant. Die Korrelation (phi) zwischen dem Geschlecht des Probanden und dem Geschlecht der ersten gezeichneten Person liegt zwischen .55 und .60. Mit Gewißheit läßt sich folgender Schluß ziehen:

I. Kinder im Alter von 6 bis 17 Jahren zeichnen als erstes eine Person ihres eigenen Geschlechts.

Tabelle 1: Verteilung der Zeichnungen bezüglich des ersten gezeichneten Geschlechts bei Jungen im Alter von 6 bis 17 Jahren

	Erstes gezeichnetes Geschlecht				
Alter des Kindes	Junge Anzahl	%	Mädchen Anzahl	%	Gesamtzahl
6	31	68,8	14	31,2	45
7	49	64,4	27	35,6	76
8	44	70,9	18	29,1	62
9	40	62,5	24	37,5	64
10	54	73,9	19	26,1	73
11	46	71,8	18	28,2	64
12	49	76,5	15	23,5	64
13	52	83,8	10	16,2	62
14	61	77,2	18	22,8	79
15	35	89,7	4	10,3	39
16	33	84,6	6	15,4	39
17	12	85,7	2	14,3	14
Gesamt	506		175		681

Tabelle 2: Verteilung der Zeichnungen bezüglich des ersten gezeichneten Geschlechts bei Mädchen im Alter von 6 bis 17 Jahren

	Erstes gezeichnetes Geschlecht				
Alter des Kindes	Mädchen Anzahl	%	Junge Anzahl	%	Gesamtzahl
6	47	83,9	9	16,1	56
7	48	88,8	6	11,2	54
8	40	76,9	12	23,1	52
9	67	89	8	11	75
10	54	87	8	13	62
11	55	82	12	18	67
12	58	92	5	8	63
13	47	78,3	13	21,7	60
14	42	77,7	12	22,3	54
15	32	72,7	12	27,3	44
16	31	70,4	13	29,6	44
17	25	89,3	3	10,7	28
Gesamt	546		113		659

Was uns am meisten an den Tabellen erstaunt, ist die Tatsache, daß die Bevorzugung des eigenen Geschlechts nie ausschließlich und vollständig ist. Es gibt bedeutsame Unterschiede, mit denen wir uns beschäftigen wollen. Wenn auch die Bevorzugung des eigenen Geschlechts in allen Altersstufen die Regel ist, so variiert sie doch von einer Altersstufe zur anderen und zeigt bei den Jungen andere Veränderungen als bei den Mädchen. Die geringsten Prozentsätze der Wahl des eigenen Geschlechts bei der ersten Zeichnung finden sich bei den Jungen in den untersten Altersstufen. Dieser Prozentsatz steigt an mit dem Alter. Vergleichen wir die relativen Daten der Jungen im Alter von sechs bis neun Jahren mit denjenigen der Jungen im Alter von 10 bis 17 Jahren, so finden wir eine signifikante Differenz ($p < .01$). Dieses Ergebnis besagt, daß die kleineren Jungen in geringerem Maße dem eigenen Geschlecht beim Zeichnen der ersten Person den Vorzug geben als die älteren. Wir können somit drei genügend unterschiedene Altersgruppen voneinander abgrenzen: 6 – 9, 10 – 12 und 13 – 17 ($p < .01$). Wir sehen also, daß die Tendenz, zuerst eine Person des eigenen Geschlechts zu zeichnen, anwächst.

II. Von 6 bis 17 Jahren zeigen die Jungen eine mit dem Alter zunehmende Tendenz, als erstes eine Person männlichen Geschlechts zu zeichnen. (Eine Ausnahme bildet die Altersgruppe der 14jährigen, was unter Umständen auf einen Stichprobenfehler zurückzuführen ist.)

Die Veränderungen dieser mit dem Alter anwachsenden Tendenz sind bei den Mädchen von anderer Art. Beginnend mit dem Alter von 13 Jahren nimmt die Tendenz der Mädchen ab, zuerst eine Person weiblichen Geschlechts zu zeichnen. Die Gruppen von 6 bis 12 Jahren und von 13 bis 17 Jahren weisen Häufigkeiten der ersten Zeichnung desselben Geschlechts auf, die sich deutlich und signifikant unterscheiden: $p < .01$ (eine andere Gruppe, diejenige von 6 bis 11 Jahren und 12 bis 17 Jahren, zeigt diese Differenz nicht). Wir können also feststellen:

III. Von 6 bis 17 Jahren zeigen die Mädchen mit zunehmendem Alter eine abnehmende Tendenz, als erstes eine Person weiblichen Geschlechts zu zeichnen. (Die offensichtlichen Ausnahmen von dieser Regel – 8 und 17 Jahre – sind möglicherweise auf einen Stichprobenfehler zurückzuführen.)

Wenn demnach die Kinder bei der ersten Zeichnung im allgemeinen einer Person des eigenen Geschlechts den Vorzug geben, so zeigt diese Bevorzugung doch mit dem Alter und für Jungen und Mädchen unterschiedlich deutliche Veränderungen.

Kehren wir zu den beiden ersten Tabellen zurück und betrachten wir sie nicht mehr unter dem Gesichtspunkt des Geschlechts der Probanden, sondern unter dem Gesichtspunkt der ersten gezeichneten Person. Wir stellen fest, daß die Dominanz der weiblichen Figur deutlicher ist bei den jüngeren Probanden als bei den Jugendlichen. Das Umgekehrte gilt für die männlichen Figuren. Dieses Phänomen ist nicht an das Geschlecht der Probanden gebunden, weil bei unterschiedlichen Altersgruppen die Zeichnungen von Mädchen und Jungen etwa denselben Inhalt haben. Es handelt sich von 6 bis 12 Jahren um 429 Mädchen und 448 Jungen und von 13 bis 17 Jahren um 239 Jungen und 230 Mädchen. Untersuchen wir, was sich innerhalb dieser Altersgruppen ergibt, so sehen wir:

IV. Die jüngeren Kinder (6 – 12 Jahre) zeichnen häufiger als ältere Probanden (13 – 17 Jahre) als erstes weibliche Personen.

V. Die männliche Person wird häufiger gewählt von älteren Probanden (13 – 17 Jahre) als von jüngeren Kindern (6 – 12 Jahre) ($p < .01$).

Man kann weiterhin eine Differenz zwischen den Häufigkeiten der Zeichnungen des eigenen Geschlechts an erster Stelle finden. Weniger Mädchen als Jungen zeichnen zuerst eine Person des entgegengesetzten Geschlechts. Aufgrund eines sehr hohen Chi-Quadrat-Wertes können wir sagen:

VI. Im Alter von 6 bis 17 Jahren zeichnen die Mädchen häufiger an erster Stelle eine Person des eigenen Geschlechts als die Jungen ($p < .01$).

Die Prozentwerte variieren jedoch in starkem Maße im Verhältnis zum Alter, und es ist nun erforderlich zu wissen, ob unsere Darstellung auf alle Altersstufen zutrifft. Teilen wir die Kinder in zwei Altersgruppen (6 – 12 Jahre und 13 – 17 Jahre) ein, so können wir feststellen:

VII. Die Mädchen im Alter von 6 bis 17 Jahren zeichnen häufiger als erstes eine Person des eigenen Geschlechts, als dies die Jungen tun ($p < .01$).

Zwischen 13 und 17 Jahren zeichnen die Jungen häufiger als erstes ihr eigenes Geschlecht; dieser Unterschied ist jedoch statistisch nicht gesichert. Wir können demnach eine letzte Hypothese aufstellen:

VIII. Im Alter von 13 bis 17 Jahren besteht kein statistisch signifikanter Unterschied zwischen den Jungen und den Mädchen was die Wahl des eigenen Geschlechts an erster Stelle betrifft, wobei die Jungen sich in bezug auf diese Bevorzugung auf ihrem Höhepunkt, die Mädchen dagegen auf ihrem tiefsten Punkt befinden.

III. Die Bedeutung der Wahl des Geschlechts der ersten gezeichneten Person

Wir wollen nun unsere Überlegungen dem Geschlecht der ersten gezeichneten Person widmen. Die Anweisung des Tests ist vieldeutig. Es ist das Kind, das entscheiden muß, von welchem Geschlecht die gezeichnete Figur sein soll. Es kommt vor, daß das Kind fragt, ob es eine Person vom einen oder anderen Geschlecht zu zeichnen habe. Eine solche Frage ist nicht die Folge eines Mißverständnisses der Anweisung; sie entspringt der Unsicherheit und Unentschlossenheit des Kindes, welches Geschlecht es wählen will. Im allgemeinen wird die Wahl spontan und rasch getroffen; tritt eine Verzögerung ein, so notiert man diese und man versucht anschließend, ihre Bedeutung zu erhellen. Welches ist nun die Bedeutung dieser Wahl?

Die der Bewertung dieses Aspektes der Zeichnung zugrunde liegende Hypothese besagt, daß das Geschlecht der ersten gezeichneten Person als Hinweis auf die geschlechtliche Identifikation des Probanden dienen kann. *Machover* (1949) schreibt in diesem Sinne: »Vom Gesichtspunkt der geschlechtlichen Identifikation kann man annehmen, daß es völlig normal ist, zuerst eine Person des eigenen Geschlechts zu zeichnen. Von einem empirischen Gesichtspunkt aus ist es von Interesse, daß ein gewisser Grad an Geschlechtsumkehrung in den Darstellungen all der Individuen beobachtet werden konnte, die zuerst das entgegengesetzte Geschlecht auf die Anweisung, einen Mensch zu zeichnen, darstellten.«

Tatsächlich ist die Wahl einer Person des eigenen Geschlechts theoretisch plausibel bei einem Test, der zu einer unmittelbaren Projektion der Gefühle und Einstellungen gegenüber der eigenen Person einlädt. Es handelt sich zwar nicht darum, daß die Zeichnung ein Selbstporträt im eigentlichen Sinne des Wortes ist (was allerdings auch vorkommen kann), oder daß die Tatsache den Ausschlag gibt, daß unser geschlechtlicher Körper die uns am nächsten liegende, vertrauteste und beständigste Realität ist; vielmehr entscheidet der Zufluß der psychologischen Kräfte, die in Richtung der Männlichkeit oder der Weiblichkeit drängen auch über die Wahl des Geschlechts der ersten gezeichneten Person. Diese Wahl erfolgt somit entsprechend der Neigung zur Identifikation mit dem eigenen Geschlecht, wie sie der normalen Existenz von Männern und Frauen zugrunde liegt. Die Erklärung ist plausibel und kann ohne weiteres akzeptiert werden. Es darf jedoch nicht unberücksichtigt bleiben, daß die Begriffe der »Weiblichkeit«, der »Männlichkeit« oder der »Identifikation mit dem eigenen Geschlecht« vom psychologischen Standpunkt aus sehr komplexe Konzepte darstellen und vielfältige Funktionen und Prozesse implizieren, die auf unterschiedliche Bereiche zurückgehen, vom Gebiet der Biophysik bis hin zu dem der Stereotype.

Die diesem Aspekt gewidmeten Untersuchungen befassen sich lediglich mit den Zeichnungen Erwachsener und begnügen sich bei jüngeren Probanden mit der Aufstellung von Normen. Sie beziehen sich auf zwei Hauptrichtungen. Als erstes fragt man sich, ob die Umkehrung der Geschlechtswahl bei der ersten gezeichneten Person für solche Probanden typisch ist, die psychosexuelle Störungen aufweisen, deren Vorhandensein aufgrund einer psychiatrischen Untersuchung festgestellt wurde oder aber im manifesten Verhalten zutage treten. Zum zweiten richtet sich die Forschung auf die Frage, ob eine eindeutige Beziehung zwischen der Wahl des eigenen Geschlechts und dem Grad der Männlichkeit bzw. Weiblichkeit besteht, so wie er in einem anderen Persönlichkeitstest zutage tritt.

Die Untersuchung von *Hammer* (1954) folgt dem ersten Weg. 84 Gefangene, die wegen Sexualdelikten verurteilt worden waren, wurden in die Untersuchung einbezogen: 31 Diebe, 33 heterosexuelle Pädophile und 20 homosexuelle Pädophile. Die ersteren Probanden sind Rückfalltäter. Die Mehrzahl der Probanden zeichnete an erster Stelle eine Person des eigenen Geschlechts, und es findet sich kein Unterschied zwischen den Untergruppen.

Barker (1953) kommt ebenfalls zu negativen Ergebnissen. Er vergleicht eine Gruppe von Soldaten, die ihre Homosexualität im normalen Leben verbergen konnten, in der Armee jedoch auffielen, mit einer Kontrollgruppe von nichthomosexuellen Soldaten. 46 von 50 homosexuellen Soldaten zeichneten zuerst einen Mann! Ihre spezifischen Probleme traten dennoch zutage:

1. in der verzögerten Identifikation der Figur des eigenen Geschlechts;
2. in der Störung der weiblichen Figur;
3. in einer verbal geäußerten Ablehnung dieser letzten Zeichnung.

Im Gegensatz dazu findet *Lévy* bei 13 von 16 manifest Homosexuellen als erste Zeichnung eine weibliche Figur. *Misotsky* (1959) untersucht die Häufigkeit des als erstes gezeichneten eigenen Geschlechts bei einer größeren Gruppe von Gefangenen, chronischen Alkoholikern, und bei einer Gruppe von normalen Studenten. Der Autor kommt zum Ergebnis, daß diese beiden Gruppen sich signifikant unterscheiden.

Welche Schlußfolgerungen soll man aus diesen widersprüchlichen Ergebnissen ziehen? Was die negativen Resultate betrifft, stellen wir zwei Fragen:

1. Kann die Tatsache, daß der Test innerhalb eines Gefängnisses bei solchen Personen angewandt wurde, deren abweichendes sexuelles Verhalten entdeckt und bestraft wurde, sich nicht in Richtung auf eine Abweichung von den unter üblichen Untersuchungsbedingungen gewonnenen Ergebnissen auswirken? Nimmt man diese Hypothese an, kann dann das Zögern bei der Identifikation der Figur des eigenen Geschlechts nicht auf andere Weise interpretiert werden? (Die Fälle von *Barker.*)
2. Führt der Ausdruck grundlegender Tendenzen der untersuchten Homosexuellen, z. B. in der Aggressivität gegenüber der weiblichen Figur (bei *Barker*), nicht zu einem Verschwinden des Hinweises, den man suchte?

Die positiven Resultate sind nicht schlüssig. In der ersten Untersuchung ist die Zahl der untersuchten Personen ziemlich gering. In der zweiten stellen wir eine zu große Zahl von Unterschieden zwischen den Studenten und den Alkoholikern fest, als daß der Schluß zulässig wäre, daß die Wahl der ersten Zeichnung auf Probleme der Identifikation mit dem eigenen Geschlecht zurückzuführen ist.

Der zweite Weg der Forschung (Beziehung zwischen dem Geschlecht der ersten Person und Zeichen von Männlichkeit bzw. Weiblichkeit) hat kaum weiter geführt. 122 Soldaten, die in ein klinisches Zentrum eingewiesen worden waren und psychoneurotische Störungen aufwiesen, interpretierten in 60 % der Fälle die volkstümlichen menschlichen Figuren der Tfl. III im Rorschach-Test nicht als zwei männliche Figuren; ihr mittlerer Wert auf der Weiblichkeitsskala von *Gongh* liegt höher als der einer Kontrollgruppe von normalen Versuchspersonen; der Mensch-Test spiegelt diese Tendenz jedoch nicht wider: 87 % der psychoneurotischen Probanden zeichneten zunächst eine Person des eigenen Geschlechts (*Tolor*, 1957).

In einer anderen Untersuchung wurde der Mensch-Test zusammen mit dem MMPI Studenten im Alter von 18 bis 20 Jahren beiderlei Geschlechts vorgelegt. Man stellte fest:

1. daß die Studenten die Tendenz zeigen, in ihrer Mehrzahl als erstes eine Person des eigenen Geschlechts zu zeichnen;
2. daß der MMPI signifikant differenziert zwischen den Männern und den Frauen; daß jedoch
3. keine Beziehung zwischen der Sukzession der gezeichneten Geschlechter und der Männlichkeits-Weiblichkeits-Werte im MMPI besteht.

Es wäre voreilig, den Schluß zu ziehen, daß das Fehlen einer Korrelation zwischen dem ersten gezeichneten Geschlecht und den Männlichkeits-Weiblichkeits-Werten im MMPI die Hypothese von *Machover* widerlegt. Die Phänomene der geschlechtlichen Identifikation und ihrer Störungen einerseits und die maskulinen und femininen Komponenten der Persönlichkeit andererseits entwikkeln sich innerhalb unterschiedlicher Bereiche und konstituieren komplexe Prozesse, die mehr als eine Dimension umschließen. Die verschiedenen Tests hinsichtlich der Männlichkeit-Weiblichkeit zielen auf unterschiedliche Aspekte ab; der Mensch-Test und der MMPI differenzieren zwischen Männern und Frauen, es besteht aber keine Korrelation zwischen beiden Tests. Unter diesen Umständen kann keiner der Tests als ein gutes Kriterium angesehen werden; jeder spiegelt unterschiedliche psychologische Funktionen wider, die ihrerseits an das gebunden sind, was wir »Männlichkeit« und »Weiblichkeit« nennen.

Insgesamt gesehen führen die zitierten Untersuchungen nicht zu einer Unterstützung der Hypothese von *Machover*, vielmehr stehen sie in Widerspruch zu dieser. Die Bevorzugung gilt im allgemeinen der Person des eigenen Geschlechts. Wir wissen jedoch nicht, worauf dies zurückzuführen ist, und wir sind uns nicht sicher, welche Rolle die geschlechtliche Identifikation dabei spielt. Wir wissen nicht, wodurch sie herbeigeführt wird und was sie verstärkt, noch können wir sagen, ob die als erstes gezeichnete Person des entgegengesetzten Geschlechts auf einen gewissen Grad von Geschlechtsumkehrung zurückzuführen ist.

Wenn es nicht möglich war, die geringste Häufigkeit der Wahl des eigenen Geschlechts bei Personen mit sexuellen Störungen zu finden, so stellt sich ein solches Ergebnis auf unerwartete Weise bei den Studentinnen ein. Ohne Ausnahme kommen die unterschiedlichen Untersuchungen mit dem Mensch-Test zum Ergebnis, daß eine Identifikation mit dem eigenen Geschlecht bei Studenten ausgeprägter ist als bei Studentinnen.

Die Prozentsätze variieren für die unterschiedlichen amerikanischen Studenten, die einer Untersuchung unterzogen wurden (mittleres Alter 18–26 Jahre):

Tabelle 3:

Gesamtzahl	Studenten, die als erstes das eigene Geschlecht zeichnen	Studentinnen, die als erstes das eigene Geschlecht zeichnen	Autoren
22	89 %	77 %	*Swensen*, 1955
307	95 %	57 %	*Mainord*, 1953
80	85 %	67 %	*Holtzman*, 1952
571	88 %	63 %	*Granick*, 1953

Diese Ergebnisse lassen sich kaum in dem Sinne interpretieren, daß die Studentinnen eine allgemeine Tendenz aufweisen in Richtung auf eine sexuelle Inversion. Dieser Hypothese widerspricht die Tatsache, daß Frauen, die wegen unterschiedlicher psychoneurotischer Störungen in eine Klinik eingewiesen wurden und bei denen man ausgesprochene sexuelle Störungen feststellte, häufiger als erstes eine weibliche Person zeichneten, als dies die Studentinnen taten (*Mainord*, 1953).

Wir wollen nun eine Hypothese anführen, die in der Lage ist, diese Ergebnisse zu erklären. Man kann die Studentinnen als die am meisten emanzipierte Gruppe der Gesamtpopulation der Frauen ansehen. Außerdem scheinen diese Frauen in besonders starkem Maße zu versuchen, die Werte einer Gesellschaft zu assimilieren, welche im wesentlichen von Männern beherrscht wird. Demnach wären die Studentinnen bemüht, ihre Intellektualität zu entwickeln, die Grundlagen zu einer Karriere zu legen und eine Unabhängigkeit im geistigen Bereich und in ihren Einstellungen zu entwickeln, alles Ziele, die als »männlich« anzusehen sind. Demzufolge könnte man die Auffassung vertreten, daß die Bevorzugung der von Männern innerhalb der Gesellschaft übernommenen sozialen Rollen das Motiv für die Wahl der Person des anderen Geschlechts in der Mensch-Zeichnung ist. Die Identifikation mit einer biologischen Rolle verliert demnach ihre Bedeutung. Wir nehmen nun an, daß die Identifikation mit dem eigenen Geschlecht zwei Aspekte beinhaltet, deren Unterscheidung nützlich ist. Der eine wäre die geschlechtliche Identifikation im eigentlichen Sinne, die Annahme der eigenen biologischen Rolle; der andere Aspekt wäre die »sozio-sexuelle« Identifikation oder die Übernahme der im sozialen Rahmen Frauen und Männern zugedachten Rollen. Die beiden Aspekte sind nie identisch, obwohl die Annahme des einen und des anderen Aspekts im Verlauf des kindlichen Sozialisationsprozesses voneinander abhängig sind.

Unsere Formulierung schließt nicht aus, daß die Tatsache, daß man als erstes eine Person des eigenen oder des anderen Geschlechts zeichnet, ein Hinweis auf die geschlechtliche Identifikation im eigentlichen Sinne sein könnte. Damit gelangen wir zur Auffassung, daß dieser Aspekt der Zeichnung ebenso wie die übrigen unterschiedliche Bedeutungen enthalten kann. Für einen männlichen Erwachsenen einer patriarchalischen Gesellschaft, selbst einer modernen, kann die als erstes gezeichnete weibliche Person auf eine geschlechtliche Inversion hinweisen, weil die Mehrzahl der kulturellen Kräfte ihn dazu drängen, eine männliche Identifikation anzunehmen. Mit anderen Worten, er muß stärkere Beweggründe haben, eine Höherschätzung seiner selbst als Mann, worauf die Erziehung hinzielt, zurückzuweisen. In diesem Sinne sind wir der Meinung, obwohl uns die Belege fehlen, daß die weiblichen Erwachsenen aus ländlichem Milieu häufiger als erstes eine weibliche Person zeichnen als die Studentinnen; würde eine von ihnen als erstes einen Mann zeichnen, so wäre die Wahrscheinlichkeit einer Störung der geschlechtlichen Identifikation bedeutend höher als bei einer Studentin, die sich bei der Zeichnung in gleicher Weise verhalten würde. Wir gehen in unserer Annahme noch weiter und vermuten, daß es sich bei den Studentinnen eher um einen Konflikt zwischen der Annahme weiblicher und männlicher Rollen handelt als um eine Tendenz in Richtung auf die Identifikation mit männlichen sozialen Rollen.

In diesem Zusammenhang wollen wir darauf hinweisen, daß die Hypothese von *Machover* bezüglich der Interpretation des Geschlechts der ersten gezeichneten Person auf der üblichen Untersuchungsmethode beruht. Was geschieht jedoch, wenn man bei den gleichen Probanden einen Retest durchführt? Die Studentinnen bleiben ihrer ersten Wahl nicht treu. Die Mehrzahl wählt ein anderes Geschlecht als in der ersten Zeichnung:

39 % zeichnen jedesmal als erstes eine weibliche Person;
19 % zeichnen jedesmal als erstes eine männliche Person;
42 % variieren von Test zu Retest.

Die Studenten ihrerseits neigen zu weniger deutlichen Veränderungen:

87 % zeichnen als erstes einen Mann im Test wie im Retest;
3 % zeichnen als erstes eine Frau;
10 % variieren (*Starr u. Marcuse*, 1959).

Die Daten aus einer einzigen Testdurchführung können demnach als eine Momentaufnahme aus einem sich in der Realität abspielenden Prozeß betrachtet werden. Die Mehrzahl der Studentinnen wählt also nicht das andere Geschlecht, sondern oszilliert zwischen dem eigenen und dem anderen Geschlecht. Es handelt sich nicht um eine Wahl, sondern um einen Konflikt, der zugleich bei der Zeichnung wie bei der Identifikation auftritt. Gerade dies erlaubt die Annahme, daß man bei bestimmten Neurotikern häufiger als erstes eine Zeichnung des entgegengesetzten Geschlechts findet als bei den Homosexuellen. Tatsächlich treffen wir drei Arten von Fällen an:

1. diejenigen Personen, die ständig an erster Stelle eine Person des eigenen Geschlechts zeichnen;
2. diejenigen, die in ihrer Wahl wechseln;
3. diejenigen, die beständig eine Person des anderen Geschlechts zeichnen.

Der Fall 2 (die Studentinnen) würde auf einen Konflikt bei der Identifikation mit den sozialen Rollen hinweisen, und der Fall 3 könnte als Indiz für einen mehr oder weniger ausgeprägten Grad der geschlechtlichen Inversion gelten.

Wir möchten wiederholen, daß wir hier einen einzigen Aspekt der Zeichnung in abstracto behandeln und daß wir einem einzigen Element keinesfalls die Bedeutung eines absoluten Wertes beimessen können. Das, was an erster Stelle gezeichnet wurde, muß in Beziehung zu anderen Komponenten der Zeichnung gesehen werden, z. B. den jedem Geschlecht beigefügten Attributen zusammen mit der positiven oder negativen Bewertung, die sich daraus ergibt. Arbeitet man auf diese Weise, so besteht keine Notwendigkeit, einen Retest durchzuführen, um die Schwere des Identifikationskonflikts zu beurteilen. Beschränkt man sich jedoch auf Untersuchungen, die sich mit diesem bestimmten Aspekt befassen, so kann man davon ausgehen, daß die Verwendung der Daten eines Retests neue Spezifizierungen in bezug auf die oben erwähnten drei Klassen ermöglicht.

Unterschiedliche Faktoren können die Wahl der ersten Zeichnung beeinflussen, und die entsprechenden Ursachen können ebenfalls im Verhältnis zum Geschlecht des Probanden und seinem Alter variieren: bei den Kindern z. B. muß in der Dynamik der Entwicklung die fundamentale Prämisse gesehen werden, auf der die Bewertung beruhen muß. Die Wahl des Geschlechts der ersten gezeichneten Person geht aus der Zugehörigkeit des Individuums zu seiner geschlechtlichen Gruppe hervor und aus der Übernahme der sozio-kulturellen oder geschlechtlichen Rollen im eigentlichen Sinne, welche die Identifikation mit dem eigenen Geschlecht impliziert.

Indem wir uns von *Machovers* Hypothese entfernen, sehen wir in der Wahl des entgegengesetzten Geschlechts in erster Linie nicht einen Hinweis auf eine geschlechtliche Inversion, sondern vielmehr den Ausdruck eines Konflikts der sozio-sexuellen Rollen. In selteneren Fällen kann ein gewisser Grad an geschlechtlicher Inversion auf diese Weise zum Ausdruck kommen, vor allem dann, wenn diese Wahl beständig ist oder besonders betont wird durch andere Aspekte der Zeichnung. Diese Hypothese erklärt uns, weshalb stärkere Fälle von sexueller Verhaltensstörung im eigentlichen Sinne Zeichnungen aufweisen, in denen sich ein hoher Grad an Verwirrung der bei der Figur dargestellten Züge zeigt. Sie zeichnen jedoch als erstes nicht eine Person des entgegengesetzten Geschlechts.

Dieser Aspekt der Zeichnung wird nicht notwendigerweise in jedem Fall und von allen Individuen gewählt, um ihre Probleme bei der Identifikation mit ihrem eigenen Geschlecht zum Ausdruck zu bringen. Dieser einzelne Aspekt darf nur im Rahmen der Konfiguration aller übrigen Gegebenheiten des Tests bewertet werden.

IV. Einige Aspekte der Zeichnung zweier Menschen unterschiedlichen Geschlechts

Die Wahl des ersten gezeichneten Geschlechts erhält ihren Sinn vor allem im Licht mehrerer Aspekte, die mit der Zeichnung zweier Menschen unterschiedlichen Geschlechts verbunden sind. In der Tat eröffnet der Vergleich der beiden Zeichungen, wovon eine ein männliches Wesen und die andere ein weibliches Wesen darstellt, ein reiches Informationsfeld, das insbesondere mit den Haltungen des Kindes als geschlechtliches Wesen gegenüber den beiden Geschlechtern im Zusammenhang steht.

Man fordert das Kind auf, zwei Personen auf zwei unterschiedlichen Blättern zu zeichnen. Nun muß das Kind einen Mindestgrad an Ablösung von den elterlichen Figuren erreicht haben, um sie auf zwei getrennten Blättern zeichnerisch darstellen zu können. Ist die Bindung an einen der beiden Eltern oder an Vater und Mutter gleichzeitig noch zu groß und ist die Position des Kindes in Beziehung zu ihnen noch nicht genügend festgelegt und differenziert, so wird es dem zweiten Blatt keinerlei Aufmerksamkeit widmen und einer Darstellung der beiden Personen dicht beieinander den Vorzug geben. Dies ist häufig der Fall im Alter von 4, 6 oder gar 8 Jahren. Betrachten wir die Fig. 2 und 2 a. Wir verstehen gleich, daß die Bindung an den Vater, die es dem Kind ermöglicht, seine Mutter zu ertragen, sich ihr gegenüber zu behaupten und sich weiterzuentwickeln, das Vorhandensein der beiden Personen auf demselben Blatt motiviert. Die über die männliche Person verteilte Schattierung und vor allem ihre embryonalen Formen im Vergleich zu den bedeutend weiterentwickelten der weiblichen Person legen uns andererseits die Annahme nahe, daß bei diesem Kind Regressionswünsche bestehen und ein Bedürfnis, die Mutter zum Nachteil des kleinen zweijährigen Bruders, der von der Mutter bevorzugt wird, in Beschlag zu nehmen. Die Beziehung zum Vater und das Bedürfnis, wie der kleine Bruder von der Mutter geliebt zu werden, kommen bei derselben Person, an die das Mädchen mit starkem Gefühl gebunden ist, zum Ausdruck.

Wir sehen, daß in der Fig. 8 auf die Zeichnung der weiblichen Person diejenige der männlichen (links) auf demselben Blatt folgt, obwohl ein zweites Blatt wie üblich angeboten worden war. Der Proband ist ein 42jähriger Mediziner, Junggeselle, und das jüngste Kind der Familie. Er blieb sein Leben lang an seine Mutter gebunden, und das Junggesellendasein stellte für ihn die einzige Lösung dar angesichts der Unmöglichkeit, eine heterosexuelle Beziehung aufzunehmen. Nach dem Tod seiner Mutter beschäftigte er sich vor allem mit der Instandhaltung seines Hauses, in dem er zurückgezogen lebte. Er fand nur während einiger Jahre Befriedigung in seinem Beruf und befaßte sich dann in zunehmendem Maße und nahezu ausschließlich mit Literatur.

Indem er als erstes die weibliche Person zeichnet, bringt er seine Identifikation mit seiner Mutter zum Ausdruck. Die Bindung ist so stark, daß er an dem Blatt haften bleibt und sich selbst als Mann an ihrer Seite zeichnet, unter ihrem Schutz (der konkave und offene Mund) und sich ihr unterordnend. Die Selbstdarstellung ist mit schwachen und fließenden Konturen gezeichnet, womit sie in deutlichem Gegensatz steht zu dem autoritären Profil der Frau mit ihrer spitzen Nase, den stark hervorgehobenen Gesichtszügen und dem vorspringenden Kinn. Nur weil er mit seiner ersten Ausführung unzufrieden war, nahm er das zweite Blatt und zeichnete eine andere männliche Person. Diesmal, in größerer Distanz zur weiblichen Person, gelingt ihm die Projektion aller übrigen Tendenzen bedeutend besser, etwa des männlichen Dominanzwunsches (das Kinnbärtchen kompensiert die Schwäche und die Angst vor Verantwortung); der mächtige Kopf drückt die überbetonte Intellektualität aus, sein einziger Trumpf in Kontakten und beim Erfolg in der Gesellschaft. Wir stellen aber auch fest, daß die Tatsache, er selbst, unabhängig und ein Mann zu sein, in ihm eine große Angst hervorruft: die zweite Figur ist vollständig und äußerst stark schattiert. Wir verstehen, daß er in einem gewissen Ausmaß darauf verzichtet hat, seiner Originalität in seinem Leben freien Lauf zu lassen.

Die Zeichnung von zwei Personen auf demselben Blatt ist in keiner Weise vergleichbar mit aufeinanderfolgenden Zeichnungen verschiedener Personen, ohne daß der Zeichnung der zweiten Person eine Anweisung vorausgegangen wäre. Eine solche zweite Figur kann auf die Befriedigung zurückgeführt werden, eine Aktivität zu wiederholen, in der man eine Beherrschung nahezu oder schon ganz erreicht hat, oder es soll damit eine Angst beschwichtigt werden, die auf eine allgemeine Unsicherheit des Kindes zurückzuführen ist. Es ist damit nicht die Wiederholung einer Zeichnung gemeint, nachdem die erste Zeichnung nicht befriedigte und deshalb mit Schraffierungen überdeckt wurde. Eine Wiederholung vom obengenannten Typ kann beim Erwachsenen als ein Hinweis auf eine Intelligenzstörung oder einen pathologischen Prozeß gelten.

Beim Kind steht die Einfügung von anderen Elementen in der Zeichnung als den durch die Anweisung geforderten Personen ebenfalls in Verbindung mit einer allgemeinen Ängstlichkeit und dem Bedürfnis, den Schutz und die Geborgenheit, die insbesondere die Anwesenheit der Mutter vermittelt, auf andere Elemente zu übertragen. In den Zeichnungen dieser Art, die sich vor allem im Alter zwischen 4 und 7 Jahren finden, haben die Erde, die Blumen, die Häuser oder die Bäume vor allem die Qualität mütterlichen Schutzes. Man trifft die Darstellung der Sonne insbesondere in der Zeichnung von solchen Kindern an, die eine größere Sicherheit in den Beziehungen zum Vater empfinden. Unserer Erfahrung nach, die von anderen Quellen nicht gestützt wird, tritt die Darstellung einer ganzen Szene auch noch in Zeichnungen von Jugendlichen auf. Hier kann eine neue Angst zugrunde liegen, die für dieses Alter charakteristisch und auf den Rückzug auf die Abhängigkeit von der Mutter zurückzuführen ist. Dieser Prozeß besteht bei den Individuen beiderlei Geschlechts, tritt jedoch bei den Mädchen stärker hervor. Er wird hervorgerufen im Widerstreit mit psychologischen Kräften, die auf Unabhängigkeit und die Lösung von infantilen Konflikten und Beziehungen hinzielen.

Mit der Reihenfolge der gezeichneten Geschlechter und der Distanz zwischen den beiden Zeichnungen wird man ein weiteres grundlegendes Element des Tests nicht aus den Augen lassen: die unterschiedliche Behandlung der männlichen und der weiblichen Figur. Im allgemeinen sind die, beiden Zeichnungen ein und desselben Probanden gemeinsamen zeichnerischen Elemente so zahlreich, daß es keine Schwierigkeiten bereitet, sie inmitten einer großen Zahl von Darstellungen anderer Personen als von derselben Person gezeichnet wiederzuerkennen. In der Regel gehen mit dieser Verwandtschaft bemerkenswerte Variationen bei der Behandlung der männlichen und weiblichen Person einher, die gleichzeitig projektive und ausdrucksmäßige Aspekte beinhalten. Diese Variationen sind die Folge einer Anweisung, die dazu auffordert, zwei Personen unterschiedlichen Geschlechts zu zeichnen. Die Anweisung regt den Probanden dazu an, sich sein Konzept einer Welt ins Bewußtsein zu rufen, in welcher die Menschen dem einen oder dem anderen Geschlecht zugehören, ferner seine Einstellung gegenüber dem einen und dem anderen Geschlecht, wovon eines notwendigerweise sein eigenes ist, und die Anerkennung dieser Zugehörigkeit und die Art und Weise, in der er diese Zugehörigkeit akzeptiert. Die Zeichnung der zwei Personen entgegengesetzten Geschlechts bringt somit die affektiven Reaktionen des Probanden gegenüber den männlichen und weiblichen Rollen zum Ausdruck, seine Auffassung darüber, welche Beziehungen zwischen Männern und Frauen bestehen sollten, und seine Auffassung vom sexuellen Leben im eigentlichen Sinne. Der wesentliche Antrieb ergibt sich demnach hier aus der Identifikation des Kindes mit den es umgebenden realen männlichen und weiblichen Personen. Dazu gehören der Vater und die Mutter, die Beziehung, die sie untereinander und mit dem Kind vereint, das familiäre Klima, die Position des Kindes in bezug auf seine Brüder und Schwestern, die Sitten und Gebräuche der soziokulturellen Gruppe.

Die enthüllenden Aspekte sind in diesem Bereich die unterschiedliche Behandlung der beiden Personen und die Darstellung jeder Person hinsichtlich ihrer Geschlechtlichkeit. Die Skala der Unterschiede reicht von der rohen Darstellung der Geschlechtsorgane bis hin zu weniger deutlichen Unterscheidungen wie der Darstellung sekundärer Geschlechtsmerkmale, dem spitzen oder abgerundeten Charakter der Formen, den Kleidungsstücken und den Accessoires.

In der Fig. 1 und 1 a läßt sich das Geschlecht der beiden gezeichneten Personen nur schwer erkennen. Die Zeichnung stammt von einem intelligenten Knaben, der in der Atmosphäre einer modernen Erziehung lebt, so daß man die Verwirrung bezüglich der Geschlechter bei ihm selbst suchen muß. Das weitgehende Fehlen geschlechtlicher Charakteristiken ist begleitet von einem ebenfalls außergewöhnlichen Ausdruck: der rohen Darstellung des männlichen Organs. Dies deutet auf eine Beunruhigung des Kindes durch die Masturbation hin. Eine solche Beunruhigung findet sich häufig in diesem Alter, nicht jedoch der unmittelbare Ausdruck, der eine Herausforderung an die Umgebung bedeutet. Sie verbindet sich mit anderen regressiven Zügen der Zeichnung und unterstreicht das Fehlen des Sublimierungsprozesses, der eine zufriedenstellende und bereichernde Identifikation mit den Eltern gewöhnlich begleitet. Die gleiche Aussage liegt in der Tatsache, daß die gezeichnete Person einen Touristen darstellt. Sie ist weit entfernt von allem, was seine Gemeinschaft (ein Kibbuz) ihm als männliche Person anbieten kann. Allerdings ist das erste gezeichnete Geschlecht männlich, womit eine Übereinstimmung mit der männlichen Qualität der Verhaltensstörung des Jungen gegeben ist.

Wir stellen das gleiche Fehlen einer geschlechtlichen Unterscheidung auf Fig. 8 fest, und zwar bei der Zeichnung des unverheirateten Mediziners, der es nicht wagte, die unterhalb der Taille liegenden Körperteile zu zeichnen. Man kann auf eine starke Verdrängung erotischer Tendenzen schließen, wobei die exzessive Größe des Kopfes (intellektuelle Kontrolle) in Betracht zu ziehen ist, wie auch die Lokalisierung weit rechts auf dem Blatt der ersten Zeichnung und die über die dritte Zeichnung verteilte extreme Schattierung.

Die Zwillingsschwester von David bringt in ihren Zeichnungen (Fig. 3) zwar kein Fehlen einer Unterscheidung zwischen den beiden Personen zum Ausdruck, jedoch die Probleme und den Konflikt, der sich aus der Annahme geschlechtlicher Charakteristiken des Menschen ergeben. Während der Gruppenuntersuchung zeichnet sie nur den Kopf des Mädchens; die männliche Person ist weniger unvollständig, ihre Haltung jedoch ist sehr starr und trägt deutliche weibliche Züge (dieser letzte Bezug findet sich häufig bei Jugendlichen). Im Verlauf der Einzeluntersuchung stellt Sarah einen Kopf dar (3 b), der mit dem ihrer ersten Zeichnung identisch ist, und sie sagt, daß sie den Körper nicht zu zeichnen vermöge. Als wir auf einer Fortführung bestehen, zeichnet sie dennoch eine vollständige weibliche Person (3 c). Als Antwort auf die zweite Anweisung beginnt sie zu unserem Erstaunen mit dem Körper und endet mit dem Kopf der männlichen Person (3 d). Es handelt sich hier um eine unmittelbare Manifestation des Konflikts zwischen dem Körper und dem Kopf mit einer betonten Tendenz in Richtung auf Hemmung und Rigidität. Der Test von *Bender* bestätigt dies, und man bemerkt hier die Gehemmtheit, das Übermaß an Kontrolle und die Verkleinerung der Form. Die Umgebung dieser Jugendlichen ist der Ansicht, daß sie gut angepaßt sei, weil sie sich sehr sozial verhält. Im Unterschied zu ihrem Bruder, und weil ihr die Identifikation mit den Eltern besser gelungen ist, reagiert sie auf bestimmte grundlegende Schwierigkeiten, die beider Entwicklung gemeinsam sind, mit autoplastischen Anpassungen, etwa einer gewissen sexuellen und emotionalen Hemmung und der Verdrängung aggressiver Impulse, die sich in den geballten Fäusten der Fig. 3 a äußern, den abgeschnittenen Händen in den anderen Zeichnungen und der starren und kontrollierten Haltung. Ihre »soziale Anpassung« wurde erreicht durch Prozesse, die das Glück ihres inneren Lebens bedrohen könnten.

Die Differenzierung der beiden Personen hinsichtlich ihrer geschlechtlichen Charakteristiken ist in den Zeichnungen der Fig. 7 zufriedenstellend. Im Kontext dieser Differenzierung und in Übereinstimmung mit allen Gegebenheiten bedeutet der Wechsel in der Wahl des ersten gezeichneten Geschlechts (7 und 7b) in diesem Fall: Ich möchte gerne ein Mädchen sein, es ist jedoch gefährlich, der ständig leidenden und passiven Mutter zu ähneln. Deshalb bevorzuge ich das Schicksal eines aktiven, freien und seine Bewegungen beherrschenden Jungen. Achten wir außerdem auf das ungewöhnlich lange Haar, das sexuelle Vitalität symbolisiert, und auf die Tatsache, daß es in Zöpfen zusammengebunden ist, was Kontrolle symbolisiert. Dieser Eindruck wird verstärkt durch die Haltung der weiblichen Personen mit ihren aneinandergepreßten Beinen; er wirkt noch beunruhigender, wenn man sieht, daß das Mädchen wohl einen Blumenstrauß tragen will (7 a), Symbol der Fruchtbarkeit, daß dieser Strauß jedoch keine Blüten hat, sondern vertrocknet oder welk ist.

Die Auffassung von den geschlechtlichen Charakteristiken der beiden Personen ist somit sehr unterschiedlich und legt immer beredtes Zeugnis von den eigenen Erfahrungen des Zeichners ab. Man muß sie immer in Beziehung setzen zu den Bedingungen des Alters, des Geschlechts, des sozialen Milieus und zu der in diesem Milieu erlaubten Freiheit des Ausdrucks. *Favez-Boutonier* (1959) ordnet die Normalität zwischen zwei möglichen Extremen an: der rohen Darstellung von Geschlechtsorganen und dem vollständigen Fehlen von Hinweisen auf die Sexualität. Wir haben gesehen, daß beide extremen Ausdrucksweisen sich bei demselben Individuum miteinander kombinieren können (Fig. 1). Welcher Art dieser Ausdruck auch sei, er vermittelt uns auf eine unmittelbare und überzeugende Weise die Konzeption der geschlechtlichen Welt des Zeichners.

Abgesehen von den primären oder sekundären geschlechtlichen Merkmalen, den symbolischen Charakteristiken oder den Eigenschaften der Kleidung, bestehen auch noch weitere Unterschiede, die zuweilen sehr deutlich, zuweilen aber auch subtiler sind. Eine Person besitzt Hände, die andere nicht; die eine hat *die* Haltung, die andere eine entgegengesetzte; der weiblichen Person fehlt der Hals usw. Die feststellbaren Unterschiede haben ihre Ursachen weniger in einer Konzeption der Sexualität als vielmehr in der Tatsache, daß es sich im einen Fall um die Projektion einer männlichen und im anderen um die einer weiblichen Figur handelt. Manchmal kommt es vor, daß die Projektion der brennendsten Konflikte und Probleme auf die Person des eigenen Geschlechts beschränkt ist. So etwa unterschieden sich allein die gezeichneten weiblichen Personen einer Gruppe normaler Frauen von denjenigen einer Gruppe fettsüchtiger Frauen (*Kotkov*, 1953). Aufgrund des gleichen Prinzips lassen die Jugendlichen eher die Hände der männlichen Person weg (*Leclerq*). Dieser Prozeß steht vielleicht in Verbindung mit der Tatsache, daß man sich eher mit einer Person des gleichen Geschlechts identifiziert. Möglicherweise ist es schmerzhaft und weniger angenehm, seine eigenen Schwächen und seine eigenen »Fehler« in der Zeichnung dieser Person zu enthüllen. Zudem spielt der Mechanismus der Kompensation oder der Bestrafung eine größere Rolle, wenn man die Person des eigenen Geschlechts zeichnet. Der Fall eines von uns untersuchten 16jährigen Mädchens, das von einer Narbe entstellt war, scheint diese Erklärung zu bestätigen.

Sie zeichnet zunächst ein junges Mädchen mit den Konturen des Kopfes und den Haaren. Daraufhin läßt sie das Gesicht leer und beschäftigt sich lange Zeit mit der Darstellung des Körpers und insbesondere mit dem Kleid und den zusätzlichen Einzelheiten. Nachdem sie diese erste Zeichnung beiseite gelegt hat, geht sie zur Darstellung des Jungen über. Obwohl sie die Kleidung mit der gleichen Sorgfalt zeichnet, vergißt sie dieses Mal das Gesicht nicht.

Nachdem sie einen letzten Blick auf ihre Zeichnungen geworfen hat, erinnert sie sich plötzlich, daß sie das Gesicht der weiblichen Person (das nicht mehr vor ihr liegt) vergessen hat, und bittet um die Erlaubnis, es vervollständigen zu dürfen. Dieses »Vergessen« drückt das durch die Narbe hervorgerufene Gefühl der Entstellung aus.

Da das Gesicht als zentrales Organ der menschlichen Kommunikation angesehen wird, kann ihr Verhalten auch so interpretiert werden, daß ihr in einem gewissen Maß das Vertrauen in die Fähigkeit fehlt, von den anderen, so wie sie ist, akzeptiert und geliebt zu werden. Aus dem Bedürfnis heraus, den anderen zu gefallen, beschäftigt sie sich vor allem mit der Kleidung, als wenn ihre Kleidung ihr das ersetzen sollte, was sie aufgrund der Narbe nicht erreichen kann. Bei der Zeichnung des Jungen ist das Problem weniger schmerzhaft. Eine gewisse affektive Distanz erlaubt es ihr, sich ihrer ersten Projektion bewußt zu werden und sie zu verbessern. Dieses realitätsbezogene Verhalten ergibt eine günstige Prognose der emotionalen Schwierigkeiten dieser auf sich selbst zurückgezogenen Jugendlichen, die sich mit ihrer Familie aufgrund ihrer Forderungen bezüglich der Kleidung in ständigem Konflikt befindet.

In dem Maße, wie man sich in der Person des anderen Geschlechts weniger selbst wiedererkennt, kontrolliert man sich zuweilen weniger, wenn man diese zeichnet. So geschieht es, daß man auf diese die negativen Züge und vor allem die verbotenen Impulse projiziert. Auch bei der verbalen Befragung ist es die Person des »anderen Geschlechts«, die von Kindern als die unfolgsame und als diejenige geschildert wird, die ihre Brüder und Schwestern angreift, nicht gehorcht usw.

Es ist möglich, daß die Ordnung, in der die Personen gezeichnet wurden, eine Rolle bei der Zuteilung der Charakteristiken spielt – z. B. kann das erste gezeichnete Geschlecht eine größere Ängstlichkeit aufweisen (stärkere Schattierung), jedoch nicht aufgrund der Beziehung des Probanden zu diesem Geschlecht, sondern zufolge seiner Probleme bei der Anpassung an eine neue Situation, in diesem Fall die Untersuchung.

Allgemein gesagt ist die Verteilung der Charakteristiken auf die beiden gezeichneten Personen nicht immer genügend verständlich. In diesem Bereich ist man noch weit davon entfernt, über ausreichend abgesicherte Klarheit zu verfügen; man kann nur versuchen, für jeden Fall die ihm eigene Logik der Verteilung der Projektionen zu suchen.

V. Diskussion der Ergebnisse

Die Ergebnisse unserer Untersuchung besagen, daß sowohl für das Kind wie für den Erwachsenen die Wahl seines eigenen Geschlechts in der ersten Mensch-Zeichnung die Regel ist. Der Prozeß der Projektion legt das Gefühl des Kindes offen, seinem eigenen Geschlecht zugehörig zu sein. Hierin liegt eine der fundamentalen Bedingungen seiner Entwicklung. Indem es sich mit seinem eigenen Geschlecht identifiziert, akzeptiert und übernimmt das Kind die Rollen, Auffassungen und Ziele, also das seinem Geschlecht eigene globale Verhalten. Die biologischen Unterschiede sind angeboren, das spezifische Verhalten jedes Geschlechts, das mit dieser biologischen Zweiteilung verbunden ist, wird in weitem Maße beherrscht von den Bedingungen der Sozialisation, wie sie jedem Geschlecht in einem bestimmten kulturellen Rahmen eigen sind. Von Geburt an kleidet man die Mädchen in Rosa und die Jungen in Blau. Die Einstellung des Milieus gegenüber dem einen und dem anderen Geschlecht werden bestimmt von den Erwartungen, den Gefühlen und der Einstellung, die sie bei den ihnen nahestehenden Personen hervorrufen aufgrund der Tatsache, daß sie dem einen oder dem anderen Geschlecht zugehören. Die Beziehungen zu den Eltern, vor allem die ödipale Phase, wie die Psychoanalyse zeigen konnte, stellen die wesentlichen Determinanten der Entwicklung des Kindes hinsichtlich seiner Zugehörigkeit zu einer bestimmten geschlechtlichen Kategorie dar. Die Einstellungen der Eltern spielen in dem Maße eine Hauptrolle, als sie, sei es als Vater oder als Mutter, zu Objekten der Identifikation und der Liebe für ihre Kinder werden können. Die gesamte Gesellschaft jedoch übt unablässig ihren Druck aus mit Hilfe von Gesetzen, Tabus, Ritualen und Gebräuchen, deren Funktion es ist, diese Identifikation aufrechtzuerhalten und sie noch klarer und stärker abzugrenzen. Je deutlicher die von der Gesellschaft festgelegten Unterschiede sind, um so leichter kann das Individuum sich ihnen anpassen. Die Tendenz des Individuums, das einer geschlechtlichen Kategorie zugehörige erworbene Verhalten zu bewahren und wertzuschätzen, steht in unmittelbarem Zusammenhang mit der besonderen Wertschätzung all dessen, was seine eigene Persönlichkeit ihrer Herkunft verdankt. Wie stark auch die Abweichung im Verhalten eines Individuums in bezug auf die Vorbilder seines eigenen Geschlechts sein mag, so findet man nur in äußerst gravierenden Fällen eine vollständige Verleugnung der Zugehörigkeit zur eigenen Geschlechtsgruppe. Theoretisch ist es möglich, daß die Identifikation mit dem anderen Geschlecht so stark wird, daß sie zu einer Unfähigkeit führt, sein eigenes Geschlecht sowohl an erster Stelle zu zeichnen als auch auf die zweite Anweisung des Tests hin. Persönlich haben wir diesen Fall nie angetroffen, weder in der hier dargestellten Untersuchung noch in der zugehörigen Literatur. (Wir meinen hier nicht die allgemeine Weigerung zu zeichnen, sondern die Weigerung, sein eigenes Geschlecht zu zeichnen.)

Die Unfähigkeit, die Person des anderen Geschlechts zu zeichnen, findet sich dagegen recht häufig. Sie ist das Zeichen großer Ängstlichkeit, Aggressivität oder einer Ambivalenz gegenüber diesem Geschlecht. Dies war der Fall bei einem 6jährigen Knaben, der, nachdem er einen Jungen gezeichnet hatte, sich hartnäckig weigerte, ein Mädchen zu zeichnen. Nach Auskunft seines Lehrers war dieses Kind sehr stark an seine Mutter gebunden, aber seit kurzer Zeit äußerte er in seinem Verhalten lebhafte Unabhängigkeitstendenzen. Diese Art der Weigerung tritt bei Jungen dieses Alters häufig auf; sie erscheint bei Mädchen in der Adoleszenz, wobei sie hier die Angst und die Hemmungen in bezug auf ihre Beziehungen mit dem anderen Geschlecht zum Ausdruck bringen.

Das erste Ergebnis unserer Untersuchungen zeugt von der Beziehung zwischen der Zeichnung und dem Prozeß der Identifikation mit dem eigenen Geschlecht. Dieser Prozeß herrscht vor bei beiden Geschlechtern und in allen Altersstufen. Man sieht jedoch, daß eine gewisse Anzahl von Kindern dieser allgemeinen Linie nicht folgt. In Anbetracht der übrigen Ergebnisse können wir sie nur verstehen, indem wir den Wechsel der Identifikation als einen der Entwicklung des Kindes inhärenten Prozeß in Betracht ziehen.

Freud hat die Bedeutung der bisexuellen Anlage des Menschen unterstrichen, die er in den biologischen Bedingungen der Sexualität verwurzelt sah. Im Gegensatz dazu heben die amerikanischen Psychoanalytiker die sozio-kulturellen Bedingungen unserer Zivilisation hervor, um die Probleme bei der Identifikation mit dem eigenen Geschlecht zu erklären. In unserer Epoche, vor allem nach dem Zweiten Weltkrieg, haben die sozio-kulturellen Bedingungen die Ambiguität der männlichen und weiblichen sozialen Rollen verstärkt. In bezug auf das, was der Status der Frau in den vorausgegangenen Zeiten war, hat er sich nicht nur grundlegend gewandelt, sondern er ist auch unablässig im Wandel begriffen. Die Gleichstellung in den politischen Rechten, die Bewegungsfreiheit der Frau im wirtschaftlichen Bereich, die erweiterten Bildungsmöglichkeiten und die neue Position innerhalb der Familie fordern dringend angemessene psychologische Veränderungen sowohl auf seiten der Frau als auf seiten des Mannes. Die Einstellungen, die Gefühle und die Überzeugungen schreiten langsamer voran als die sozialen Veränderungen. Die Widersprüche zwischen den einen und den anderen und die Konflikte, die daraus folgen, rufen eine Verwirrung im Verhalten der Eltern gegenüber den Kindern und dem Klima ihres Verhaltens hervor. Das Erlernen der Geschlechtsrolle, sowohl biologisch als auch sozial, erfordert auf seiten des Kindes eine größere Flexibilität, als dies früher der Fall war. In einer so gearteten Situation wird eine Identifikation mit gemischten Rollen charakteristisch für die Entwicklung des Kindes. Die starke Fluktuation unserer Daten gibt einen Hinweis auf Tendenzen zu einer doppelten Identifikation bei kleineren Knaben und Jugendlichen.

Unser zweites Ergebnis besagt, daß die kleinen Knaben (vor allem bis zu 9 Jahren) häufiger Personen des entgegengesetzten Geschlechts an erster Stelle zeichnen, als dies ältere Jungen tun. Es handelt sich um Kinder in der Periode der Latenz, die den entscheidenden Prozeß der Identifikation mit dem Elternteil des eigenen Geschlechts bereits voll durchlaufen haben. Diese Kinder wissen schon sehr genau, daß sie Jungen sind, und sie kennen ihren eigenen Körper und seine Geschlechtsmerkmale. Sie wissen, wie sie sich zu Hause und in der Schule als Jungen zu verhalten haben oder welcher Art ihre Beziehungen sein müssen sowohl mit Jungen als auch mit anderen Personen. Sie ziehen die Spiele der Jungen denjenigen der Mädchen vor, und ihre Einstellung gegenüber der

Zukunft richtet sich nach der Perspektive der Väter aus und nicht nach derjenigen der Mütter. Sie sind außerdem in dem Alter, wo sie selbstsicher die Mädchen verachten und für Gleichaltrige weiblichen Geschlechts kein Interesse haben. Wie kommt es nun dazu, daß Kinder, die ein solches Verhalten zeigen, an erster Stelle eine weibliche Person zeichnen?

Vor dem Hintergrund unserer vorausgegangenen Diskussion und angesichts der großen Zahl derjenigen, die von der Norm abweichen, wollen wir nicht die Hypothese eines pathologischen Prozesses aufstellen, d. h. einer Umkehrung des ödipalen Konflikts, woraus zu folgern wäre, daß der Junge sich mit der Mutter und nicht mit dem Vater identifiziert. Wir nehmen vielmehr an, daß das Phänomen die Folge eines wachsenden Einflusses der Mutter im Verlauf der frühen Kindheit ist, welcher zwar den normalen ödipalen Prozeß der Identifikation nicht verhindert, aber ihn erschwert.

In Israel wie in einer gewissen Zahl anderer moderner Industriestaaten übersteigt der Anteil der Mutter an der Erziehung ihrer Kinder bei weitem den des Vaters. Sie ist es, die in den Augen der Kinder die vitalen Funktionen für ihre Existenz übernimmt. Ihr Ansehen wächst zudem angesichts der Unklarheit der väterlichen Rolle. Angesichts der heutigen Arbeitsbedingungen haben die Kinder nicht mehr die Möglichkeit, die Rolle des Vaters im Produktionsprozeß wahrzunehmen, so wie es im handwerklichen Zeitalter der Fall war. Arbeitet der Vater weit entfernt vom Haus, so ist seine Anwesenheit zu Hause zeitlich begrenzt. Wir glauben jedoch nicht, daß das wahre Problem auf diese Situation zurückzuführen ist. Tatsächlich wird das Kind in eine Familie geboren, in der die Beziehungen zwischen der Mutter und dem Vater verändert sind. Unter den früheren Bedingungen war die Abwesenheit des Vaters wenig bedeutsam, weil er die oberste Autorität war und es auch aufgrund seiner Beziehung zur Mutter blieb, wenn er abwesend war. Heutzutage sagt die Mutter nicht, daß der Vater kommen und das Kind bestrafen werde, sie selbst bestraft es. Unter den neuen Bedingungen muß der Vater sich mit seinem Kind auf eine andere Weise beschäftigen als früher. Lediglich dann, wenn die Veränderung der Rolle nicht dem aktuellen Zustand der Dinge folgt, hört die Anwesenheit des Vaters auf, konstruktiv zu sein, und sein Einfluß in der Familie nimmt ab. Das Kind nimmt den Vater in einer passiven Rolle wahr, indem er z. B. seine Zeitung liest; der Vater nimmt aber diesen Handlungen ihren »weiblichen« Charakter, wenn er mit dem Kind spazierengeht, ihm bei seinen Aufgaben hilft, wenn er das kranke Kind pflegt, es tröstet, wenn es traurig ist, oder es für seine schlechten Verhaltensweisen bestraft. Die Möglichkeit des Vaters, auf die Bedürfnisse des Kindes einzugehen, verringert sich nur dann, wenn er die Mehrzahl dieser Funktionen der Mutter übertragen hat. Dann wird die Mutter weniger zu einem geliebten Objekt (»die gute, sanfte Mutter« der patriarchalischen Familie des abendländischen Europa) als zu einer mit ambivalenten Gefühlen behafteten Person.

Die Einstellung der modernen Mutter gegenüber ihren Kindern ist gleichfalls in stärkerem Maße ambivalent. Zudem verhält sie sich zu ihrem Sohn nicht wie gegenüber einem »zukünftigen Mann« (das Verhalten der japanischen Mütter entspricht auf extreme Weise diesem Prototyp); vielmehr behandelt sie ihre Kinder unabhängig von ihrem Geschlecht, und sie fordert vom Jungen wie vom Mädchen nahezu den gleichen Gehorsam und dieselbe Ordnung und Sauberkeit.

So kann es für den Jungen schwierig werden, sich von der allmächtigen Mutter zu lösen, während beim Mädchen, indem es sich mit der Mutter identifiziert, die Gefühle des Selbstvertrauens und der persönlichen Stärke wachsen. Es ist notwendig, daß der Junge die Vorschriften der Mutter introjiziert, ohne sich deshalb mit ihr zu identifizieren. Er wird sich dann bemühen, ihr zu ähneln und sich wie sein Vater als ein Junge gleichzeitig von ihr zu unterscheiden.

Die Probleme des Jungen werden noch durch die Tatsache vergrößert, daß die Gesellschaft ihm keine männliche Person außer dem Vater im Rahmen der für unsere Zeit typischen Kernfamilie anbietet. Wenn die Mutter arbeitet, wird sie durch Frauen ersetzt. Im Kindergarten wird das Kind von Frauen betreut, selbst im Verlauf der Grundschule ist es die weibliche Lehrerin, welche die Macht und die Ordnung repräsentiert und dem Kind bei der Entwicklung seines Ichs behilflich ist. Es ist deshalb nicht erstaunlich, daß die Jungen in dem Augenblick, wo sie die infantilen Abhängigkeitsbindungen gegenüber der Mutter lösen, überfordert sind und sich bei dem Versuch, ihr Ziel zu erreichen, nur auf eine weibliche Figur stützen können, weil sie beim Vater keinen ausreichenden Rückhalt finden. Wenn die Bindung an die Mutter zu stark ist und der Junge sich deshalb in seiner Selbstfindung bedroht fühlt, drückt der Kampf gegen den Gehorsam und die übrigen als »weiblich« beurteilten Werte den Versuch des Kindes aus, als eigenständige Person und nicht als das »Spiegelbild« der Mutter angesehen zu werden (drei Viertel der Kinder, welche die Erziehungsberatungsstellen aufsuchen, sind heute Jungen). In Anbetracht einer solchen Situation müssen diese Versuche als gesunde korrigierbare Reaktionen angesehen werden; sie verhindern das Auftreten weit größerer Schwierigkeiten. Dieser Prozeß kommt etwa in der Familien-Zeichnung von 7–9jährigen Jungen zum Ausdruck; häufiger als die Mädchen lassen sie die Mutter aus, oder aber sie zeichnen sie ohne Arme und setzen sich selbst ins Zentrum der Familiengruppe (*Reznikoff*, 1956). Auf einen analogen Prozeß ist die Tatsache zurückzuführen, daß Jungen, die von der Mutter zu sehr behütet wurden, die Zeichnung verweigerten (*Rahier*, 1953).

Entscheidet sich ein Junge, als erstes eine weibliche Person zu zeichnen, so drückt sich hierin die vermehrte Bedeutung der Mutter in seiner Erziehung aus. Mit dieser Handlungsweise will er nicht sagen: »Ich bin ein Mädchen«, sondern: »Ich bin so brav, ordnungsliebend und diszipliniert, wie meine Mutter es will«. Andere Aspekte der Zeichnung als das Geschlecht der ersten Person erlauben es, die privilegierte Stellung der Mutter für die Kinder in der Latenzperiode zu bestätigen. Diese Kinder, die so großen Wert auf die Realität und auf die Genauigkeit legen, zeichnen die weibliche Person größer als die männliche Person. Die Tendenz findet sich in der Mehrzahl und verstärkt bei den Mädchen, die von ihrer Weiblichkeit erfüllt und stolz auf diese sind. Was die Jungen betrifft, so ist die Zahl derjenigen, welche die männliche Person größer zeichnen, etwa gleich der Zahl der die weibliche Person größer zeichnenden Jungen (*Weider*, 1950). Die größere Autorität der weiblichen Person drückt sich zudem in der festeren Haltung aus, ihre Züge sind besser ausgeführt, zuweilen zeigen sich auch Anzeichen von Böswilligkeit, die dem Vertreter der Verbote und Zwänge als Attribute hinzugefügt sind.

Wir sehen jedoch noch einen weiteren Faktor, der die Wahl der kleinen Knaben beeinflußt; gemeint ist die Natur der Gruppe der Gleichaltrigen. Vor allem in der Schule (in Israel sind die Klassen gemischt), aber auch zu Hause ist es das Mädchen, das als das am besten angepaßte Individuum angesehen wird. Es ist erfolgreicher als der Junge; bei gleicher Intelligenz erreichen die Mädchen die besseren Ergebnisse in den unterschiedlichen schulischen Prüfungen, und die Lehrer bevorzugen ihren Fleiß. Die Mädchen geben das Vorbild »des guten Schülers« und des »braven Kindes« im Verlauf der gesamten Latenzperiode ab. Die bevorzugte Stellung des Mädchens wird nicht nur von den Erwachsenen anerkannt, sondern auch von den Kindern beiderlei Geschlechts. Eigenschaften wie Gehorsam oder Ruhe, die mit der Stellung des Mädchens in seiner schulischen Gruppe verbunden sind, werden von allen Schülern positiv beurteilt, die umgekehrt die mit der kämpferischen Einstellung der Jungen verbundenen Eigenschaften mißbilligen (*Fuddenham*, 1952). In gewissem Sinne stellen die Frauen in diesem Alter eine Inkarnation des Ich-Ideals dar, von den Mädchen erreicht und akzeptiert von allen. Umgekehrt ist die relative Unangepaßtheit der Jungen zwischen 5 und 9 oder gar 12 Jahren ein ziemlich allgemeines Phänomen. *Melanie Klein* (1924) glaubt, daß sich die schulischen Anpassungsprobleme des Jungen dieses Alters in einem Schuldgefühl gegenüber dem Lehrer manifestieren, der mit dem Vater identifiziert wird und der sich in der Phantasie des Kindes rächen kann, wenn dieses versucht, gut zu lernen, so wie er – der Lehrer, der Vater – zu sein und dessen Platz neben der Mutter einzunehmen. Wir glauben, daß dieser Fall ziemlich selten ist und daß die Probleme der Knaben, die in der Schule weniger tun, als sie könnten, und dies selbst dann, wenn ihre Lehrer Frauen sind, wie es im allgemeinen der Fall ist, ihre Wurzel in den Veränderungen der familiären Struktur und in der neuen Verteilung der sozialen Rollen haben.

In dem Maße, wie die Mutter zunehmend und ausschließlich die Ideale des Kindes in dieser Phase personifiziert, wird der Junge zunehmende Lernhemmungen in der Schule haben. Je mehr der Vater eine aktive Rolle in der Erziehung übernimmt, um so eher wird sich das Kind seine Forderungen zu eigen machen und seine Energie für konstruktive Zwecke verwenden können. Im Gegensatz zu *d'Ostrovsky* (1959) glauben wir nicht, daß man, ohne die Auswirkungen der neuen Beziehungen auf die heutige familiäre Struktur zu ändern, die fehlende Präsenz des Vaters lediglich durch die Einstellung männlicher Lehrer in der Vor- und Grundschule ausgleichen könnte. Dieselben Kräfte, die sich einer Veränderung der Haltung des Vaters innerhalb der Familie widersetzen, werden die Männer daran hindern, eine solche Stellung anzunehmen. Es beruht nicht auf Zufall, daß dieser Beruf ein weiblicher geworden ist. Sobald Frauen in ein bestimmtes Berufsfeld eindringen, wird es von der Gesellschaft entwertet (oder vielmehr durch ihre patriarchalischen Tendenzen) und von den Männern gemieden.

Beim derzeitigen Stand der Dinge kann die relative Überlegenheit des Mädchens den Wunsch des Jungen verstärken, ihm zu ähneln. Wenn der Unterschied in der Anpassung der Jungen und der Mädchen so beschaffen ist und die Lage der Jungen sich verschlechtert hat, sollte man dann nicht eine getrennte Erziehung einer gemischten vorziehen? Wir glauben nicht, daß das uns zur Verfügung stehende Material ein näheres Eingehen auf diese Fragestellung erlaubt; wir stellen jedoch die Frage, weniger um darauf eine Antwort zu finden, als mit dem Ziel, unseren Ergebnissen keine falsche Interpretation zu geben.

Das Problem des Jungen beruht ohne Zweifel weniger auf der gemischten Zusammensetzung der Schulklasse als vielmehr auf der allgemeinen Atmosphäre der Familie und der Gesellschaft. Die Veränderung dieser Atmosphäre macht es erforderlich, daß Männer und Frauen in der Lage sind, eine andere Rolle als die überkommene anzunehmen. Die Erziehung in gemischten Klassen entspricht diesem Bedürfnis. Sie ist eine Form der Erziehung, die einer Gesellschaft entspricht, in der Männer und Frauen sich nicht nur in der väterlichen und mütterlichen Rolle begegnen, sondern darüber hinaus in vielfältigen und unterschiedlichen Rollen, die eine gemeinsame Arbeit und eine wechselseitige Beziehung voraussetzen. Die harmonische Entwicklung der Persönlichkeit macht in der modernen Gesellschaft eine umfassende Identifikation mit dem eigenen Geschlecht erforderlich, darüber hinaus aber auch eine der Situation angemessene Beziehung zum anderen Geschlecht. Diese allgemeine Veränderung der Beziehungen ermöglicht somit eine gelungenere Anpassung an die familiäre Rolle, wie sie von den Bedingungen des modernen Lebens gefordert werden.

Man kann die Schwierigkeiten des Jungen auch von einem anderen Gesichtspunkt aus betrachten. Wenn sie einerseits aus seiner Einstellung gegenüber der Schule hervorgehen, so sind sie andererseits in den Forderungen der Schule verankert. Das schulische Leben mißt in diesem Alter dem Gehorsam, der Ordnung, dem Erinnerungsvermögen und der Abhängigkeit einen zu großen Wert bei. Dadurch findet der Junge keine Hilfe, seine eigenen Kräfte frei anzuwenden, wie etwa den Forscherdrang und die Erhöhung des eigenen Wertgefühls durch selbständige Aktivität. Dadurch wird auch das Dilemma verstärkt, in dem er sich befindet: einem weiblichen Vorbild treu zu bleiben oder aber es abzulehnen und so seine männliche Identifikation zu festigen. In gleichem Maße sind auch für das Mädchen die Erziehungsnormen in diesem Alter, sowohl in der Schule als auch zu Hause, nicht von Nutzen. Seine zu gut gelungene Anpassung in der Periode der Latenz bietet keine Garantie für die weitere Entwicklung. Im Gegenteil, sie bestärkt es in seinen Abwehr- und Kontrollmechanismen. Das Mädchen lernt es, Befriedigung in der Unterordnung oder im Konformismus zu finden und seine eigene Person im Kontakt mit anderen an deren Wertschätzung zu messen. Später jedoch wird dies seine Reifung erschweren. Schauen wir uns die Sache näher an.

Ein Verhalten der Unterordnung und des Konformismus liegt der Anpassung des Mädchens im Alter von 6 – 12 Jahren zugrunde. Im Verlauf dieser Jahre erfreut es sich eines harmonischen Gleichgewichts, weil es den Anschein hat, daß das Mädchen in der Periode der Latenz das Vorbild des Kindes darstellt, weit entfernt von sexuellen Problemen, und daß es sich in der Stärkung des Ichs und in der Bewältigung der Realität erfolgreich entwickelt. Während des gesamten Verlaufs dieser Jahre bevorzugt das Mädchen bei seiner ersten Wahl weitgehend die weibliche Person (Ergebnisse 3 und 6). Es findet großen Gefallen an seiner weiblichen Person, es akzeptiert sich und es ist stolz, sich mit der Mutter zu identifizieren. Das Mädchen nutzt diese Jahre mehr, als der Junge es tut. Es gelangt zur Reife. Die durch die Erziehung ausgeübten Zwänge werden zu den seinen, und es entwickelt keine Ressentiments, wie sie sich beim Jungen finden. Auf diese Weise gewinnt es die Liebe und die Unterstützung der erwachsenen Umwelt. Die Identifikation mit dem eigenen Geschlecht und dessen positive Wertschätzung verblassen jedoch zur Zeit der Pubertät (Ergebnis 3). Von 13 Jahren an nimmt die Häufigkeit der Wahl einer ersten weiblichen Person ab, während im Gegensatz dazu die Jungen größere Sicherheit und Konstanz in der Wahl ihrer eigenen Person aufweisen. Wie anders sollte man dies erklären als durch die Tatsache, daß die Jugend auf eine Welt hinsteuert, die im wesentlichen patriarchalisch geblieben ist. Der Eintritt in das Erwachsenenalter eröffnet dem Jungen größere Vorteile als dem Mädchen. Für dieses bedeutet die Zeichnung der männlichen Person an erster Stelle während seiner Pubertät das Anerkennen des Vorteils, den ein Mann in unserer Gesellschaft genießt, die von männlichen Werten geprägt ist. Es folgt eine Entwertung des eigenen Selbst und eine Identitätskrise, die um so stärker ist als diejenige des Jungen, je tiefer der Graben zwischen dem Bild der Mutter, das man aufgeben muß, und den Idealen der Gesellschaft ist.

Die Gesellschaft läßt es in zunehmendem Maße zu, daß die Kinder beiderlei Geschlechts dem Vater ähneln. Für ein Mädchen ist es weniger blamabel, wie ein Junge zu sein, als umgekehrt für einen Jungen, der als mädchenhaft gilt. Im gleichen Sinne ist der Druck der Gesellschaft auf den Jungen während der Pubertät bedeutend größer, sich vor mädchenhaftem Verhalten zu hüten – was nicht verhindert, daß man damit den Konflikt »so wie die Mutter zu sein und dennoch ein Junge zu bleiben« aufrechterhält. Die männliche Prägung des Mädchens ist ein weit in die Geschichte zurückreichendes Phänomen und steht in Verbindung mit den ersten Erfordernissen, die die Gesellschaft an Frauen stellte, die als Individuen anerkannt wurden; sie geht dem Druck, dem der Junge heutzutage im Blick auf weibliches Verhalten ausgesetzt ist, voraus.

Der größte Teil derjenigen, die sich um ein Verständnis der Psychologie der Frauen bemüht haben, hat dies beschrieben. *Helene Deutsch* schreibt in diesem Zusammenhang: »Ich glaube, daß es sich um ein allgemeines und normales Phänomen handelt, daß die Mädchen in der Pubertät eine aktive und jungenhafte Phase durchlaufen. Daraus ziehen sie ihre größten Energien zur Sublimierung und Ausbildung ihrer Persönlichkeit, und ich glaube Recht zu haben, wenn ich mir erlaube, eine Variante in den Ausspruch von *R. Wagner* einzuführen: ›Ein Mädchen, das in seiner Jugend nicht etwas von einem Jungen hat, wird sich in den folgenden Jahren zu einer braven Kuh entwickeln‹« (1933, S. 34).

Die Jugendliche muß in eine Welt eintreten, in der die Aktivität, der Wettstreit, der Sinn für Initiative und Unabhängigkeit belohnt werden. In einem gewissen Sinne entwertet dies ihr früheres Verhalten. Für den Jungen impliziert die Annahme der neuen Normen ein Anwachsen der männlichen Identifikation; für die Mädchen impliziert sie eine Ambivalenz: sie müssen versuchen, ihre Weiblichkeit zu erhalten und sich als Individuum anzupassen. Die Jugendliche muß gleichzeitig mehrere von der Gesellschaft geschätzte Rollen akzeptieren und miteinander in Übereinstimmung bringen, ohne daß gleichzeitig dafür die psychosozialen Bedingungen gegeben wären, die die Bewältigung dieser Aufgabe ohne Verlust des Gleichgewichts ermöglichen würden. Die Gattin eines Mannes zu werden und zu arbeiten, Mutter zu sein und eine berufliche Karriere voranzutreiben, dies sind die für die Jugendliche in Frage kommenden Perspektiven, wenn sich ihre früheren Werte und Einstellungen wandeln.

Das Anwachsen der Häufigkeit der Wahl der männlichen Person bei der

Zeichnung (Ergebnis 5) kann sich noch auf die Gruppe der Gleichaltrigen stützen. Im Verlauf der Latenzperiode werden die von den Kindern selbst akzeptierten Werte von den Mädchen verinnerlicht. In der Pubertät sind es die Jungen, die dies tun. Das Mädchen verliert nun die seinigen. Die Jungen sind jetzt besser gerüstet, den Problemen ihres Alters entgegenzutreten. Das Phänomen hängt vor allem mit dem Bedürfnis der Jugendlichen zusammen, die infantilen Bindungen zu lösen und neue generative Identifikationen mit neuen Werten zu bilden. Die Wahl wird prinzipiell als Reaktion auf die mütterliche Figur getroffen. Die sexuellen Bedürfnisse wollen akzeptiert und integriert werden. Diese Annahme und Integration sind nur möglich auf dem Wege des Bruchs der Bindungen zur Mutter, aufgefaßt als Hauptvertreter der Einschränkungen sexueller Aktivitäten im Verlauf der frühen Kindheit. Die exzessive Bindung des Mädchens an die Mutter während der Pubertät kann einen schädlichen Einfluß auf seine Entwicklung haben und von einer tiefen Abwehr des Geschlechtslebens begleitet sein. Die Kinder beiderlei Geschlechts entfernen sich jetzt von der Mutter, weil sie das Bedürfnis verspüren, unabhängig zu werden und die infantilen Konflikte zu überwinden (Ergebnis 5). Der Junge jedoch ist besser auf eine Auseinandersetzung mit den neuen Veränderungen vorbereitet. Er akzeptiert seine Sexualität mit weniger Angst, und er findet leichter den Weg der Sublimierung als den der Verdrängung. Die Reaktion auf seine eigenen Probleme und seine Beziehungen zu den anderen entspricht einer entschlossenen Haltung, sich mit der Umwelt auseinanderzusetzen oder gar eine aktive Opposition ihr gegenüber einzunehmen. Beim Mädchen stellen der Konformismus oder das Akzeptieren der elterlichen Einschränkungen Barrieren dar, die die Hemmung, die Passivität und zuweilen die Regression auf primitive Formen der Abhängigkeit verstärken. Die Konflikte des Jungen entwickeln sich zwischen ihm und seinem Milieu, und die Formen der alloplastischen Anpassung (im Extrem die Delinquenz) sind typisch für die Gruppe der Jungen.

Die Reaktionen des Mädchens sind im Gegensatz dazu im wesentlichen autoplastisch, und ihre extremen Ausprägungen sind Depression, Frigidität oder psychosomatische Erkrankungen. Wenn das Mädchen als erstes eine männliche Figur zeichnet, so kann dies ein Ausdruck der Selbstsicherheit, der Freiheit und des Bedürfnisses nach Selbstverwirklichung sein. Dieser Ausdruck steht nicht allein da; in der Zeichnung ist er begleitet von einer größeren Ängstlichkeit, als dies beim Jungen der Fall ist, und diese ist in geringerem Maße verarbeitet. Zudem finden sich weniger Geschlechtsmerkmale, die zwischen den beiden Personen unterscheiden; die weibliche Person wird entwertet, z. T. entmenschlicht, oder aber der Junge nimmt im Gegensatz dazu deutlich weibliche Züge an.

VI. Die Bedeutung sozio-kultureller Faktoren für die Wahl des ersten gezeichneten Geschlechts

Die Wahl der ersten gezeichneten Person haben wir erklärt durch die Beziehungen des Kindes zu seinen Eltern und durch das allgemeine Klima der zwischenmenschlichen Beziehungen der jeweiligen Gesellschaft. Wir haben Begriffe verwendet wie »patriarchalische Herrschaft«, »Abhängigkeit von der Mutter« und »Gruppe der Gleichaltrigen«. Wenn die Verwendung dieser Begriffe begründet ist, so können wir voraussetzen, andere Ergebnisse zu erhalten, wenn wir das kulturelle Milieu wechseln, und wenn die Beziehungen innerhalb der Gesellschaften ähnlich sind, werden wir auf ähnliche Ergebnisse stoßen.

1. Unsere Ergebnisse und die in einem traditionellen Milieu gewonnenen Ergebnisse

Als erstes vergleichen wir unsere Ergebnisse mit denjenigen, die man innerhalb einer besonders homogenen Population israelischer Kinder erhalten hat. Der Test wurde Mädchen im Alter von 9 bis 17 Jahren vorgelegt. (Aus ökonomischen Gründen war es uns nicht möglich, den Test auch bei den Jungen desselben Milieus und bei jüngeren Mädchen durchzuführen.) Diese Kinder stammen aus sehr traditionsgebundenen und sehr religiösen Familien, deren Atmosphäre in starkem Kontrast zu der allgemein üblichen Familienatmosphäre in Israel steht. Es sind dies auf fanatische Weise patriarchalisch eingestellte Familien. Die Töchter besuchen spezielle Schulen und werden von den Jungen und den »anderen« israelischen Kindern getrennt gehalten. Neue Gedanken und Erziehungsvorstellungen werden verabscheut. Bei der Kleidung der Mädchen wird auf größte »Schicklichkeit« Wert gelegt: Blusen mit langen Ärmeln, lange Röcke, selbst im Hochsommer; die verheirateten Frauen bedecken den Kopf.

Wir haben 240 Zeichnungen von Mädchen dieses Milieus gesammelt. Es sollte herausgefunden werden, was die Wahl der ersten gezeichneten Person charakterisiere (Tabelle 3). Wir verfügen über zuwenig Fälle, um jedes Alter getrennt analysieren zu können. Deshalb haben wir unsere Probanden willkürlich in zwei Gruppen unterteilt und erhielten folgende Ergebnisse:

Die Mädchen von 9 bis 12 Jahren zeichnen weniger häufig eine Person ihres eigenen Geschlechts als die Mädchen im Alter von 13 bis 17 Jahren ($p < .01$).

Tabelle 4: Verteilung der Zeichnungen hinsichtlich des ersten gezeichneten Geschlechts
Mädchen von 9 bis 17 Jahren – traditionsgebundenes Milieu

	erstes gezeichnetes Geschlecht		
Alter	Mädchen	Junge	Gesamt
9	10	6	16
10	16	5	21
11	25	17	42
12	21	9	30
13	25	5	30
14	27	3	30
15	23	6	29
16	26	6	32
17	7	3	10
Gesamt	180	60	240
	Nach Altersgruppen		
9–12	72	37	109
13–17	108	23	131

Die in diesen Ergebnissen zum Ausdruck kommende Entwicklung verläuft in genau entgegengesetzter Richtung als die bei den Mädchen der öffentlichen gemischten Schulen (Ergebnis 3). Die Häufigkeit der männlichen Person bei den Mädchen der niedrigsten Altersstufe ist sehr hoch. Von 9 bis 12 Jahren zeichnen nur 66 % der weiblichen Probanden als erstes eine weibliche Person. Das Verhältnis ist bei den Mädchen der gemischten Schulen nie so niedrig, selbst in der Phase der Entwertung des weiblichen Geschlechts. Der Vergleich mit den Probanden des gleichen Alters unserer früheren Untersuchung spricht für sich. In dem traditionellen Milieu zeichnen 72 von 109 Mädchen im Alter von 9 bis 12 Jahren als erstes eine weibliche Person gegenüber 234 von 267 Mädchen der gemischten Schulen ($p < .01$).

Unserer Ansicht nach geht die Entwertung des eigenen Geschlechts durch das Mädchen hier auf die Besonderheiten der familiären Struktur zurück, auf das extreme Übergewicht und die Omnipotenz des Vaters und auf das seiner Rolle in der Familie zugemessene Ansehen im Vergleich zur untergeordneten Rolle der Frau-Mutter. Es handelt sich hier um einen Prozeß, der verwandt ist mit demjenigen, den wir für den kleinen Jungen der anderen Untersuchung aufzeigten, hier jedoch in bedeutend stärkerer Ausprägung.

Die nach religiösen Prinzipien erzogenen Mädchen werden sich von der väterlichen Figur lösen und ihre weibliche Rolle akzeptieren und wertschätzen, wenn sie in die Pubertät eintreten. Wir nehmen an, daß für sie die Situation in diesem Alter weniger verwirrend ist als für ihre Gleichaltrigen, die in einem modernen Milieu leben. Sie akzeptieren die weibliche Rolle, die ihnen von der Gesellschaft zugeteilt wird, in stärkerer und umfassenderer Weise. Sie fühlen sich weniger hingezogen zu männlichen sozialen Rollen und empfinden weniger Konflikte bei der Übernahme dessen, was ihnen zugeteilt wird (dies bedeutet nicht, daß der Konflikt, den sie empfinden, für sie weniger stark ist auf der Ebene der Liebesbeziehungen zum anderen Geschlecht; das Gegenteil ist der Fall, da sie sich häufiger weigern, das andere Geschlecht zu zeichnen).

Unsere Erklärung hinsichtlich des kulturellen Milieus wird bestätigt durch die Ähnlichkeit der in dem traditionalistischen Milieu gefundenen Ergebnisse mit denjenigen, die bei serbischen Flüchtlingen ermittelt wurden. Diese Menschen lebten in Familien mit ausgeprägt patriarchalischer Struktur. Die serbischen Jungen zeigten eine Bevorzugung der männlichen Person, ebenso die Mädchen im Alter unter 10 Jahren. Erst von 11 oder 12 Jahren an beginnen die serbischen Mädchen zuerst mit einer weiblichen Person (*Granick*, 1953).

2. Unsere Ergebnisse und die in den USA gewonnenen Ergebnisse

Im Gegensatz zu den letztgenannten Untersuchungen stimmen die Daten aus modernen Gesellschaften (wie den USA) mit den von uns in unserer ersten Untersuchung israelischer Kinder gefundenen Tendenzen überein. Wir wollen dies nun näher ausführen.

Die bedeutendste Untersuchung wurde von *Jolles u. Beck* (1953 a) durchgeführt. Die Autoren untersuchten 8500 Kinder im Alter zwischen 5 und 12 Jahren und analysierten 2598 Zeichnungen, eine repräsentative Auswahl aus der Gesamtzahl der Zeichnungen. Wie in unserer ersten Untersuchung zeigen die Kinder die Tendenz, zuerst die Person des eigenen Geschlechts zu zeichnen. Die Jungen zwischen 6 und 8 Jahren zeichnen als erstes diese Person weniger häufig als ältere Jungen. Bei den Mädchen bleibt der Prozentsatz der Wahl des eigenen Geschlechts während der Latenzperiode ebenso wie in unserer Population ziemlich konstant, nimmt dann aber von 11 Jahren an zunehmend ab.

Die gleichen Tendenzen finden sich bei *Weider u. Noller* (1950). Die Prüfung der Zeichnungen von 438 Kindern beiderlei Geschlechts ergibt, daß zwischen 8 und 10 Jahren die Zeichnung einer Person des eigenen Geschlechts bei den Mädchen (94 %) häufiger ist als bei den Jungen (70 %). Eine andere Untersuchung derselben Autoren (1953) anhand der Zeichnungen von 153 Kindern des gleichen Alters erbringt vergleichbare Verhältnisse: 97 % für die Mädchen und 74 % für die Jungen. *Tolor u. Tolor* (1955) zeigen bei 136 Kindern im Alter von 10 Jahren, daß 91 % der Mädchen an erster Stelle eine Person des weiblichen Geschlechts zeichnen gegenüber 82 % der Jungen. Die Kurve des Verhältnisses der Zeichnung der Person des eigenen Geschlechts steigt bei den Jungen von 8 Jahren an, bei den Mädchen zeigt der Verlauf der Kurve von der Pubertät an eine abfallende Tendenz. *Butler u. Marcuse* (1959) erbringen eine Bestätigung auf der Basis der Ergebnisse bei 1544 Kindern von Schulen in Washington.

Die sich bei amerikanischen und israelischen Kindern zeigenden Tendenzen erweisen sich somit in formaler Hinsicht als ähnlich. Ein Unterschied zwischen den amerikanischen und unseren israelischen Daten zeigt sich hinsichtlich des Alters, in dem sich der Kurvenverlauf ändert. Vergleichen wir die Ergebnisse unserer ersten Population mit derjenigen von *Jolles u. Beck*, den Autoren der am meisten repräsentativen amerikanischen Untersuchung, so sehen wir, daß die Betonung der Bevorzugung des eigenen Geschlechts bei den amerikanischen Jungen (8 Jahre) früher beginnt als bei den israelischen Jungen (9 – 10 Jahre). Andererseits ist die Häufigkeit der Wahl des anderen Geschlechts bei amerikanischen Jungen geringer als bei jungen Israelis. Wir nehmen an, daß diese Differenzen die Folge von zwei Faktoren sind. Als erstes scheint es möglich, daß die Veränderung der familiären Beziehungen in der israelischen Gesellschaft ausgeprägter ist als in der Gesellschaft der USA. Die israelische Gesellschaft stünde demnach in einer ähnlichen Beziehung zur amerikanischen Gesellschaft wie die amerikanische zu einer mehr traditionsgebundenen europäischen Gesellschaft. Israel ist ein Land der Pioniere, in dem die von Personen beiderlei Geschlechts verlangte gemeinsame Anstrengung beim Aufbau und der Kultivierung des Landes die Überwindung eingefahrener Einstellungen und traditioneller Beziehungen stärker gefordert, wenn nicht erleichtert hat.

Wir wollen nicht sagen, daß in Israel die neue Situation der Frau in allen Fällen begleitet ist von einer angemessenen Veränderung der entsprechenden Rolle des Vaters und der Mutter innerhalb der Familie und im Bereich der Kindererziehung. Wir glauben lediglich, daß diese Veränderung größer ist als anderswo und daß sie eine besondere Anstrengung bei der Anpassung auf seiten der beiden Geschlechter erfordert.

Der zweite Faktor, den wir zur Erklärung der Unterschiede zwischen den israelischen und den amerikanischen Kindern heranziehen wollen, ist die relative Langsamkeit der Entwicklung der jungen Israelis. Sie emanzipieren sich von der mütterlichen Betreuung mit einer fast zweijährigen Verspätung im Vergleich zu den Jungen in den USA. Außerdem wählen die jungen Amerikaner nach den Ergebnissen von *Jolles u. Beck* von 11 Jahren an weniger häufig die weibliche Person, während die Israelis diese Veränderung erst mit 13 Jahren zeigen. Dies entspricht unserer Ansicht nach dem unterschiedlichen Platz, den die Kinder in der einen und der anderen Gesellschaft einnehmen. Israel akzeptiert das Kind eher als Kind, und der Wunsch, erwachsen zu sein, ist bei israelischen Kindern weniger stark ausgeprägt. Die Jugendgruppen und das intensive soziale Leben, das sie führen, drängt die jungen Israelis nicht zu einem beschleunigten Übergang in die Welt der Erwachsenen, vielmehr sind sie mit ihrer Existenz und mit der besonderen Welt, die man ihnen eingeräumt hat, zufrieden. Die Erwachsenen messen der Kindheit eine größere Bedeutung bei, wie man es nur in einer Nation tun kann, die mit ihrer Vergangenheit bricht und auf ihre Zukunft setzt. Dies kommt in einem Geist größerer Aufgeschlossenheit gegenüber den kindlichen Bedürfnissen zum Ausdruck. Man schimpft nicht mit ihnen, wenn sie am Daumen lutschen, ihre Kleidung ist praktisch und nicht nach der der Erwachsenen ausgerichtet, ihre Rechte werden in weitergehendem Maße respektiert. So geschieht es, daß sie eine verlangsamte Entwicklung aufweisen.

Die Anzahl der Mädchen, die als erstes eine männliche Person zeichnen, wächst in Israel langsamer an als in den USA, aber es handelt sich auch um eine geringere Zunahme. Nachdem wir uns mit den Daten von *Jolles u. Beck*, die nur eine Gruppe im Alter von mehr als 12 Jahren betreffen, befaßt haben, wollen wir nun die Ergebnisse von *Butler u. Marcuse* untersuchen. Von 13 – 17 Jahren zeichnen 77,6 % der weiblichen Israelis aus modernem Milieu, 65,9 % der Amerikanerinnen und 82 % der weiblichen Israelis aus einem traditionalistischen Milieu an erster Stelle eine weibliche Person. Die letzteren akzeptieren also in stärkerem Ausmaß die soziale weibliche Rolle, die Rolle der Gattin und Mutter ist für sie die einzig mögliche, und sie halten die übrigen Rollen für weniger anziehend. Die Amerikanerinnen haben eine im Vergleich dazu recht starke Tendenz,

»männliche« Werte zu schätzen, so wie sie sich in den Einstellungen, den Sitten und den amerikanischen Institutionen widerspiegeln, und gleichzeitig einen starken Wunsch, diese Rolle zu übernehmen. Was die weiblichen Israelis aus öffentlichen Schulen betrifft, so zeichnen sie weniger gern als die Amerikanerinnen die männliche Person an erster Stelle, weil sie mehr Möglichkeiten haben, an sozialen und beruflichen Aktivitäten als Frau teilzunehmen. Z. B. ist die Rolle des aktiven Armeeoffiziers nicht ausschließlich eine männliche Rolle, weil der Militärdienst für beide Geschlechter in Israel verpflichtend ist. Hier liegt der Grund dafür, daß selbst im Alter von 13 – 17 Jahren, wenn die Bevorzugung der männlichen Person ihre stärkste Ausprägung bei den Jungen erreicht und die Bevorzugung der weiblichen Person ihr Minimum bei den Mädchen, kein bedeutsamer Unterschied zwischen den Jungen und den Mädchen in bezug auf die Identifikation mit dem eigenen Geschlecht besteht (Ergebnis 7).

Wir konnten somit die Bedeutung der sozio-kulturellen Komponente bei der Wahl der ersten Zeichnung aufzeigen. Diese steht bei den Mädchen in Verbindung mit den Widersprüchlichkeiten und Schwierigkeiten, die von einem patriarchalischen Milieu geschaffen wurden, und sowohl bei den Jungen als bei den weiblichen Jugendlichen ist sie bedingt durch eine Gesellschaft, in der die Emanzipation der Frau und die Bedingungen der modernen Existenz das Problem der Veränderung der männlichen und weiblichen Rolle stellen und neue Beziehungen zwischen der Familie und der Gesellschaft im allgemeinen entstehen. In dem Maße, wie die Psychologie einen menschlichen Versuch darstellt, sich der Existenzbedingungen bewußt zu werden, dürfen wir annehmen, daß der Beitrag europäischer Psychologen wie *Freud* oder *Abraham* zur Erforschung der weiblichen Konflikte bei der Identifikation mit dem eigenen Geschlecht und der Einstellung gegenüber anderen nicht auf einen Zufall zurückzuführen ist. Im Rahmen der europäischen Kultur mit ihrer althergebrachten patriarchalischen Tradition empfinden die Mädchen den Penisneid, Ursache einer Vielzahl von Störungen, und entwickeln einen Elektra-Komplex, der längere Zeit ungelöst bleibt. Im Gegensatz dazu wurden die Psychologen in Amerika in Bereichen, in denen die Stellung der Frau sich stark gewandelt hat, auf die kulturelle Bedingtheit persönlicher Probleme aufmerksam. Zum Beispiel hat *Margaret Mead* die unterschiedlichen Bedingungen der Geschlechtsentwicklung in der amerikanischen Gesellschaft im Vergleich zu primitiven Gesellschaften analysiert. Die Schwierigkeiten des Jungen werden vor diesem Hintergrund gesehen: »... die erste Erfahrung seiner selbst ist für das männliche Kind eine Erfahrung, in der es sich in der Beziehung zu seiner Mutter als ein anderes realisieren muß, als ein von seiner Mutter unterschiedliches Lebewesen« (*Mead*, 1949, S. 158). Die Frau wird als »große Schwester« betrachtet, die als gutes Vorbild gilt, eine Auffassung, die der Junge überwinden muß, wenn er als Mann anerkannt werden will. Die Männer sehen in ihren Müttern oder ihren Frauen Personen, die ihnen versichern müssen, daß sie gut sind. Die Stimme des Gewissens wird zu einer eher weiblichen Stimme. Schließlich wird nicht nur die physische Konstitution des Mannes beneidet, sondern ebenfalls die der Frauen, die Kinder in die Welt setzen können. Man betont den Neid des Jungen gegenüber der Fähigkeit der Mutter, zu gebären und zu ernähren, und andererseits die bereichernde Sicherheit des Mädchens, welches aufgrund der Tatsache, daß es ein Mädchen ist und es sich mit der Mutter identifiziert, dieselbe Fähigkeit haben wird (*Margaret Mead, Karin Horney*). Wiederum sind es die amerikanischen Psychologen, die die Probleme des heutigen Vaters hervorheben, mit denen er auf die Bedürfnisse der Kinder unter den gegebenen Existenzbedingungen antwortet (*G. Seward; M. Rabban; E. Ostrovsky*).

Wir stehen heute einer umfassenden Umwälzung gegenüber. Die Neuverteilung der männlichen und weiblichen Rolle, die von lang her geregelt und genau festgelegt war, schafft eine Verwirrung, die früher unbekannt war. Die Zeichnungen der Kinder spiegeln ihre Anstrengung wider, sich an diese Situation voller Widersprüche und Unstimmigkeiten für Personen beider Geschlechter anzupassen. Es ist weniger leicht, im vollen Umfang die Rolle des eigenen Geschlechts zu integrieren und eine zufriedenstellende Beziehung zum anderen Geschlecht herzustellen. Wir stellen fest, daß diese Schwierigkeiten besonders groß sind für Jungen zu Beginn der Latenzperiode und für die weiblichen Jugendlichen. Wenn wir die Möglichkeit hätten, die Veränderung der Wahl der ersten gezeichneten Person eines Tests mit einem Retest zu vergleichen, dürften wir unserer Ansicht nach eine noch größere Zahl von Kindern finden, die während dieser beiden Phasen im Konflikt stehen, und das hier beschriebene Phänomen würde dadurch zusätzlich bestätigt werden. (Eine sehr wichtige Phase in der Entwicklung des Kindes, diejenige von 3 – 6 Jahren, blieb hier unberücksichtigt aufgrund der ungenügenden Möglichkeit, die von uns verwendeten Tests auch hier zur Anwendung zu bringen. Es ist dies das Alter, in dem sich die entscheidenden Identifikationen vollziehen, und man kann annehmen, daß die Untersuchung von Zeichnungen in diesem Alter es ermöglichen würde, das Bild der Veränderungen der Wahl der ersten gezeichneten Person im Verlauf der Entwicklung zu vervollständigen.)

3. Schlußfolgerungen

Wir erlauben uns den Schluß, daß die von uns analysierten Daten ein Hinweis sind auf eine Oszillation der Wahl zwischen der männlichen und der weiblichen Figur, worin sich sowohl der Konflikt der Kinder als auch ihre Vorbereitung auf die Widersprüche der Gesellschaft ausdrücken. Dieser Konflikt tritt zutage, wenn sie sich als geschlechtliches Wesen und als Mitglied der Gesellschaft im Kontakt mit unterschiedlichen »männlichen« und »weiblichen« Rollen finden, die sie übernehmen sollen, während eben diese Gesellschaft die Bestimmung dieser Rollen nicht mehr klar und deutlich kennzeichnet, vielmehr auf der Suche nach einem neuen Gleichgewicht ist, nachdem die althergebrachten Rollen durch die neuzeitlichen Bedingungen und die Veränderung der Stellung der Frau aufgelöst wurden.

Die Ergebnisse unserer Untersuchung können wir unter verschiedenen Gesichtspunkten beurteilen.

1. Die Daten geben dem Psychologen, der die israelischen Kinder untersucht, die notwendigen Normen an die Hand.

2. Der Vergleich zwischen den Ergebnissen der aus unterschiedlichen Milieus stammenden Kinder verdeutlicht die Bedeutung sozio-kultureller Faktoren bei der Entwicklung der Wahl des Geschlechts der ersten gezeichneten Person in unterschiedlichen Altersstufen und in den beiden Geschlechtsgruppen.

3. Wir haben einige Hypothesen zu den spezifischen Bedingungen der Entwicklung der Kinder angeführt, die ihre Darstellung in der Mensch-Zeichnung erklären könnten. Wir müssen abwarten, ob sie eine Bestätigung finden. Wir sehen jedoch schon jetzt die Möglichkeit, den Test im Sinne einer psychogenetischen Forschung zu verwenden.

4. Unsere Untersuchung, wie wir hoffen, stellt für den klinischen Psychologen, der den Test in gleich welchem Land verwendet, eine Hilfe dar in dem Sinne, daß sie ihn dazu veranlaßt, den Hintergrund des Kindes zu erforschen und zu erfassen. Seine Einstellung ist in der Tat nur dann von Nutzen, wenn er eine vorurteilslose Auffassung von der Männlichkeit und der Weiblichkeit hat und diese in die Lebensbedingungen einer widersprüchlichen Gesellschaft einordnet, an die das Kind sich anpassen muß, die es aber auch überwinden soll.

5. Wir haben die Wahl des Geschlechts der ersten gezeichneten Person in Beziehung zum Alter, zum eigenen Geschlecht und zum sozialen Milieu interpretiert. Erinnern wir aber noch einmal daran, daß wir eine einzige Charakteristik willkürlich ausgewählt haben, die ihre umfassende Bedeutung nur in dem gesamten Kontext erhält, der durch die Mensch-Zeichnung gegeben ist. Es ist das Bild dieses Kontextes, das uns die schwerwiegende Bedeutung der Wahl des anderen Geschlechts für dieses oder jenes Kind anzeigt und dadurch wirksame Hilfsmaßnahmen ermöglicht.

Literatur

Albee G. W., Hamlin R. M.: An investigation of the reliability and validity of judgements of adjustment inferred from drawings. J. Clin. Psychol. 1949, 5, p. 389.

— — Judgement of adjustment from drawings. The applicability of rating scale methods. J. Clin. Psychol. 1950, 6, p. 363–365.

Allison Montagne J.: Spontaneous drawings of the human form in childhood schizophrenia, in *Anderson H. H., Anderson G. L.*, p. 370–384.

Allport G.: Persönlichkeit. Stuttgart. 1949.

Allport G. H., Vernon P. E.: Studies in expressive movement. N. Y., MacMillan, 1933.

Anastasi A., Foley J.: An analysis of spontaneous drawings by children in different cultures. J. Appl. Psychol. 1936, 20, p. 689–726.

Anderson H. H., Anderson G. L.: An introduction to projective techniques. N. Y., Prentice-Hall Inc. 1951.

Auerbach J. G.: Psychologic observations on »doodling« in neurotics. J. Nerv. Ment. Dis. 1950, 3, p. 304–382.

Bach G. R.: Young children's play fantasies. Psychol. Monograph. 1945, 59 n° 2.

Barker A. J., Mathis J., Powers C.: Drawing characteristics of male homosexuals. J. Clin. Psychol. 1953, 9, p. 185–188.

Bell J. E.: Projective Techniques. Longmans, Green 1948.

Bellak L.: The concept of projection. Psychiatry. 1944, 7, p. 353.

Bender L.: The Goodenough test in chronic encephalitis in children. J. Nerv. Ment. Diases. 1940, 91, p. 277–286.

— Un test visuo-moteur et son usage clinique. Paris, P.U.F., 1957.

Berman S., Laffal J.: Body type and figure drawings. J. Clin. Psychol. 1953, 9, p. 368–370.

Bernfeld S.: Psychologie des Säuglings. Wien, Springer, 1925.

Bieliauskas V. J., Bristow R. B.: The effect of formal art training upon the quantitative scores of the H.T.P. J. Clin. Psychol. 1959, 15, p. 57.

Bogardus E. S.: Immigration and race attitudes. Boston 1928.

Boutonier J.: Les dessins des enfants. Paris, Ed. du Scarabée, 1953.

Bowlby J.: Mutterliebe und kindliche Entwicklung. München/Basel, E. Reinhardt, 1972.

Bried Ch.: Le dessin de l'enfant. Premières représentations humaines. Enfance 1950, nos 3–4, p. 261–275.

Brill M.: Study of instability using the Goodenough drawing scale. J. Abn. Soc. Psychol. 1937, 32, p. 288–302.

Britton: Influence of social class upon performance in D.A.M.test. J. Educat. Psychol. 1954, 45, p. 44–51.

Brower D., Abt L. E.: Progress in clinical psychology. N. Y., Grune et Stratton, 1952 (I, 1, 2), 1956 (II), 1958 (III).

Buck J. N.: The H.F.P. technique. A qualitative and quantitative scoring manual. J. Clin. Psychol. 1948, 5, Monogr. Suppl. 1–120 and J. Clin. Psychol. 1949, 5, p. 37–74.

Butler R. L., Marcuse F. L.: Sex identification at different ages using the Draw-A-Person test. J. Proj. techn. 1959, 23, p. 299.

Cain J., Gomila J.: Le dessin de la famille chez l'enfant. Critères de classification. Ann. Médico-psychol. 1953, p. 502–506.

Calden G.: Psychosurgery in a set of schizophrenic identical twins. A psychology study. J. Proj. techn. 1953, 17, p. 200–209.

Caligor L.: The detection of paranoid trends by the eight card redrawing test (8 C.R.T.). J. Clin. Psychol. 1952, 8, p. 397–401.

— Quantification on the eight card redrawing test (8 C.R.T.). J. Clin. Psychol. 1953, 8, p. 356–361.

— The determination of the individual's unconscious conception of his own masculinity-feminity identification. J. Proj. Techn. 1951, 15, p. 494–509.

Cassel R., Johnson A., Burns W.: Examiner, ego defense and the H.T.P. test. J. Clin. Psychol. 1958, 14, p. 157.

Conn J. N.: Children's awareness of sex differences. J. Child. Psychiat. 1951, p. 82.

Cotte J., Roux G., Aureille A.: Utilisation du dessin comme test psychologique chez les enfants. Ed. du Comité de l'Enfance déficiente, Marseille 1951.

Cramer-Azima J.: Personality changes and figure drawings. A case treated with A.C.T.H. J. Proj. Techn. 1956, 20, p. 143.
Deabler L.: Drawings, diagnoses and the clinician's learning curve. J. Proj. Techn. 1958, 22, p. 415.
Deutsch F.: Analysis of postural behavior. Psychoanal. Quart. 1947, 16, p. 195–211.
Deutsch H.: Homosexuality in women. Internat. J. Psycho-Analysis 1953, 14, p. 34.
Diamond S.: The house and tree in verbal fantasy: I Age and sex difference in themes and content. J. Proj. Techn. 1954, 18, p. 317.
– The house and tree in verbal fantasy: II Their different roles. J. Proj. Techn. 1954, 18, p. 414.
Dolto F. M.: Cas clinique de régression. L'évolution psychiatrique, 1957, 2, p. 427.
Duffy E.: Level of muscle tension as an aspect of personality. J. Gen. Psychol. 1946, 35, p. 161–171.
Earl C. J.: The human figure drawing of adult defectives. J. Ment. Sci. 1933, 79, p. 305–327.
Efron D. S.: Gesture and environment. N. Y. 1941.
Erikson E. H.: Sex differences in the play configurations of American adolescents in Childhood in contemporary cultures. Mead M., Wolfenstein M. 1954.
Favez-Boutonier J.: La sexualité à travers les dessins de l'enfant. Neuropsychiatrie infantile et hygiène mentale de l'enfance, 1959, n°s 1–2.
Fay H. M.: Une méthode pour le dépistage des arriérés dans les grandes collectivités d'enfants d'âge scolaire. Bull. de la Ligue d'Hygiène mentale, juil.-oct. 1923.
– L'intelligence et le caractère; leurs anomalies chez l'enfant. Paris 1934.
Feather D. B.: An exploratory study in the use of figure drawings in a group situation. J. Soc. Psychol. 1953, 37, p. 163–170.
Fiedler F. E., Siegel S. M.: The free drawing test as predictor of non-improvement in psychotherapy. J. Clin. Psychol. 1949, 5, p. 387–389.
Figueras A., Tait C. D., Asher R. G.: El »test« del interior del cuerpo. Acta neuro-psiquiat. Argent. 1956 in Psychol. Abstr. 1958, 32, p. 41–75.
Fingert H., Kogan J. R., Schilder P.: The Goodenough test in insulin and metrazol treatment of schizophrenia. J. Gen. Psychol. 1939, 21, p. 348–365.
Fisher S., Fisher R.: Test of certain assumptions regarding figure drawing analysis. J. Abn. Soc. Psychol. 1950, 45, p. 727–732.
Flugel J. C.: Clothes symbolism and clothes ambivalence. Internat. J. Psycho-Analysis 1929, 10, p. 205.
Frank L. K.: Projective methods für the study of personality. J. Personal. 1939, 8, p. 389.
Frenkel-Brunswik E.: Personality theory and perception, in *Blake R. and Ramsey,* Perception, an approach to personality. N. Y. 1951, Ch. 13, p. 356–419.
Freud, S.: Zur Psychopathologie des Alltagslebens. G. W., Bd. IV, 1904.
– Totem und Tabu. G. W., Bd. IX, 1913.
Gallese A., Spoerl D. T.: A comparison of Machover and T.A.T. interpretation. J. Soc. Psychol. 1954, 40, p. 73–77.
Giedt H., Lehner G. J.: Assignment of ages on the D.A.P. test by male neuropsychiatric patients. J. Personal. 1951, 19, p. 440–448.
Goldstein A. P., Rawn M.: Aggression in the drawings of the human figure. J. Clin. Psychol. 1957, 13, p. 169–172.
Goldworth S. A.: A comparative study of the drawings of a man and woman done by normal, neurotic, schizophrenic and brain-damaged individuals. Unpublis. doct. disser. Univ. Pittsburgh 1950, in *Brower,* Abt., v. II.
Goodenough F. L.: L'intelligence d'après le dessin. Paris, P.U.F., 1957.
Graham S. R.: A study of reliability in human figure drawings. J. Proj. Techn. 1956, 20, p. 385.
Granick S., Smith L. J.: Sex sequence in the Draw-A-Person test and its relation to the M.M.P.I. masculinity-feminity scale. J. Consult. Psychol. 1953, 17, p. 71–73.
Gunzburg H. C.: Scope and limitations of the Goodenough drawing test method in clinician work with mental defectives. J. Clin. Psychol. 1955, 11, p. 8–15.
– Le dessin du bonhomme dans la déficience mentale. Revue Psychol. Appliquée 1952, 2, p. 279–303.
Gurvitz M. S.: The psychodiagnostic test battery: economic factors. in *Brower,* Abt., v. III 1958, p. 89.
Halverson H. M.: Infant sucking and tensional behavior. J. Genet. Psychol. 1938, 53, p. 365–430.
Hallwick L. A.: Sex differences in behavior of nursery school children. Child Develop. 1937, 8, p. 343.

Hammer E. F.: An investigation of sexual symbolism: a study of the H.T.P.'s of eugenically sterilized subjects. J. Proj. Techn. 1953, 17, p. 401–413.
— Negro and white children's personality adjustment as revealed by a comparison of their drawings (H.T.P.). J. Clin. Psychol. 1953, 9, p. 7–10.
— The role of the H.T.P. test in the prognostic battery. J. Clin. Psychol. 1953, 9, p. 371–374.
— Guide for the qualitative research with H.T.P.. J. Gen. Psychol. 1954, 51, p. 41–60.
— Relationship between diagnosis of psycho-sexual pathology and the sex of the first drawn person. J. Clin. Psychol. 1954, 10, p. 168–170.
Hammer E. F., Piotrowsky Z.: Hostility as a factor in the clinicians personality as it affects his interpretation of projective drawings. J. Proj. Techn. 1953, 17, p. 210.
Hanvik L. J.: The Goodenough test as a measure of intelligence in child psychiatric patients. J. Clin. Psychol. 1953, 9, p. 71.
Harnik J.: The various developments undergone by narcissism in men and in women. Internat. J. Psycho-Analysis, 1924, 5, p. 66.
Havinghurst R. J., Gunther M. K., Pratt E.: Environment and the Draw-a-Man test performance of Indian children. J. Abn. Soc. Psychol. 1946, 41, p. 50–63.
Havinghurst R. J., Janke L. L.: Relations between ability and social status in a midwestern community. J. Educ. Psychol. 1944, 35, p. 335.
Head H.: Studies in neurology. London, 1920.
Hinrichs W. E.: The Goodenough drawing test in relation to delinquency and problem behavior. Arch. Psychol. 1935, 175, p. 1–82.
Holtzberg J., Wexler M.: The validity of human form drawing as a measure of personality deviation. J. Proj. Techn. 1950, 14, p. 343–361.
Holtzman W. H.: The examiner as a variable in the DAP test. J. Consult. Psychol. 1952, 16, p. 145–148.
Hutt M. L., Biskin: The clinical use of the *Bender*-Gestalt test. N. Y., London, Grune & Stratton, 1960.
Hutt M. L.: The psychodiagnostic test battery: general consideration. in *Brower,* Abt. 1958, v. III, p. 51–59.
Israelite J.: A comparison of the difficulty of items for intellectually normal children and mental defectives on the *Goodenough* drawing test. Amer. J. Orthopsychiat. 1936, 6, p. 494–503.
Jampolsky P.: Les tests de dessin en psychologie clinique. Année Psychol. 1955, 55, p. 119.
Jensen B. T.: Left-right orientation in profile drawing. Americ. J. Psychol. 1952, 65, p. 80.
Johnson W. B.: Euphoric and depressed moods in normal subjects. Char. Personal. 1937, 6, p. 79.
Jolles J. A.: A study of the validity of some hypotheses for the qualitative interpretation of the H.T.P. for children of elementary school age: I Sexual identification. J. Clin. Psychol. 1952, 8, p. 113–118.
— A study of the ... II The phallic tree as a indicator of psycho-sexual conflict. J. Clin. Psychol. 1952, 8, p. 245–255.
Beck H. S.: A study of the validity of some hypotheses for the qualitative interpretation of the H.T.P. for children of elementary school age. III Horizontal placement. J. Clin. Psychol. 1953a, 9, p. 116–164.
— A study of the validity of some hypotheses for the qualitative interpretation of the H.T.P. for children of elementary school age IV Vertical placement. J. Clinic. Psychol. 1953b, 9, p. 164–167.
Klein M.: The role of the school in the libidinal development of the child. Internat. J. Psycho-Analysis. 1924, 5, p. 312.
Kogan L. L.: Statistical methods, in *Brower,* Abt. v. I: 2, p. 519–535.
Koppitz E., Sullivan J., Blyth D., Schelton J.: Prediction of first grade school achievement with the *Bender*-Gestalt test and human figure drawings. J. Clin. Psych. 1959, 15, p. 164.
Korner I. J., Westwood D.: Inter-rater agreement in judging student adjustment from projetive tests. J. Clin. Psychol. 1955, 11, p. 167–170.
Kotkov B., Goodman M.: The D.A.P. of obese women. J. Clin. Psychol. 1953, 9, p. 362–364.
Lacan J.: Encyclopédie française. T. 8, p. 8–40.
Landisberg S.: Relationship of the *Rorschach* to the H.T.P.. J. Clin. Psychol. 1953, 9, p. 179–183.
Lakin M.: Certain formal characteristic of human figure drawings by institutionalized aged and normal children. J. Consult. Psychol. 1956, 20, p. 471–482.
Leclerq C.: Mêmoire de licence non publié. Bruxelles Univ. libre, in *Osterrieth P.:* Le dessin dans le diagnostic de la personnalité en psychologie clinique.

Lehner G., Gunderson E.: Reliability of graphic indices in a projective test (the draw a person). J. Clin. Psychol. 1952, 8, p. 125–128.
Lehner G., Silver H.: Age relationships on the Draw-A-Person test. J. Personal. 1948, 7, p. 199–209.
Levin H., Sears R.: Identification with parents as a determinent of doll play aggression. Child. Develop. 1956, 27, n° 2.
Levy S.: Figure drawings as a projective test, in *Bellak,* Abt.
Lewin K.: A dynamic theory of personality. Selected papers. N. Y., 1935.
Loosli-Usteri M.: Manuel pratique du test de *Rorschach.* Paris, Hermann, 1958.
Lorge I., Tuckman I., Dunn M. B.: Human figure drawings by younger and older adults. J. Clin. Psychol. 1958, 14, p. 54.
Luquet G. H.: Le dessin enfantin. Paris, Alcan, 1937.
Luria A. R.: The nature of human conflicts. N. Y., Liveright Publis. Corp., 1932.
Machover K.: Personality projection in the drawing of the human figure. Springfield III, Ch. Thomas, 1949.
— Human figure drawings of children. J. Proj. Techn. 1935, 17, p. 85–91.
— Drawing of the human figure, in *Anderson H. H., Anderson G. H.,* 1951, p. 341–366.
Mainord F.: A note of the use of figure drawings in the diagnosis of sexual inversion. J. Clin. Psychol. 1953, 9, p. 187–189.
Manfred F. de Martino: Human figure drawings by mentally retarded males. J. Clin. Psychol. 1954, 10, p. 241–244.
McCarthy D.: Some possible explanations of sex differences in language development and disorders. J. Psychol. 1953, 35, p. 155–160.
McElwer E.: Profile drawings of normal and subnormal children. J. Appl. Psychol. 1934, 18, p. 533.
Mead M.: Mann und Weib. Rowohlt, 1958.
Michael Smith H.: The identification on pathological cerebral function through the H.T.P. technique. J. Clin. Psychol. 1933, 9, p. 293–295.
Minkowska F.: De Van Gogh et Seurat aux dessins d'enfants. Paris 1949.
Modell A., Potter H.: Human figure drawings of patients with arterial hypertension, peptic ulcer and bronchial asthma. Psychosomatic Medecine, 1949, 11, p. 282–292.
Morgenstern S.: Psychanalyse infantile. Symbolisme et valeur clinique des créations imaginatives chez l'enfant. Paris, Ed. Denoël, 1937.
Morris W. W.: Ontogenetic changes in adolescence reflected by the drawing-human-figures technique. Americ. J. Orthopsychiat. 1955, 25, p. 720–729.
Murray D., Deabler L.: Drawings diagnosis and the clinician's learning curve. J. Proj. Techn. 1958, 32, p. 415.
Murstein B. I.: Personality and intellectual changes in leukaemia. J. Proj. Tech. 1958, 22, p. 421.
Muste M. J., Charpe D.: Some influential factors in the determination of aggressive behavior in preschool children. Child. Develop. 1947, 18, p. 11.
Naumburg M.: Spontaneous art in therapy and diagnosis, in *Brower,* Abt. v. I/I, 290–311.
Nisotsky M.: A note on the order of figure drawing among incarcerated alcoholics. J. Clin. Psychol. 1959, 15, p. 65.
Oakley C. A.: Drawings of a man by adolescents. British J. Psychol. 1940, 31, p. 37–60.
— The interpretation of children's drawings. British J. Psychol. 1931, 21, p. 256–270.
Ochs E.: Changes in *Goodenough* drawings associated with changes in social adjustment. J. Clin. Psychol. 1950, 6, p. 282–284.
Orgel R. G.: The relationship of the H.T.P. to a sociometric evaluation of a group of primary grade school children in determining the degree of social acceptance. J. Clin. Psychol. 1959, 15, p. 222.
Osterrieth P. A.: Le dessin dans le diagnostic de la personalité en psychologie clinique. Bul. Assoc. Intern. Psychol. Appl. 1957, 1, p. 4–27.
— Le test de copie d'une figure complexe. Arch. de psychol. 1945, 30, p. 205–353.
Ostrovsky E.: L'influence masculine et l'enfant d'âge préscolaire. Paris et Neuchâtel, Delachaux et Niestlé, 1959.
Peters G., Merrifield R.: Graphic representation of emotional feelings. J. Clin. Psychol. 1958, 14, p. 375.
Pieron H., Pichot P., Faverge J. M., Stoetzel J.: Methodologie psychotechnique. Paris, 1952.
Pintler m. H., Philips R., Sears T.: Sex differences in the projective doll play of preschool children. J. Psychol. 1946, 21, p. 73–80.
Plutchik R.: The role of muscular tension in maladjustment. J. General. Psychol. 1954, 50, p. 45–62.

Ponzo E.: An experimental variation of the D.A.P. technique. J. Proj. Techn. 19578, 21, p. 278–285.
Rahier A.: Mémoire de licence non publié, Bruxelles 1953, in *Osterrieth P.,* Le dessin dans le diagnostic de la personnalité en psychologie clinique.
Reichenberg W., Hack R.: Changes in *Goodenough* drawings after a gratifying experience. Americ. J. Orth. 1953, 23, p. 501.
Reznikoff M.: The family drawing test: a comparative study of children's drawings. J. Clin. Psychol. 1956, 12, p. 165.
Reznikoff M., Tomblen D.: The use of human figure drawing in the diagnosis of organic pathology. J. Consult. Psychol. 1956, 20, p. 467.
Rey A.: Epreuves de dessin comme témoins du développement mental. Arch. de Psychol. 1946–1947, p. 31–32.
Ribble M. A.: Infantile experience in relation to personality development. Ch 20 in Personality and the behavior disorders. Ed. M. J. Hunt. VII. N. Y., Ronald Press, 1944.
Rorschach H.: Psychodiagnostik. Bern, Huber, 1941.
Ross N.: The postural model of the head and face in various positions. J. General. Psychol. 1932, 7, p. 144–162.
Royal R.: Drawings characteristics of neurotic patients using a drawing of a man and a woman technique. J. Clin. Psychol. 1949, 5, p. 392–395.
Schachter M., Cotte S.: Les divers tests de dessin. Leur place dans la psychologie normale et pathologique de l'enfant. Sauvegarde 1953, 8, p. 620–638.
Schilder P.: The image and appearence of the human body. N. Y., Intern. Univ. Press, 1950.
Sherman L. J.: The influence of artistic quality on judgements of patient and nonpatient status from H.D.F.. J. Proj. Tech. 1958, 22, p. 338.
Silverstein A. B., Robinson H. A.: The representation of orthopedic disability in children figure drawings. J. Consult. Psychol. 1956, 20, p. 333–341.
Sinnet E. R., Eglash A.: The examiner as a variable in the D.A.P. Communication orale citée chez Holtzman.
Sloan W.: A critical review of H.T.P. validation studies. J. Clin. Psychol. 1954, 10, p. 143–148.
Pitz R. A.: The smiling response: a contribution to the ontogenesis of social relations. Genetic. Psychol. Monogr. 1946, 34, p. 57.
Spoerl Tilden D.: The drawing ability of mentally retarded children. J. Genetic. Psychol. 1940, 57, p. 259.
Starr S., Marcuse F. L.: Reliability in the Draw-A-Person test. J. Proj. Techn. 1959, 23, p. 83.
Swensen C. H.: Empirical evaluations of human figure drawings. Psychol. Bull. 1957, 54, p. 431–466.
Swensen C., Newton X.: The development of sexual differentiation on the Draw-A-Person test. J. Clin. Psychol. 1955, 11, p. 417–419.
Tolor A.: Teacher's judgements of the popularity of children from their D.A.P.. J. Clin. Psychol. 1955, 11, p. 158–162.
— A comparison of several measures of psycho-sexual disturbance. J. Proj. Techn. 1957, 21, p. 313–317.
Tolor A., Tolor B.: Judgement of children's popularity from their human figure drawings. J. Proj. Techn. 1955, 19, p. 170.
Tuddenham R. D.: Studies in reputation. Sex and grade differences in school children's evaluations of their peers. Psychol. Monogr. 1952, p. 22.
Utsugi, Etsuko, Oktsuki, Katsuko: A study of the human drawing of children. Tohoku Psychol. Folia 1955, 14, p. 131–146, in Psychol. Abstr. 1956, 30, 1067.
Waehner T. S.: Interpretations of spontaneous drawings and paintings. Genetic. Psychol. Monogr. 1946, 33, p. 3–70.
Wallon H.: Kinesthésie et image visuelle du corps propre chez l'enfant. Bull. de Psychol. 1953, 7, p. 239–246.
Wallon H., Lurcat L.: Le dessin du personnage par l'enfant: ses étapes et ses mutations. Enfance 1958, 3, p. 175–211.
Weider A., Noller P.: Objective studies of children's drawings of human figures. I Sex awareness and socio-economic level. J. Clin. Psychol. 1950, 6, p. 319–325.
– Objective studies of children's drawings of human figures. II Sex, age, intelligence. J. Clin. Psychol. 1953, 9, p. 20–23.
Whitmyre J. W.: The significance of artistic excellence in the judgement of adjustment inferred from human figure drawings. J. Consult. Psychol. 1953, 17, p. 421–424.
Wintsch J.: Le dessin comme témoin du développement mental. Zeitschr. Kinderpsych. 1935, 2, p. 33–34 u. 69–83.

Wolff W.: Projective methods for personality analysis of expressive behavior in preschool children. Charac. Personal. 1942, 10, p. 309.
— The expression of personality. N. Y., Harper & Brothers, 1943.
— The personality of the preschool child. N. Y., Grune & Stratton, 1946.
Wolff W., Precker J.: Expressive movement and the methods of experimental depth psychology, in *Anderson,* p. 457–497.
Woods W., Cook W.: Proficiency in drawing and placement of hands in drawings of the human figure. J. Consult. Psychol. 1954, 18, p. 119–126.
Zander A. F.: A study of experimental frustration. Psychol. Monogr. 1944, 56, p. 256.
Zazzo R.: Le geste graphique et la structuration de l'espace. Enfance 1950, 3–4, p. 204–220.
Ziler H.: Der Mann-Zeichen-Test. Münster, Aschendorff, 1958.
Zucker L.: A case of obesity before and after treatment. J. Proj. Techn. 1948, 12, p. 202–215.

Sachregister

Testpsychologie im Ernst Reinhardt Verlag

Renner, Maria

Der Wartegg-Zeichentest im Dienste der Erziehungsberatung

Nach der Auswertung von August Vetter
5. Aufl. 1975, 60 S., 24 Tafeln, Kt. DM 14,80

Avé-Lallemant, Ursula

Der Wartegg-Zeichentest in der Jugend-Beratung

Mit systematischer Grundlegung von August Vetter
1978, 160 S., 55 Abb., DM 24,–

Die langjährige Erfahrung der Autorin fand ihren Niederschlag in dieser konzentrierten Anleitung für die Anwendung des WZT in Kombination mit der Handschrift und anderen graphischen Tests. Die praktische Anwendung eines ergiebigen Testverfahrens in der Jugendberatung bildete den Leitgedanken zu diesem Buch.

Inhalt: Einführung und Übersicht – Erscheinungswissenschaftliche Auswertung des Wartegg-Zeichentests (von August Vetter) – Der Wartegg-Zeichentest bei Kindern und Jugendlichen – Zwanzig Testbeschreibungen – Ein kombinierter Testsatz u. a. m.

Avé-Lallemant, Ursula

Der Sterne-Wellentest

In Vorbereitung, erscheint voraussichtlich im Frühjahr 1979

Avé-Lallemant, Ursula

Graphologie des Jugendlichen I.

Längsschnitt-Analyse.
1970, 204 S., Tafelbeilage 56 S. mit 95 Schriftproben und 20 Schriftverläufen. Ln. DM 45,–

Corman, Louis

Der Schwarzfuß-Test

Grundlagen, Durchführung, Deutung und Auswertung
1977, 177 S., geb. DM 29,50

(Beiträge zur Psychodiagnostik des Kindes 5)

Dieser Test basiert auf den Auswertungen von Erfahrungen mit vorangegangenen Testmethoden, wie z. B. dem TAT, dessen Modifizierung durch Bellak, dem CAT, dem Blacky Pictures Test (Blum). Der vorliegende SF-Test arbeitet mit der bewährten Anregung durch Bilder zur Projektion unbewußter Tendenzen. Die Projektion auf den Helden gelingt hier besonders gut, weil nur ein Wesen, Schweinchen Schwarzfuß, als Identifikationsfigur angeboten wird, nach der neu entwickelten Methode der bevorzugten Identifikation. Dieser Test eignet sich auch sehr gut zur Untersuchung der Persönlichkeit von Erwachsenen.

Schwarzfuß-Test-**TESTMAPPE** mit 18 Bildkarten
1977, DM 12,80 (Beiträge zur Psychodiagnostik des Kindes 5a)

Knehr, Edeltraut

Konflikt-Gestaltung im Scenotest

2. unveränd. Aufl. 1974, 94 S., 66 Abb., Kt. DM 14,80

Die Verfasserin führt den Leser in die „Landschaft des Sceno“ ein. Diese leicht lesbare, gründliche und anschauliche Darstellung leistet dem Praktiker hervorragende Dienste.

Beizmann, Cécile

Leitfaden der Rorschach-Deutungen

Zusammenstellung der Signierungen von H. Rorschach, S. Beck, C. Beizmann und M. Loosli-Usteri
1975, 242 S., 244 Abb., geb. DM 42,— (Beiträge zur Psychodiagnostik des Kindes 4)

Zweck dieses Buches ist, die guten und schlechten Formantworten in Tabellen bereitzustellen. Der Leser findet außerdem eine Zusammenstellung der großen und kleinen Detailantworten, der Vulgärantworten und der Inhaltskategorien. Damit liegt ein Kompendium des Rorschach-Tests vor, das für die Praxis des Psychologen eine wertvolle Hilfe bietet.

Howells, John G./Lickorish, L. R.

Familien-Beziehungs-Test

Plastikmappe mit 8 einseitig und 16 doppelseitig bedruckten Test-Karten und Handanweisung
2. Aufl. 1975, DM 38,— (Beiträge zur Psychodiagnostik des Kindes 2)

Der Test ist sowohl für Eltern und Erwachsene als auch für Kinder (etwa im Alter von 7 – 12 Jahren) gedacht. Im Gegensatz zu ähnlichen projektiven Tests wird der Proband nicht aufgefordert, eine Geschichte zu erzählen, sondern einfach zu sagen, was er über die Vorgänge auf dem Bild denkt. Anstatt phantasievoller Beschreibungen werden einfache Feststellungen angeregt. Die Auswertung des Tests geschieht in der Weise, daß die einzelnen Antworten zu den Bildern in eine übersichtlich angeordnete Tabelle (bzw. in einen Beziehungsraster) eingetragen werden, getrennt nach Interaktionen zwischen zwei Personen und nach Persönlichkeitsmerkmalen. Von diesem Raster läßt sich dann relativ einfach die Zahl und Eigenart der Beziehungen des Probanden zu den einzelnen Familienmitgliedern ablesen, sowie die Charakteristiken, die diesen jeweils zugeschrieben werden. In der beigegebenen Handanweisung wird ausführlich auf die Validierung des F. B. T. eingegangen.

Kos, Marta/Biermann, Gerd

Die verzauberte Familie

Ein tiefenpsychologischer Zeichentest unter Mitarbeit von G. Haub
1973, 320 S., 127 Abb., Ln. DM 46,— (Beiträge zur Psychodiagnostik des Kindes 1)

Die Verzauberung der Familie als neue Testfunktion – über tausend tiefenpsychologisch ausgewertete Zeichentests, faszinierendes Bildmaterial sowie eine gründliche statistische Analyse mittels Computerauswertung – rechtfertigen die Herausgabe dieses neuen Tests.

Dieser Test ist eine ausgezeichnete Ergänzung zum vorhandenen Material für die psychodiagnostische, therapeutische und heilpädagogische Arbeit mit Kindern und Jugendlichen; eine Ergänzung im wahren Sinne, die es dem Kind über den bisherigen Rahmen hinaus ermöglicht, seine Konfliktsituation für den Untersuchenden durchsichtig und erkennbar zu machen. Der Test ist so reichhaltig und fruchtbar, weil er den zentralen Lebensbereich des Kindes anspricht: die Familie.

Brem-Gräser, Luitgard

Familie in Tieren

Die Familiensituation im Spiegel der Kinderzeichnung.
Entwicklung eines Testverfahrens
3. erweiterte Aufl. 1975, IV, 141 S. u. 30 Bildtafeln, Ln. DM 25,80
(Erziehung und Psychologie 5)

Der Vorteil dieses Tests zeigt sich darin, daß durch die Vielfalt der Tiere mit ihren spezifischen Eigenschaften leichter Unaussprechliches und Unbewußtes zur Darstellung kommen kann. Aus der Erziehungsberatung hervorgegangen, ist dieser Test eine wertvolle Hilfe und Ergänzung in der Auffindung kindlicher Nöte.

Ernst Reinhardt Verlag München Basel

Knabe 14;4 Jahre alt. (S. 40, 51, 77, 80, 159, 161)

Fig. 1. Männlich.

Fig. 1 a. Weiblich.

2
2 a

2 b

Fig. 2. Weiblich; 2 a. Männlich; 2 b Weiblich
Mädchen 8;10 Jahre alt. (S. 51, 78, 95, 121, 157)

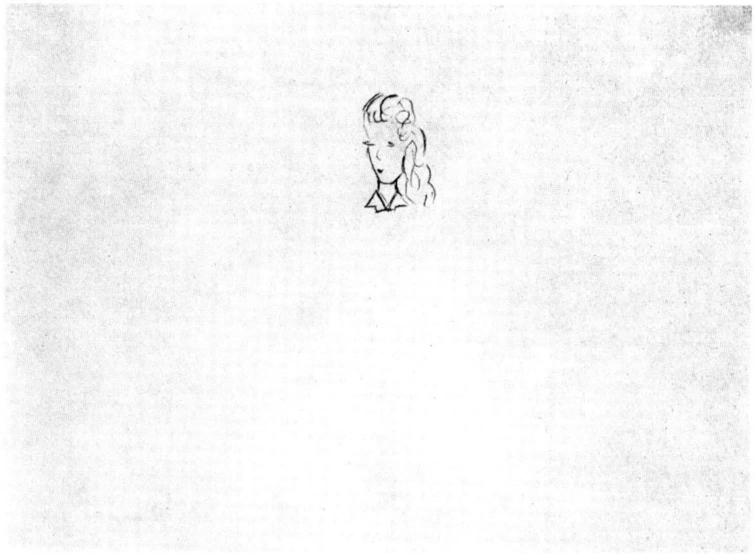

3

3 a

Fig. 3. Weiblich; 3 a. Männlich. Gezeichnet in der Gruppe.
Mädchen 14;4 Jahre alt. (S. 80, 160)

3 b

3 c

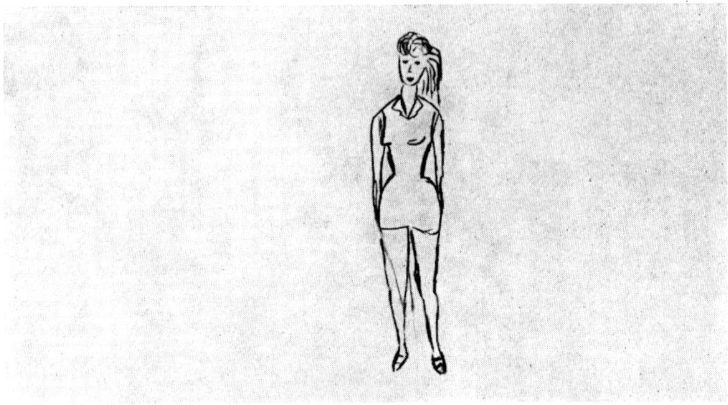

3 d

Fig. 3 b. Weiblich; 3 c. Weiblich; 3 d. Männlich.
Gezeichnet bei einer Einzeluntersuchung einen Monat nachher.
Das gleiche Mädchen wie Fig. 3 u. 3 a. (S. 80, 160)

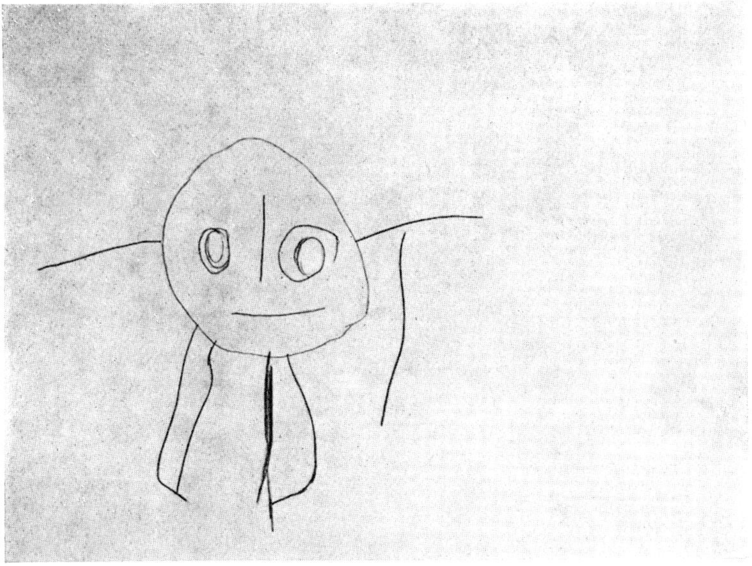

4

4 a

Fig. 4. Männlich; 4 a. Weiblich.
Knabe 4;4 Jahre alt. (S. 60)

5

5 a

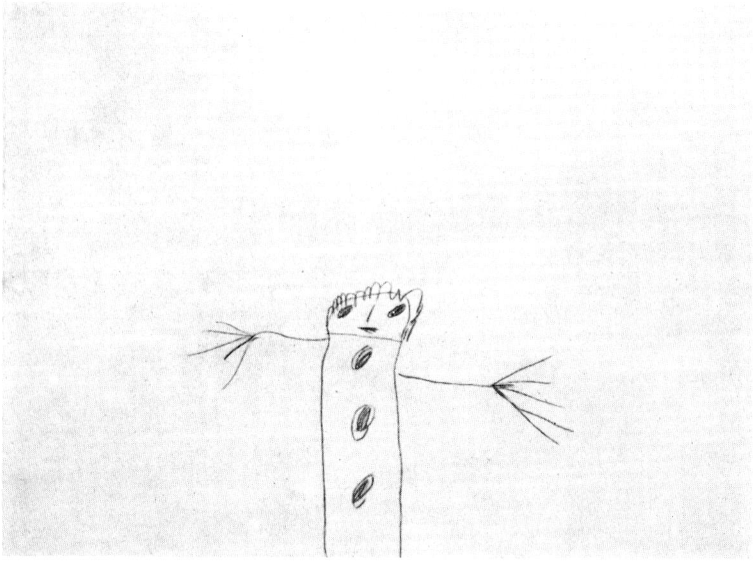

Fig. 5. Männlich; 5 a. Weiblich.
Knabe 4;6 Jahre alt. (S. 60)

6

6 a

Fig. 6. Weiblich; 6 a. Männlich.
Mädchen 6;4 Jahre alt. (S. 60, 81)

Gezeichnet in der Gruppe.
Mädchen 13;6 Jahre alt. (S. 78, 119, 160)

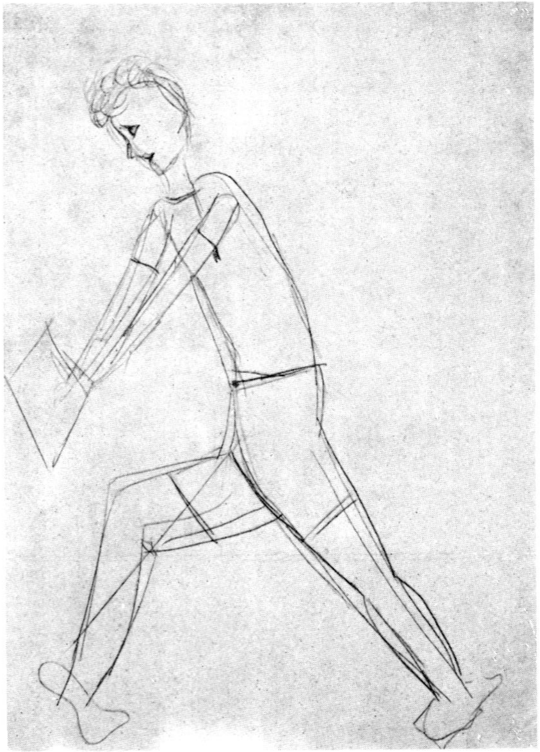

Fig. 7. Männlich.

Fig. 7 a. Weiblich.

Gezeichnet bei einer Einzeluntersuchung einen Monat nachher. Dasselbe Mädchen wie Fig. 7 u. 7 a (S. 78, 119, 160)

Fig. 7 b. Weiblich.

Fig. 7 c. Männlich.

8
8 a

8 b

Fig. 8. Weiblich; 8 a. Männlich; 8 b. Männlich.
Erwachsener. (S. 80, 157, 159)

Mädchen 14;3 Jahre alt.
(S. 52)

Fig. 9. Weiblich.

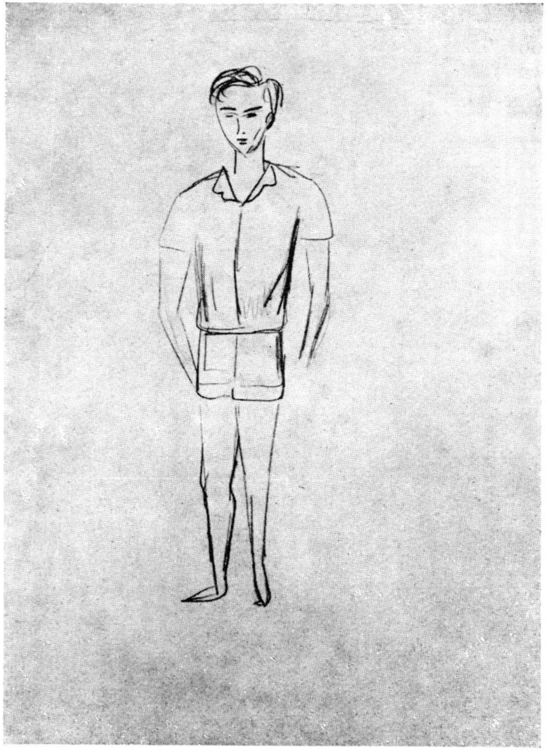

Fig. 9 a. Männlich.